JASMIN SCHÄCHTELE

KOMM, LASS UNS WANDERN

SÜDSCHWARZWALD
KAISERSTUHL

emons:

Das ist drin

Zum Herunterladen der GPS-Daten auf den Computer und zur Nutzung auf GPS-Geräten:
www.emons-verlag.com/gps-tracks-wandern

St. Ottilien und seine heilenden Quellen

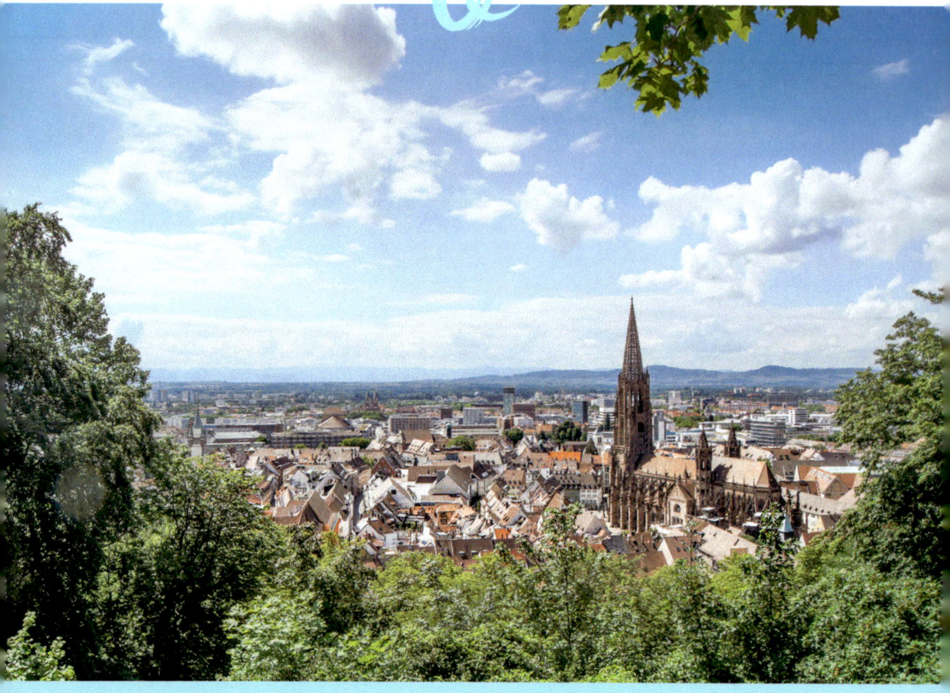

Schwierigkeit: leicht // 11 Kilometer // 250 Höhenmeter
Für Familien mit Kindern geeignet

FREIBURGS WÄLDER
UND DIE SCHÖNSTEN ECKEN DER STADT
ENTDECKEN

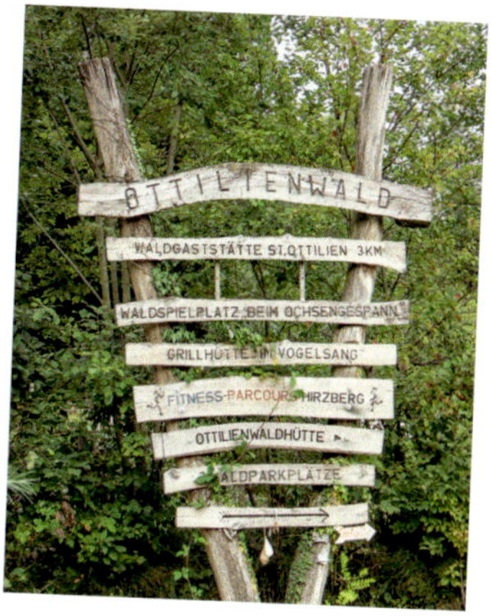

Wegschild zum Ottilienwald

Zahlreiche Lieblingsspots der Breisgau-Metropoliten klappert man auf dieser Wanderung ab, dabei ist man mal im idyllischen Grün, mal an den pulsierenden Orten der Stadt unterwegs. Das Waldrestaurant St. Ottilien markiert dabei die perfekte Einkehrmöglichkeit und liegt optimalerweise auf halber Strecke. Hier wartet man mit hervorragenden Speisen und einer sonnigen Terrasse auf. Die heilende Quelle in der nahe gelegenen Grotte verspricht dazu, jedmögliche Augenleiden zu lindern. Ein Nachmittagsausflug, der ganz sicher für jeden etwas bereithält und dazu auch noch kinderwagentauglich ist!

Los geht es am Freiburger Stadtgarten. Hier tummeln sich an warmen Sommertagen die »Bobbele«, um die neuesten Sporttrends auszuprobieren, auf der Wiese zu fläzen oder vor dem Café Marcel ein Pläuschchen zu halten. Ob man den Schlossberg zu Fuß oder mit der Bahn erklimmt, gilt es hier zu entscheiden. Komfortabler und fixer ist sicherlich letzteres Transportmittel, denn die meisten Höhenmeter der Wanderung – und damit der anstrengendste Streckenabschnitt – können dadurch entspannt umgangen werden. (Die einmalige Fahrt kostet im Familientarif zwischen 7 und 10 Euro.) Etwas mühsamer gestaltet sich die Strecke »per pedes«. Vorbei am Café Marcel und nach der Überquerung der kleinen Brücke erreicht man das erste Wegschild zum Haus des Schwarzwaldvereins am Fuße des Schlossbergs. Dort folgt man der gelben Raute in Richtung Kanonenplatz. Im Zickzack geht es teils etwas holprig, teils recht steil bis zum RESTAURANT DATTLER 1 den Berg hinauf (Achtung: Hier lässt die Beschilderung manchmal zu wünschen übrig,

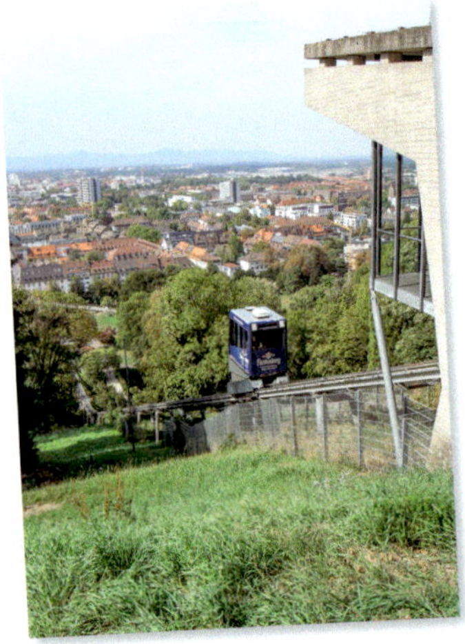

am besten orientiert man sich an der Schlossberg-Bahn, die man mehrmals auf dem Weg nach oben kreuzt).

Unabhängig davon, wie ihr das Restaurant Dattler erreicht, eins ist sicher: Hier erwartet euch eine grandiose Aussicht auf die Altstadt und das gesamte Freiburger Umland! Bereits im 19. Jahrhundert hat der damalige Oberbürgermeister Otto Winterer die Vorzüge des kleinen Freiburger Hausbergs erkannt und über ihn ausgesagt, dass er »unmittelbar, gleichsam aus dem Herzen der Altstadt, sich erhebt und so jedem Bewohner in kürzester Zeit die Gewinnung der höheren, reineren Luftregionen und die erhebenden Ausblicke in die Nähe und Ferne ermöglicht«. Winterer kann man entlang des Burghaldenrings bis zum Kanonenplatz nur zustimmen, denn diese Komposition von »Berg an Altstadt« ist wirklich außergewöhnlich schön. Ihm ist es außerdem zu verdanken, dass eine weitere Bebauung des Schlossbergs verhindert wurde, sodass die damalige Siedlungsbegrenzung in etwa der heutigen entspricht. Wer glaubt, die Ausblicke bisher seien nicht zu toppen, wird am KANONENPLATZ 2 eines Besseren belehrt. Neben der erhebenden Aussicht auf die Stadt, die weite Rheinebene bis hin zum Kaiserstuhl und den Vogesen kann man hier auch das Dreisamtal mit den hohen Schwarzwaldbergen im Hintergrund bestaunen! Das ganze Jahr über herrscht an diesem Ort ein geselliges und fröhliches Treiben. Nachmittags genießen Spaziergänger auf den Bänken die Aussicht, gegen Abend lassen sich dann die Pärchen den heimischen Wein beim Sonnenuntergang auf der Zunge zergehen. Selten wird das badische Genießertum intensiver gelebt als hier. In ganz besonders schneereichen Wintern wagen sich sogar Schlittenfahrer und Skifahrer auf den kleinen Berg hinauf, um mit waghalsigen Manövern auf den steilen Wegen zur Altstadt hinunterzubrausen (bitte nicht nachmachen!).

Bei all den Freizeitaktivitäten, die der Schlossberg heutzutage seinen Freiburgern bietet, schaut er doch auch auf durchaus weniger beschauliche Zeiten zurück. Bereits für das 11. Jahrhundert sind wehrhafte Bauten auf dem Schlossberg nachgewiesen.

DEN ANFANG MACHTE DER ZÄHRINGER HERZOG BERTHOLD II. 1091 MIT DEM »CASTRUM DE FRIBURCH«. IN DEN FOLGENDEN JAHRHUNDERTEN WURDEN IMMER WIEDER BURGEN UND SCHLÖSSER AUF DEM BERG GEBAUT UND VON KANONEN ZERSTÖRT. DIE GRÖSSTE FESTUNG STAMMT VON SÉBASTIEN LE PRESTRE DE VAUBAN AUS DEM JAHR 1677. SIE WURDE JEDOCH BEIM ABZUG DER FRANZOSEN 1744 FAST VOLLKOMMEN WEGGESPRENGT.

Die Dreisam – sie speist die zahlreichen »Bächle« der Freiburger Innenstadt

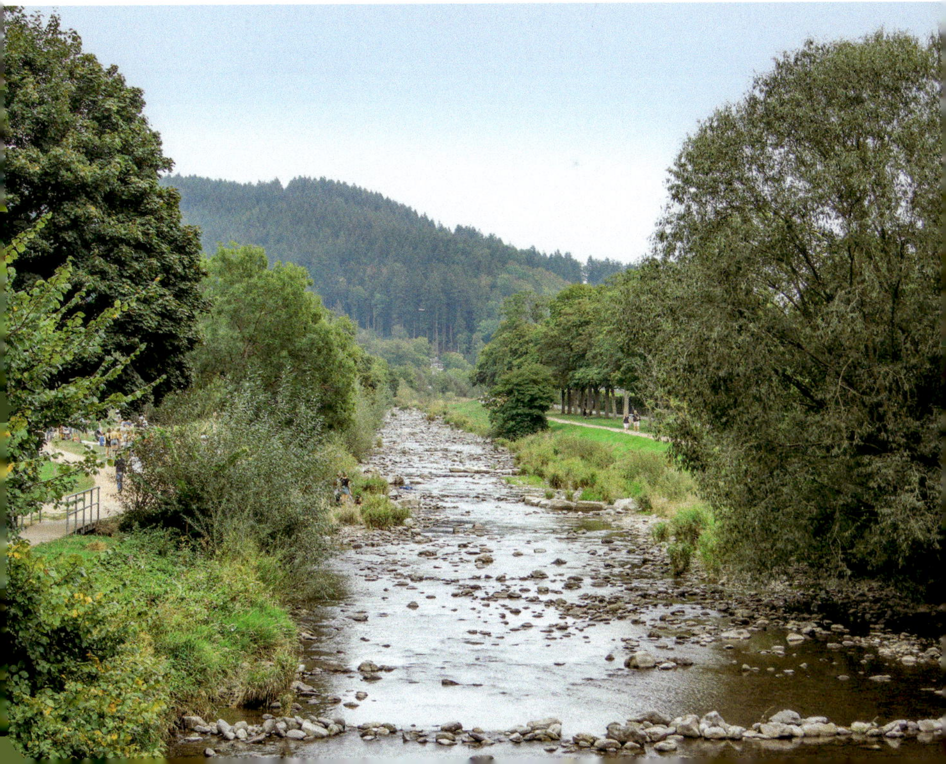

Vom Kanonenplatz folgt ihr der rot-weißen Raute auf dem Burghaldenring nach ST. OTTILIEN 3. Unter dem dichten Blätterdach lässt es sich hier auch an heißen Sommertagen bestens aushalten, insbesondere wenn gegen Abend auch noch der »Höllentäler« erfrischende Kühle in die Innenstadt treibt. Auf dem breiten Waldweg kann man auch in größerer Gruppe gut beieinanderlaufen, immer wieder bieten sich von hier Ausblicke auf das Dreisamtal und den Schwarzwald. Lasst euch die frische Brise ins Gesicht wehen und genießt die entspannte Stimmung hier oben. Radfahrer, Jogger, Wanderer sind alle willkommen und geraten sich aufgrund des breiten Weges auch normalerweise nicht in die Quere. Mit etwas Glück trefft ihr vielleicht sogar den Trainer des SC Freiburg, Christian Streich, der hier regelmäßig mit seinem Rad seine Runden drehen soll. Am Waldrestaurant St. Ottilien angekommen, kann man es sich entweder

Tipp zur Einkehr: Das Gasthaus St. Ottilien verwöhnt seine Gäste mit feinsten regionalen Speisen

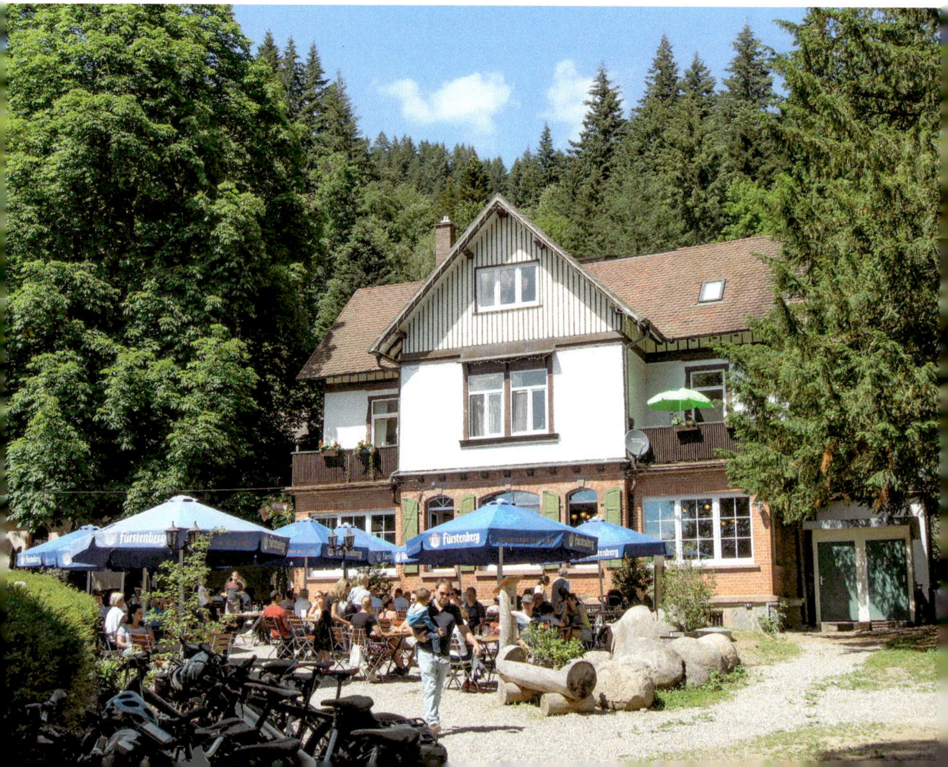

auf der großen Außenfläche oder in der Stube drinnen gemütlich machen. Kulinarisch ist hier für jeden etwas dabei. Außerdem bietet ein schöner schattiger Spielplatz Kindern die Möglichkeit, sich vollends auszupowern. Wer sich des Weiteren den nächsten Besuch beim Augenarzt sparen möchte, der sollte sich in die Grotte unterhalb der nahe gelegenen Kapelle der heiligen Odilia begeben.

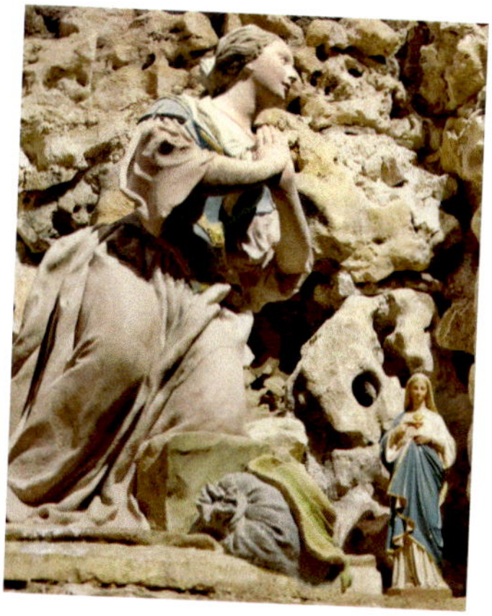

Die heilige Odilia beim Gebet

DIE HEILIGE ODILIA WURDE UM 660 ALS TOCHTER DES ELSÄSSISCHEN HERZOGS ATTICH BLIND GEBOREN. VON IHREM VATER VERSTOSSEN, GELANGTE SIE IN EIN KLOSTER, WO SIE GETAUFT WURDE, UND ERHIELT DABEI AUF WUNDERSAME WEISE DAS AUGENLICHT. UM IHRER ZU GEDENKEN, BEGANN MAN VIELERORTS KAPELLEN ZU BAUEN UND WALLFAHRTEN ZU ERRICHTEN. DIE QUELLE UND DIE DAZUGEHÖRIGE GROTTE IN ST. OTTILIEN ZEUGEN VON DIESER PRAXIS. NOCH HEUTE KOMMEN VIELE WALLFAHRER AN DIESEN ORT.

Nach dem Waldrestaurant bricht der Rückweg in Richtung Innenstadt an. Doch dieses Mal geht es der gelben Raute nach zur Jugendherberge Freiburg. Auf einem breiten Weg, der entlang einer großen Schafsweide den Berg hinabführt, erreicht man wenig später die Kartäuserstraße, nicht fern der Dreisam. Am schönsten ist es, hier wenig später dem Freiburger Stadtfluss stromabwärts in Richtung Altstadt zu folgen. (Wegmarkierungen gibt es hier leider keine mehr.) Radfahrer, Inlineskater, Jogger, Spaziergänger und Picknicker tum-

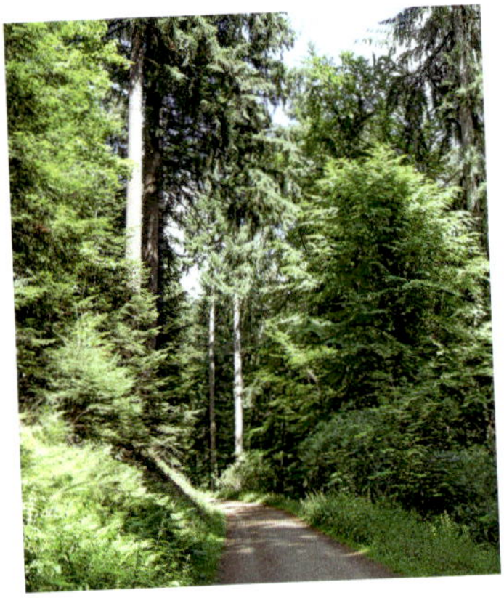

Durch den Ottilienwald

meln sich auf und entlang des Weges, dies ist das echte Freiburg, wie es leibt und lebt!

RUND UM DIE DREISAM BEFINDEN SICH DIE WICHTIGSTEN NAHERHOLUNGSGEBIETE FREIBURGS. DER INSGESAMT 47,7 KILOMETER LANGE FLUSS NIMMT BEI KIRCHZARTEN IM DREISAMTAL SEINEN ANFANG UND MÜNDET KURZ VOR RIEGEL IN DIE ELZ. »DREISAM« LEITET SICH ÜBRIGENS VOM KELTISCHEN »TRISAMMA« AB, DAS SO VIEL WIE »DIE SCHNELLFLIESSENDE« BEDEUTET.

An der Fabrikstraße geht es dann über den Fluss und bis zum SCHWABENTOR 4. Hier ist man nun wieder zurück im Städtle, und ja, nun stehen einem wirklich alle Möglichkeiten offen! Am reizendsten ist sicherlich der Weg durch die Konviktstraße. Sie ist mit ihren schmucken Häuserfassaden und den über den Köpfen rankenden Blüten des Blauregens seit jeher beliebtes Postkartenmotiv. Wie wäre es zudem mit einem kleinen Abstecher auf das Münster – oder auf den, wie manch einer ihn auch bezeichnet, »schönsten Turm auf Erden«? Zur Erfrischung gibt es im Anschluss eine kalte Sophie, den berühmten geeisten Wein der alten Wache. Diese findet ihr direkt neben dem Münster auf der hinteren Seite des großen Kirchplatzes. Egal, wie ihr euch entscheidet, verdient habt ihr es euch! Über die geschwungene Brücke zum Stadtgarten gelangt man schließlich wieder zum Ausgangspunkt dieser Tour zurück.

Alles, was ihr wissen müsst

Rundtour: Gemütlicher Spaziergang auf breiten und teils geteerten Wegen // ein steiler Anstieg, der mit der Schlossbergbahn umgangen werden kann // **kinderwagentauglich** ab Restaurant Dattler

Markierung: gelbe Raute bis zum Kanonenplatz // rot-weiße Raute bis nach St. Ottilien // danach wieder gelbe Raute

Entfernung von Freiburg: 0,5 Kilometer
ÖPNV: vom Freiburger Hbf. mit der S 4 zum Europaplatz, zu Fuß zum Stadtgarten
Auto: Parkmöglichkeiten bietet die Schlossberggarage, Schlossbergring 14, 79098 Freiburg im Breisgau

Einkehr: Café Marcel, Im Stadtgarten 1, 79098 Freiburg, cafemarcel.de // **Schlossbergrestaurant Dattler,** Am Schlossberg 1, 79104 Freiburg, dattler.de // **Waldgaststätte St. Ottilien,** Kartäuserstraße 135, 79104 Freiburg, st-ottilien.com

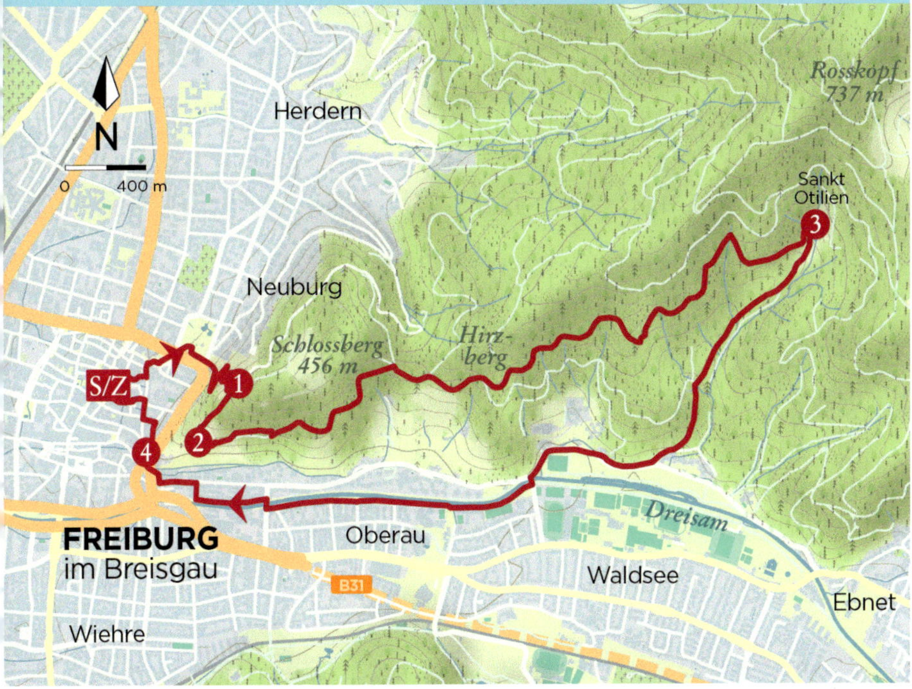

Schönbergrunde für Langschläfer

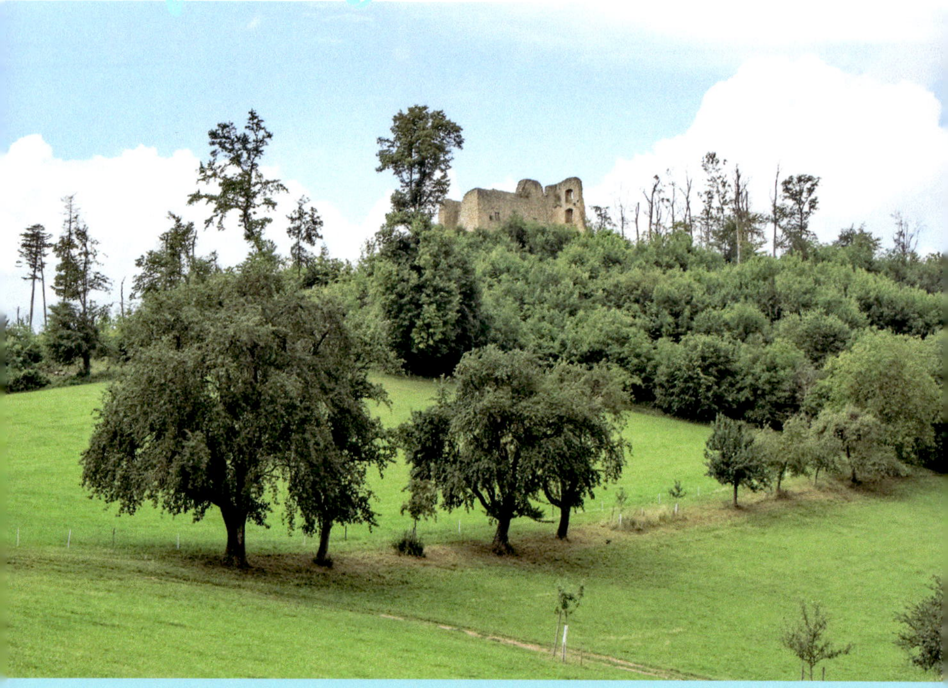

Schwierigkeit: leicht // 7,4 Kilometer // 240 Höhenmeter
Für Familien mit Kindern geeignet

ABWECHSLUNGSREICHE WANDERUNG
AUF GUTEN WEGEN
MIT PANORAMA-PERSPEKTIVE

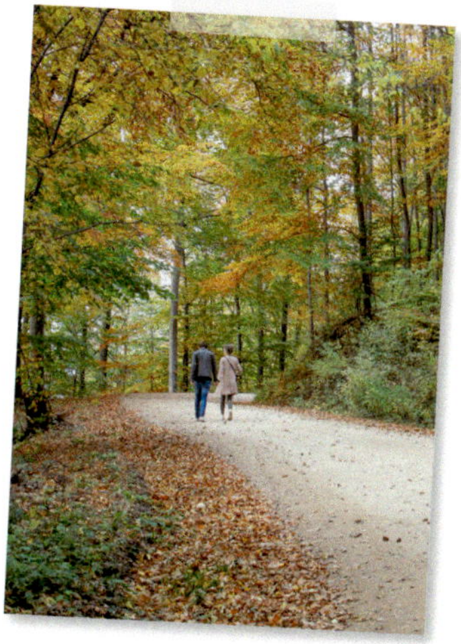

Der Schönberg ist für viele Freiburger ein ganz besonderes Ausflugsschmankerl. Durch seine stadtnahe Lage ist er mit dem Auto (oder gar mit dem Rad) problemlos zu erreichen. Dazu bietet sich hier die Möglichkeit, auf die Ruine Schneeburg zu steigen oder in dem kinderfreundlichen Gasthaus Schönberghof zu Mittag zu essen. Was braucht man mehr für einen entspannten Nachmittagsausflug mit Groß und Klein?

Der Parkplatz BERGHAUSER KAPELLE 1 markiert den Startpunkt dieser Tour. Idyllisch liegt die namensgebende Andachtsstätte inmitten saftiger Streuobstwiesen und ist unter Picknickern längst kein Geheimtipp mehr. Insbesondere wenn im Frühling Hunderte Kirschbäume diesen Ort in einen weißen Blütenteppich verwandeln, ist dieses Fleckchen Erde an Pracht kaum zu überbieten. Dass es das 1748 erbaute Gotteshaus hier noch gibt, ist nicht selbstverständlich. Zweimal sollte es bereits abgerissen werden. Das erste Mal (1806) wussten dies glücklicherweise 25 tapfere Ebringer Männer zu verhindern, 1940 kämpfte der Pfarrer Ludwig Schenkel erfolgreich um seinen Erhalt. Heutzutage erfreut sich die Kapelle sowohl bei Ausflüglern als auch bei Hochzeitspaaren großer Beliebtheit.

Vom Parkplatz geht es über die Kreisstraße der gelben Raute folgend in Richtung Schönberger Hof und zwischen den Wiesen auf einem kurzen Teerstück den Berg hinauf. Links präsentiert sich der majestätische Kaiserstuhl, rechts erhebt sich der Schwarzwald mit dem gut sichtbaren Belchen. Besonders gegen Nachmittag, wenn die Sonne bereits tiefer steht, versprüht dieser Ort eine ganz besondere Magie. Die kleine Straße wird schon bald zu einem Forstweg, der durch einen Mischwald führt. Wer mit einem Kinderwagen unterwegs ist, sollte die Wanderschilder am Rande des Wegs nicht weiter beachten, die kleinen Trails sind nämlich nicht barrierefrei, auch

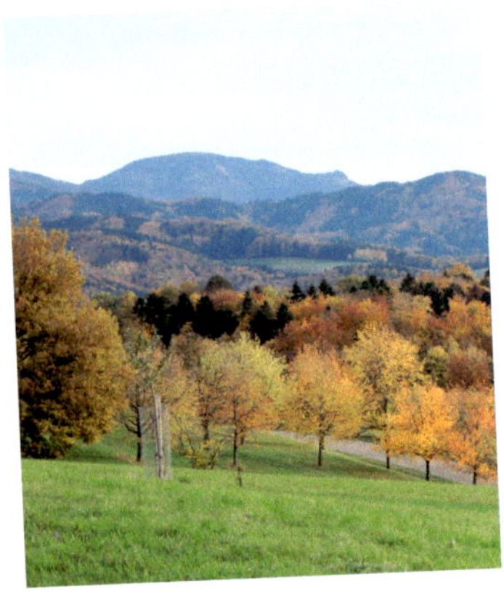

wenn sie bis zum Gipfel führen. Stattdessen geht es den Schlauchweg entlang und für einen knappen Kilometer weiter in Richtung Schönberger Hof. Im Frühling läuft man hier durch saftiges Grün, kunterbunt leuchtet der Wald um einen herum im Herbst. Dabei kann man entspannt in größerer Gruppe nebeneinanderher laufen. Schließlich wird der Weg wieder ein kurzes Stück zu einer kleinen Teerstraße. Hier steht ihr nun an einer Gabelung, in deren Mitte ein Schild über die Öffnungszeiten des Schönberger Hofs informiert. Zum GIPFEL 2 gelangt ihr, wenn ihr der rechten Straße den Berg hinauffolgt.

Je höher man steigt, desto besser kann man die märchenhafte Ruine der Schneeburg unter sich mit den Vogesen im Hintergrund bestaunen. Besonders die Perspektive auf den Kaiserstuhl lässt einem den Atem stocken, denn er rundet die Kulisse perfekt ab und ist am Abend zudem in goldenes Licht getaucht.

DER KAISERSTUHL IST MIT SEINEN 557 METERN EIN KLEINES GEBIRGE VON INSELHAFTER GESTALT UND VULKANISCHEN URSPRUNGS. SEINEN MAJESTÄTISCHEN NAMEN ERHIELT ER VERMUTLICH VON KÖNIG OTTO III., DER HIER 994 EIN FÜRSTENGERICHT ABGEHALTEN HABEN SOLL. MIT DESSEN ERNENNUNG ZUM KAISER WURDE AUS DEM URSPRÜNGLICHEN »KÖNIGSSTUHL« SCHLIESSLICH DER »KAISERSTUHL«. HEUTZUTAGE IST DAS GEBIET FÜR SEINEN HERVORRAGENDEN WEIN BEKANNT.

Da auf dem Weg Richtung Gipfel fast keine Wanderschilder stehen, solltet ihr einfach immer auf der Straße bleiben. Am einzigen Haus am Weg angelangt, läuft man dann direkt links am Gebäude vorbei und weiter den geschwungenen breiten Weg den Berg hinauf. Nachdem man ein kurzes Waldstück durchquert hat, erreicht man schließlich den Gipfel des Schönbergs. Über den etwas holprigen Wiesenpfad geht es noch etwa 100 Meter bis zum Aussichtspunkt mit einladender Panoramabank. Spätestens hier zeigt sich die einzigartige Lage des Schönbergs. Eine spektakuläre Aussicht eröffnet sich nämlich dem fleißigen Wanderer. Der Schauinsland mit seinen zwei Windrädern und der kleine schnuckelige Ort Horben erscheinen zum Greifen nah. Im Süden erblickt man den Belchen mit seinem unbewaldeten Gipfel, ja, sogar bis zum Kandel im Norden reicht das Schwarzwald-Panorama. Hier lohnt es sich, kurz innezuhalten.

Die Berghauser Kapelle eingebettet in idyllischer Frühlingswiese

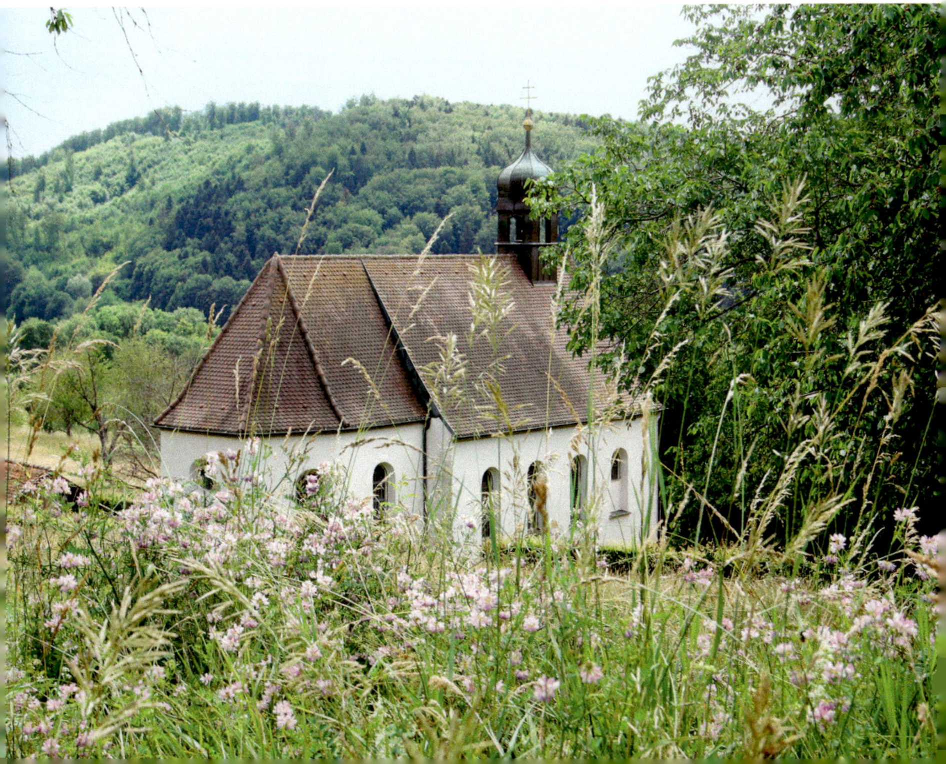

Der 644 Meter hohe Schönberg gehört geologisch zur Vorbergzone am Übergang des Schwarzwaldgebirges zur flachen oberrheinischen Tiefebene. Durch seine exponierte Lage bietet er seltene und zugleich eindrucksvolle Perspektiven auf seine Umgebung. Seinen Namen trägt der Berg übrigens nicht aufgrund seiner zweifellosen Pracht, sondern er leitet sich vom mittelhochdeutschen »Schinberg« ab, was so viel bedeutet wie »scheinen« bzw. »von Weitem sichtbar«.
Den gleichen Weg, auf dem ihr auf den Gipfel gelangt seid, geht es wieder hinab, bis ihr erneut die Gabelung mit dem Schild des Schönberger Hofs erreicht. Nun braucht es nur noch einen Rechtsschwenk um die Kurve in Richtung Gasthaus, das schon nach kurzer Zeit sichtbar wird. Eine kleine Mittagspause ist hier zu empfehlen, denn der SCHÖNBERGER HOF 3 bietet neben seiner soliden badischen Küche viel Platz für Kinder zum Herumtoben.

Die sanften Hügel des Schwarzwalds leuchten in der Abendsonne

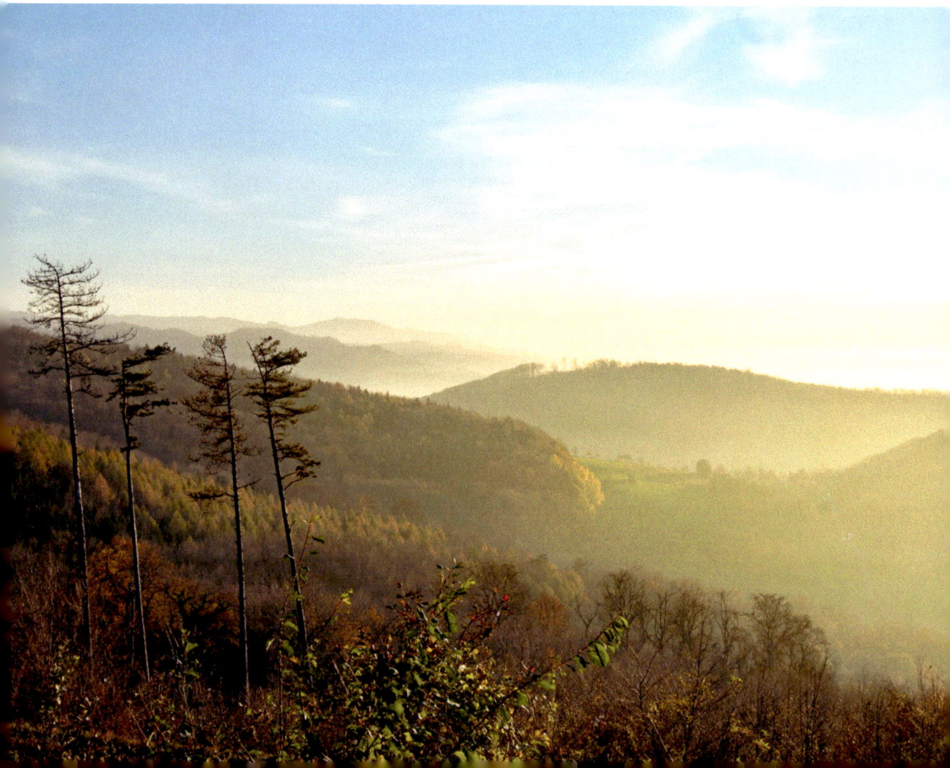

Nach einer stärkenden Pause geht es ein kurzes Stück auf der Straße zurück in Richtung der RUINE SCHNEEBURG (4). Majestätisch steht sie da, und ein Abstecher dorthin ist absolut empfehlenswert. Besonders im Spätherbst, bei sogenannter Inversionswetterlage, kann man hier einen fantastischen Sonnenuntergang oberhalb des Nebelmeeres bestaunen; warme Kleidung ist dabei zu empfehlen, denn hier bläst stets ein frischer Wind. Leider ist das letzte Wegstück nach oben recht schmal und steinig, Kinderwagen und ähnliches Gefährt muss man deshalb etwas weiter unten am Weg stehen lassen.

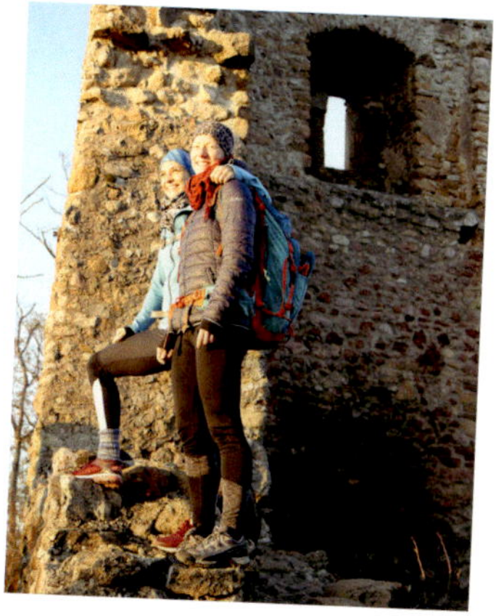

Die Ruine Schneeburg erkunden

DIE RUINE SCHNEEBURG WURDE IM 13. JAHRHUNDERT VON DEN HERREN VON HORNBERG ERBAUT UND VON DIESEN 1349 IN DIE LEHENSHOHEIT DES KLOSTERS ST. GALLEN ÜBERGEBEN. VERLASSEN WURDE DIE BURG VERMUTLICH VOR 1500. IN ZUSAMMENARBEIT DER GEMEINDE EBRINGEN MIT DEM LANDKREIS UND DEM LANDESDENKMALAMT WURDE SIE SEIT 1996 IN MEHREREN BAUABSCHNITTEN SANIERT. HEUTZUTAGE BESTEHT DIE RUINE NUR NOCH AUS DEN RESTEN DES BERGFRIEDS UND EINES WOHNGEBÄUDES.

Die Atmosphäre an diesem Ort ist unbeschreiblich schön. Auch wenn die Ruine Schneeburg längst kein Geheimtipp mehr ist, können sich ihre Besucher doch rund um das Gemäuer bestens verteilen und, egal von wo, einen fantastischen Ausblick genießen. Auf der einen Seite blickt man gen Südwesten und sieht die malerischen Hügel des Schwarzwalds, zur anderen Seite, im Norden, liegt Freiburg mit seinen bunten Lichtern. Manch ein Romantiker möchte diese Perspektiven bei einem Gläschen Wein genießen. Wer es als Gourmet auf die Spitze treiben will, packt zudem einen Kocher und einen Topf ein. Was gibt es Schöneres auf der Welt, als die hinter dem Horizont versinkende Sonne bei einem selbst gemachten Käsefondue zu bestaunen?

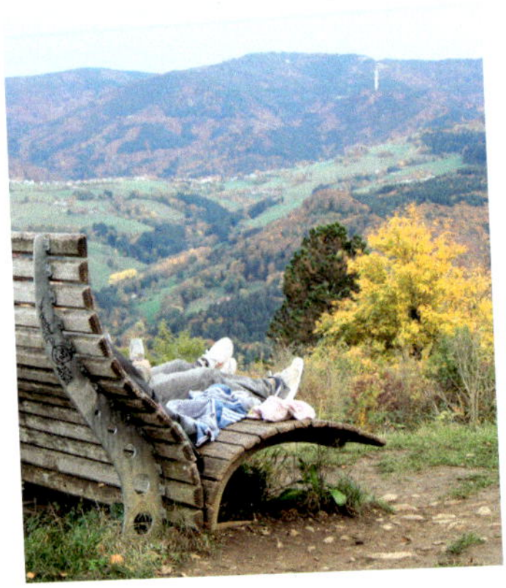

Entspannt auf dem Gipfel

Unterhalb der Schneeburg ist der letzte Streckenabschnitt dieser Wanderrunde erreicht. Auch hier sucht man vergeblich nach Wegweisern. Es besteht nun die Möglichkeit, den Weg, auf dem ihr hergekommen seid, zurückzugehen. Wer etwas Abwechslung sucht, dem sei der Rundweg empfohlen. Von der Ruine Schneeburg folgt ihr dafür am besten dem leicht abschüssigen Weg weiter bis zum Waldrand, dort gelangt ihr zum Steinbodenweg. Links geht es den breiten Weg durch den Mischwald hinab. Der Vorteil dieser Variante ist, dass man hier größtenteils für sich ist, denn die meisten Wanderer nutzen einen der anderen zahlreichen Pfade des Schönbergs. Hier schützt das dichte Blätterdach des Waldes seine Wanderer vor Regen oder Sonne. Bald befindet ihr euch auf dem Stellibuckweg, der weiter sanft ins Tal abfällt. Schließlich trefft ihr auf eine kleine Straße. Nur noch ein überschaubares Stück geht es die Schönbergstraße links hinauf, und schon nach kurzer Zeit seid ihr wieder am Parkplatz der Berghauser Kapelle angelangt. Ende gut, alles gut!

Alles, was ihr wissen müsst

Rundtour: Gemütlicher längerer Spaziergang ohne große Anforderungen // leider kommt man mit einem Kinderwagen nicht ganz hoch bis zur Ruine Schneeburg // ansonsten **kinderwagentauglich**

Markierung: meist gelbe Raute // manche Teile der Wegstrecke sind unmarkiert (siehe Beschreibung oder GPS)

Entfernung von Freiburg: 10 Kilometer
ÖPNV: ab Freiburg Hbf. mit dem Bus Linie 7240 nach Ebringen (Ortsteil: Tirol). Von dort sind es noch ca. 750 Meter zu Fuß bis zur Berghauser Kapelle
Auto: Parkplatz an der Berghauser Kapelle, 79285 Ebringen

Einkehr: Gasthaus Schönberghof, Unterer Schönberghof 1, 79285 Ebringen, gasthaus-schoenberghof.de

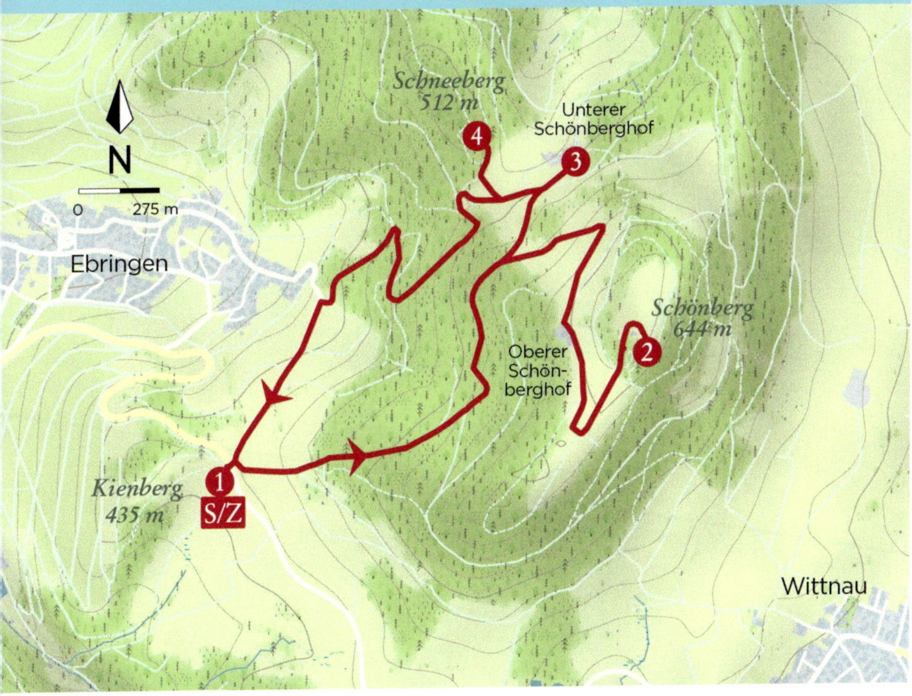

Von Freiburg nach Horben

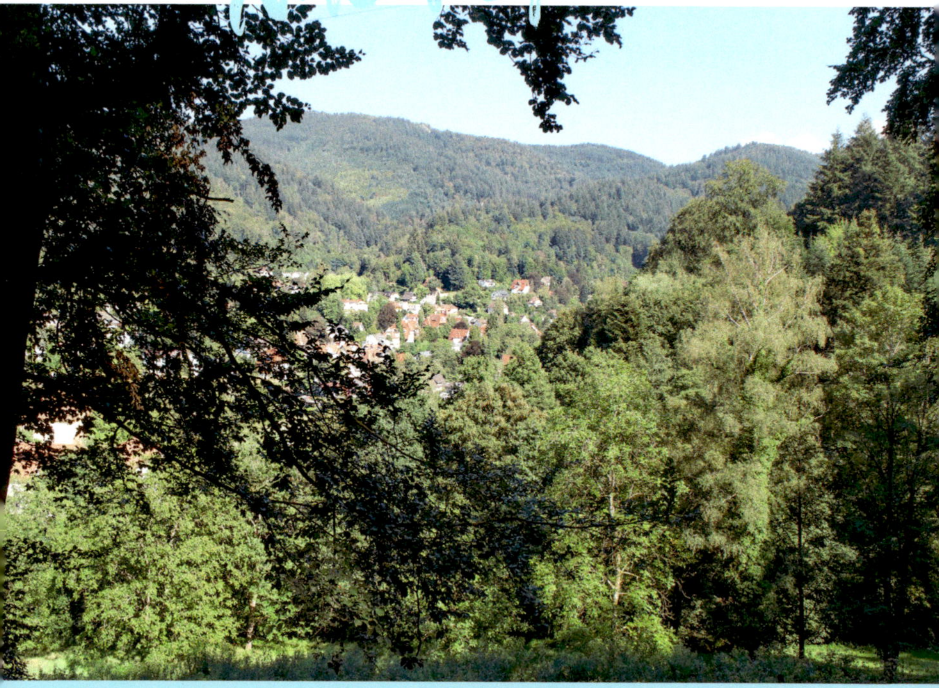

Schwierigkeit: leicht–mittel // 8 Kilometer // 370 Höhenmeter

Für Familien mit Kindern geeignet

SPAZIERGANG AUF DAS SONNENPLATEAU SÜDBADENS MIT BERGLUFT UND ENDLOSEN WEITEN

Für reichlich Sonne ist die Stadt Freiburg wohlbekannt. Eine bombastische Bergkulisse und einen Besuch beim höchsten Baum Deutschlands gibt es gratis obendrauf, wenn man das idyllische Horben ansteuert. Öffnet eure Wandererherzen für Bergluft und endlose Weiten!

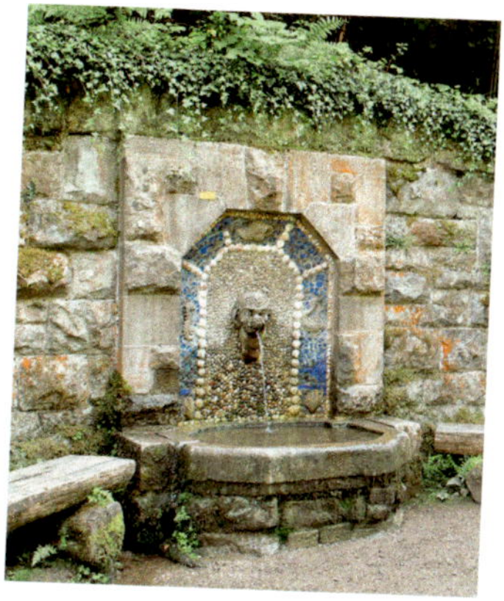

KÜHLUNG AM LIEBLICHEN QUELL

Als ökologisch bewusste Wandersleut nimmt man die Stadtbahnlinie 2 Richtung Günterstal, Haltestelle Holbeinstraße oder Wonnhalde. Im ersten Fall kann man den stets wechselnden Anstrich des Holbeinpferdes bewundern und folgt einem breiten Schotterweg, der diagonal durch eine Kleingartenanlage führt.

DAS BEI DEN EINHEIMISCHEN SOGENANNTE HOLBEIN-PFERDLE IST EIN BETONGUSS DES BILDHAUERS WERNER GÜRTNER, DER AUF EINER KLEINEN GRÜNFLÄCHE GEGENÜBER DER HALTESTELLE STEHT. BEKANNTHEIT ERLANGTE DIE PLASTIK DURCH ZAHLREICHE KREATIVE UMGESTALTUNGEN MEIST UNBEKANNTER HOBBY-KÜNSTLER. DIE PALETTE REICHT VOM LILA SCHOKO-KLEID ÜBER POLITISCHE STATEMENTS (»NEIN ZU DIETENBACH«) BIS HIN ZU VÖLLIGEM NONSENS.

Das bunte Treiben rund um das Holbeinpferd begann bereits in den 1970er Jahren. Doch man muss neidlos anerkennen: Inzwischen hat die Aktivität der Pinselschwinger zur Freude vieler Freiburger deutlich zugenommen. Somit dürfte der Gesprächsstoff mindestens bis zum nächsten Etappenziel reichen.

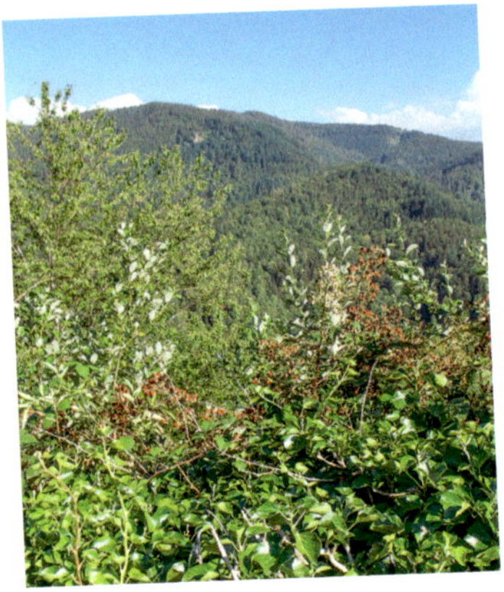

Gar nicht so weit: der Schauinsland

Von der Wonnhalde ist es etwas kürzer. Beide Wege treffen auf einer kleinen Teerstraße Richtung Waldhaus zusammen, wo man auch das Auto parken kann. Ab hier der gelben Raute Richtung Rehbrunnen und Horben folgen.

Schnell kommt ihr an einen WALDSPIELPLATZ 1, auf dem sich die Kinder – oder je nach Gemütslage auch die Eltern – schon einmal austoben können. Weiter rechts locken die Eisweiher mit schattiger Kühle. Ein Biotop für Enten, kleine Fische und Kaulquappen. Für Kinder ist ein Naturerlebnispfad angelegt: Groß und Klein können sich auf die Pirsch begeben und verschiedene Tierarten entdecken.

Zurück auf dem Ausgangsweg geht es tiefer in den kühlen Wald hinein; entweder geradeaus über den Rehbrunnen oder linker Hand direkt zum Gehtnoch. Ist dieser Name auch für euch Ansporn, dann schlängelt euch – jetzt schon eine Etage höher – in Richtung Günterstal. Doch auch der Lorettoberg in der anderen Richtung bietet schöne Blicke auf Freiburg und Umgebung. Allerdings würdet ihr den höchsten Baum Deutschlands verpassen, und unter anderem seinetwegen seid ihr ja hier.

Der Weg bleibt bequem und steigt kaum merklich an. Am EIBENBRUNNEN 2, der mit dem gesamten Weg um das Jahr 1900 angelegt wurde, könnt ihr rasten und die Brombeermünder abwaschen. Eine viel tollere Aussicht gibt es allerdings schon in der nächsten Kurve, wo sich die Bäume öffnen und den Blick Richtung Günterstal freigeben. Im Vordergrund das Kloster, dahinter schmiegen sich feudale Villen an den Kybfelsenhang. In dem malerischen Ortsteil Freiburgs ticken die Uhren noch anders. Günterstal eignet sich auch als Ausgangspunkt für eine Wanderung zum Kybfelsen, den ihr hoch droben über der Ortschaft thronen seht.

Der Panoramaweg führt euch zum Stein der Liebe und dem Marxenbrunnen. Die plätschernde Erfrischung wird euch gut tun, denn ab jetzt – es geht rechts hoch – wird der Anstieg etwas steiler, er ist jedoch immer noch gut machbar. Die Meter vergehen wie im Flug, und nach einer kurzen Senke (dem Mühlwaldweg) steht ihr schon am HÖCHSTEN BAUM DEUTSCHLANDS 3. Wer gut im Schätzen ist, kann erst mal einen Tipp abgeben, bevor er sich die statistischen Angaben ansieht.

Niemand hat je alle Bäume in Deutschland gemessen. Der also wahrscheinlich höchste Baum Deutschlands ist mit rund 70 Metern seit 2008 »Waldtraut« aus dem Mühlenwald. Anstoß zu dem Wettstreit gab dereinst die Gemeinde Eberbach am Neckar, welche einen Baum

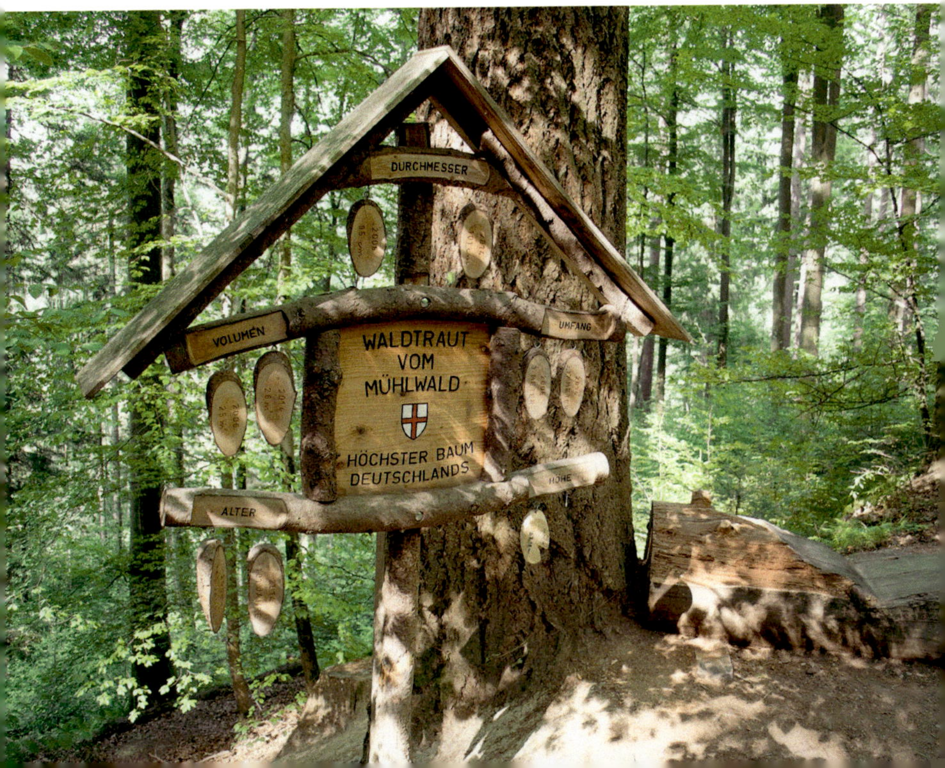

Von der Wurzel bis zum Wipfel:
Waldtraut lädt unter ihr gemütliches Dach

auf ihrer Gemarkung rekordverdächtig wähnte. Das konnte Badens Stolz nicht auf sich sitzen lassen, und so rückten Experten der Uni Karlsruhe mit Lasertechnik aus. Seitdem sind die Wälder Freiburgs um einen Superlativ reicher.

Während andernorts Ruhebänke meist Fernblicke eröffnen, lenkt diejenige am Fuße Waldtrauts den Blick in die Höhe. Dass die Kunst groß und unser Leben klein ist, wussten schon die Griechen. Hier, am Fuße der steil aufragenden Douglasien, könnt ihr es selbst spüren. Hinlegen, staunen und genießen! In dieser Sekunde schiebt sich Waldtraut vor euren Augen noch ein Stückchen weiter empor.

On it goes. (Variante mit kleinem Umweg: Alle mit Kinderwagen oder weißen Espadrilles bitte nun umdrehen und zurück zum Illenbergweg gehen, und von dort weiter hoch Richtung Horben.) Für die Schnellen und Abenteurer: 300 Meter weiter geht es einen schma-

Ein Bett in Grün, im Hintergrund das »Frauenhemd«

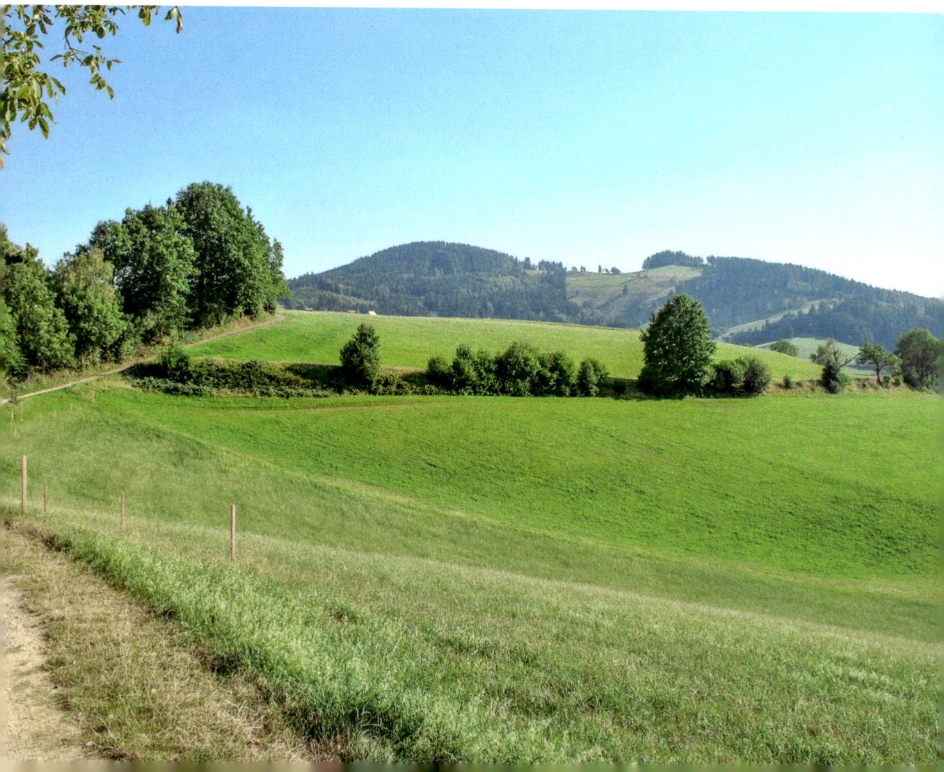

len Steig rechts hoch (gelbe Raute, darunter eine weiße Eins auf rotem Grund). Hier geht es steil hinan, durch ein paar Dornen und Schlammlöcher. Der Weg zum Himmel ist steinig. Dass ihr immer noch richtig seid, merkt ihr, wenn ihr auf einem kleinen Wiesenplateau ein Schild nach Horben erblickt. Alle anderen werden dann wohl erst später zum Abendbrot zu Hause sein.

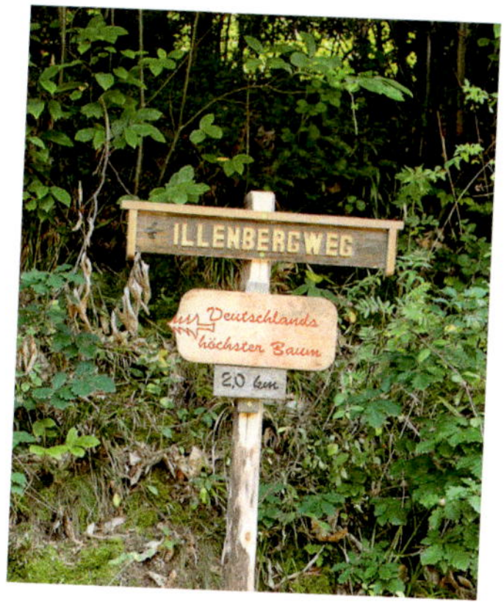

Da geht's lang!

Aus dem Wald heraus kommt ihr auf dem Junghofweg bei Horben – und fühlt euch gleich wie in einer anderen Welt! Ein Ort, an dem irgendwie immer die Sonne scheint, an dem der Rasen im Vorgarten mit der Nagelschere gestutzt wird. Horben glänzt nicht nur mit atemberaubenden Panoramen, sondern auch einer reizvollen Mischung aus moderner Architektur und altem Schwarzwaldhaus, wie ihr schon nach wenigen Metern am Althüsli sehen könnt. Nicht umsonst gehört das Sonnenplateau Südbadens seit einigen Jahrzehnten zu den begehrten Wohnlagen rund um Freiburg – obwohl (oder möglicherweise auch weil) es hier nicht einmal einen Einkaufsladen gibt.
Zu sehen ist hier (und von hier) einiges, und zum Glück ist alles bestens beschildert. Die Luisenhöhe ist seit Jahr und Tag Ausflugsziel für die Freiburger. Das ehemalige Hotel mit tollem Ausblick lag einige Jahre brach und wird nun mit großem Aufwand umgebaut.
Auf dem Weg ins Dorf kommt ihr an einer weithin sichtbaren Anhöhe vorbei, auf der Bänke und Ruheliegen stehen. Wie viele Wanderer haben sich hier schon das hitzige Mütchen von leichtem Hauch erfrischen lassen! Die Gedanken treiben mit den Gleitschirmfliegern in die Ferne, über den Schönberg und die Ränder der Stadt hinweg.

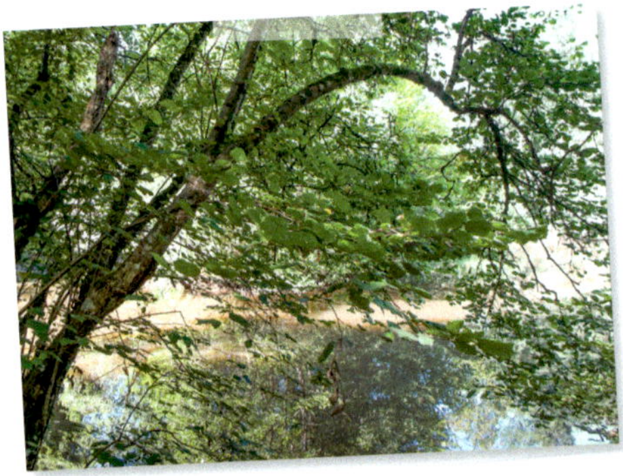

Über den Rhein zu den Vogesen. Hier muss einst das Wort »Pause« erfunden worden sein. Richtung Dorfmitte eröffnet sich das ganze Panorama und mit ihm die Glücksgefühle, wie weit man nach einem längeren Spaziergang schon gekommen ist: der Stäpfelefelsen, die beiden Windräder der Holzschlägermatte, der mächtige Höhenzug des Schauinsland mitsamt seinem dreieckigen Turm, die Bergstation der Seilbahn. Die Wiesen rund um die Eduardshöhe und ganz rechts oben das sogenannte Frauenhemd. Der Hang unterhalb des Kammes zwischen Horben und St.Ulrich-Geiersnest soll wie das Trägerhemd einer Frau geformt sein und ist – Fakt für Angeber! – fast von ganz Freiburg aus zu sehen. So weit der Rundblick, so zahlreich die Möglichkeiten zur Fortsetzung der Tour.

Jedoch solltet ihr nicht von hinnen ziehen, ohne in die kulinarischen Finessen Horbens hineingeschmeckt zu haben. Für den verwöhnten Gaumen gibt es den Michelin-besternten RABEN 4. Die Variationen von Sternekoch Steffen Disch kann man auch in einem seiner Kochkurse kennenlernen. Gegenüber lädt das gemütliche Dorfcafé in seine urige Stube. Zum anschließenden Sightseeing bietet sich die Dorfkirche samt Friedhof an, oder aber – es war anstrengend genug – ihr lasst euch einfach vom Bus zurückkutschieren.

Wer noch bei Kräften ist: Eine Variante nach Freiburg zurück wäre Luisenhöhe – Kunacker – Merzhausen (etwa fünf Kilometer), anfangs entlang eines neulich entstandenen Mountainbike-Trails. Taufrisch angelegt ist auch der sogenannte »Weg der Revolutionäre«, der an die Badische Revolution 1848 erinnert, als sich die letzte Abteilung des Revolutionszuges des legendären Friedrich Hecker nach Freiburg aufmachte.

Man kann nicht alles auf einmal entdecken. Aber Horben ist so schön, dass ihr ganz bestimmt wiederkommen werdet.

Alles, was ihr wissen müsst

keine Rundtour: Auf breiten Wegen begehbar // ein dicht bewachsener, recht steiler Anstieg zwischen dem höchsten Baum Deutschlands und Horben-Langackern // **kinderwagentauglich**

Markierung: gelbe Raute und diverse Holzwegweiser »Höchster Baum Deutschlands«

Entfernung von Freiburg: 0,5 Kilometer
ÖPNV: Stadtbahnlinie 2, Haltestelle Holbeinstraße oder Wonnhalde. Zurück mit dem Bus von Horben Rathaus (fährt stündlich) bis Endhaltestelle Günterstal, von dort wieder Linie 2 Richtung Stadt
Auto: an der Haltestelle Wonnhalde gibt es Parkplätze

Einkehr: Gaststätte Pizzeria Wonnhalde, Wonnhaldestraße 2, 79100 Freiburg // **Dorfcafé,** Dorfstraße 17, 79289 Horben, dorfcafe-horben.de // **Gasthaus zum Raben,** Dorfstraße 8, 79289 Horben, raben-horben.de

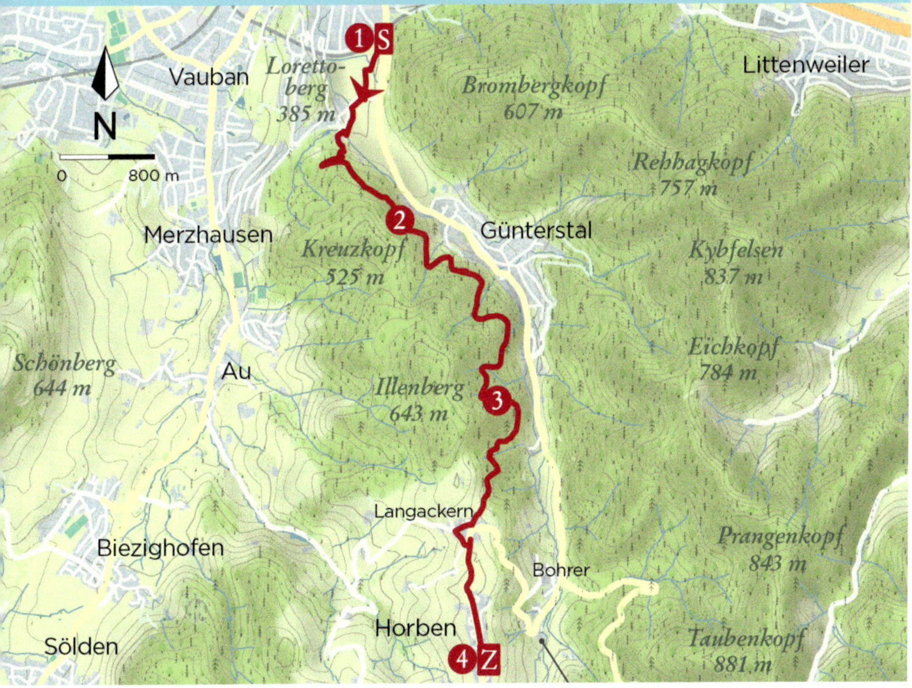

Hinauf zur Zähringer Burg

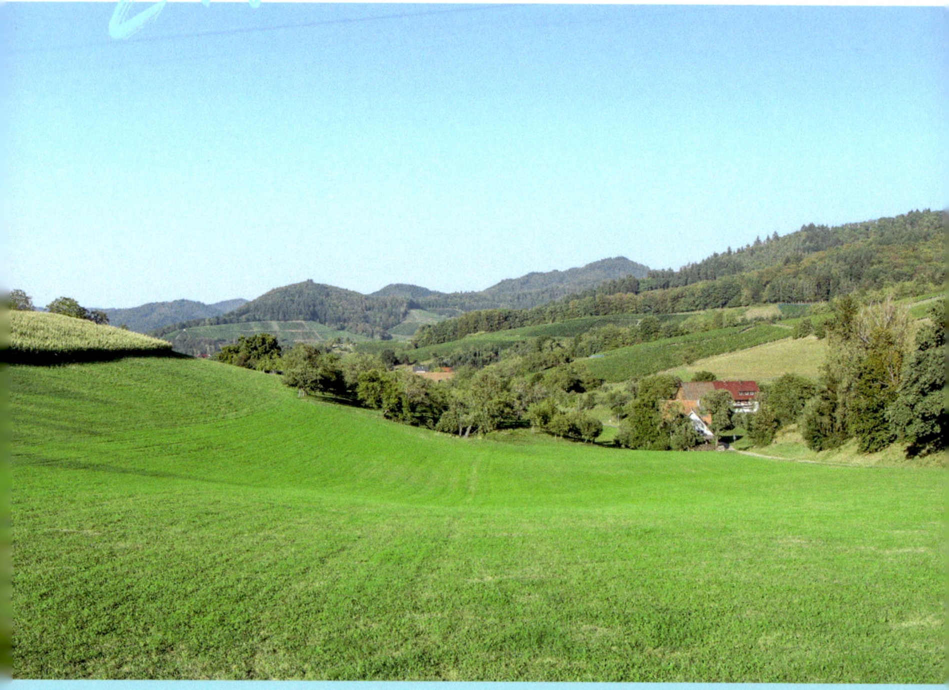

Schwierigkeit: mittel // 13,3 Kilometer // 380 Höhenmeter
Für Familien mit Kindern geeignet

VOM WILDTAL ENTLANG GOLDENER REBHÄNGE UND WIESEN SOWIE DURCH WÄLDER IN LUFTIGE HÖHEN

Diese Tour ist optimal für einen längeren Nachmittagsausflug, denn sie führt durch abwechslungsreiches Terrain, Kinder können sich auf einem großen Waldspielplatz austoben und auch für das leibliche Wohl ist bestens gesorgt. Zur Krönung kann gegen Ende der Wanderung auch noch die Zähringer Burg erkundet werden – natürlich mit märchenhaften Ausblicken über Freiburg und die Rheinebene!

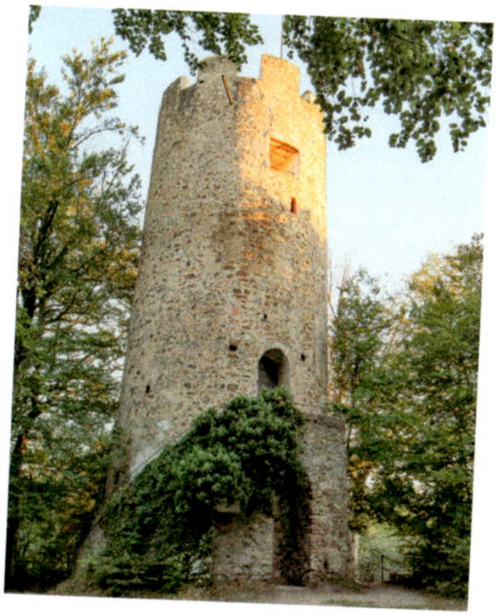

BERGFRIED ZÄHRINGERBURG

Die Wanderung beginnt am Dorfbrunnen Wildtal. Der kleine Gundelfinger Ortsteil liegt malerisch am Fuße des Schwarzwalds und gehörte einst den Herzögen von Zähringen. Diese Tour ist also ganz diesem alten Adelsgeschlecht gewidmet.

DIE ZÄHRINGER WAREN EIN MÄCHTIGES HERRSCHERGESCHLECHT IM SÜDDEUTSCHEN UND SCHWEIZERISCHEN RAUM, WO SIE ZAHLREICHE STÄDTE WIE FREIBURG (1120), BERN, MURTEN ODER FRIBOURG IN DER SCHWEIZ GRÜNDETEN. MIT DEM TOD HERZOG BERTHOLDS V., DEM »LETZTEN ZÄHRINGER«, STARB DIE MÄNNLICHE LINIE DES ADELSGESCHLECHTS 1218 AUS. DIE GEGEND UM WILDTAL, WELCHE DIE HERZÖGE ALS LEHEN VOM DEUTSCHEN KAISER ERHALTEN HATTEN, FIEL DARAUFHIN IN DESSEN HÄNDE ZURÜCK.

Im nahe gelegenen Restaurant Sonne kann man sich noch einmal stärken, bevor es dem Breisgauer Weinweg folgend in Richtung Rebberg geht. (Achtung: Bereits 150 Meter weiter an der Bushaltestelle

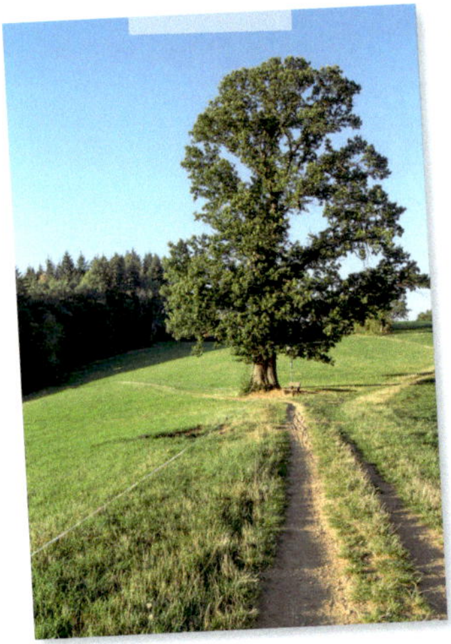

Sonnenwiese zweigt ein schmaler Fußweg rechts ins Wohngebiet ab, die Wegmarkierungen sind hier teilweise schlecht erkennbar, erst an der Straße Am Rebberg wird die Wegführung wieder eindeutiger.)

Besonders im Herbst ist diese Gegend reizvoll; da stehen Apfelbäume, deren dicke Äste sich unter der Last der Früchte gen Boden biegen, und der süße Duft reifer Trauben steigt einem in die Nase. Wer am Wegpunkt Rebberg noch einen kleinen Abstecher zum nahe gelegenen Spielplatz am Waldstadion machen möchte, braucht nur 200 Meter weiter geradeaus in den Wald zu laufen, hier ist Spaß für Groß und Klein garantiert! Ansonsten geht es rechts den steilen Weg hinauf in Richtung LEHENECK 1 . Mit jedem Höhenmeter gibt die Umgebung mehr von ihrer Schönheit preis: Am Rande des Rebbergs liegt das Wildtal und etwas in der Ferne kann man die südlichste Großstadt Deutschlands vor dem lieblichen Schönberg betrachten – eine seltene und zugleich spektakuläre Perspektive. An späten Herbstnachmittagen ist die Szenerie zusätzlich in goldenes Licht getaucht, dann fehlt nur noch ein Streichquartett, um die Romantik perfekt zu machen. Es geht in den Wald, rechts zwischen den Bäumen hindurch zeigt sich immer wieder der Rosskopf mit seinen vier Windrädern. Fast unmerklich passiert man hier die alte Staatsgrenze zwischen Baden und Österreich, die noch bis 1808 bestand. Nur ein unprätentiöser Grenzstein mit Informationstafel erinnert heute noch an diese Zeit. Am Leheneck angekommen, verlässt man den Breisgauer Weinweg, ab hier geht es der gelben Raute folgend weiter zum WILDTALERECK 2. Auf dem steilen Feldweg entlang des Waldrandes kann man derweil das ansehnliche Heuweilertal bestaunen, dann zweigt der Weg auch schon nach rechts in den Wald ab. Auf einem verschlungenen und abwechslungsreichen Pfad erreicht man wenig später das 459 Meter hohe Wildtalereck. Es war einst die Gemarkungsgrenze zwischen den früher selbstständigen Gemeinden Wildtal und Föhrental, die heute Ortsteile von Gundelfingen und Glottertal sind. Ähnlich wie das Leheneck liegt auch dieser Ort auf einer großen Wiese mit einer herrlichen Aussicht. Die weite Rheinebene kann man auf der einen, den mächtigen Kandel auf der anderen Seite bewundern. Eine Bank unter der naturdenkmalgeschützten Esskastanie lädt zum Verweilen und Träumen ein, im Herbst lassen sich hier außerdem leckere Maroni sammeln. Um das nächste Etappenziel, das OCHSENLAGER 3, zu erreichen, folgt man wieder der gelben Raute in den Wald hinein. Vorbei geht es an einer kleinen Schutzhütte den Berg hinauf. Hier sind nicht mehr viele Wanderer unterwegs, und die Ruhe des Waldes

Saftige Reben stehen Sparlier auf dem Weg zur Zähringer Burg

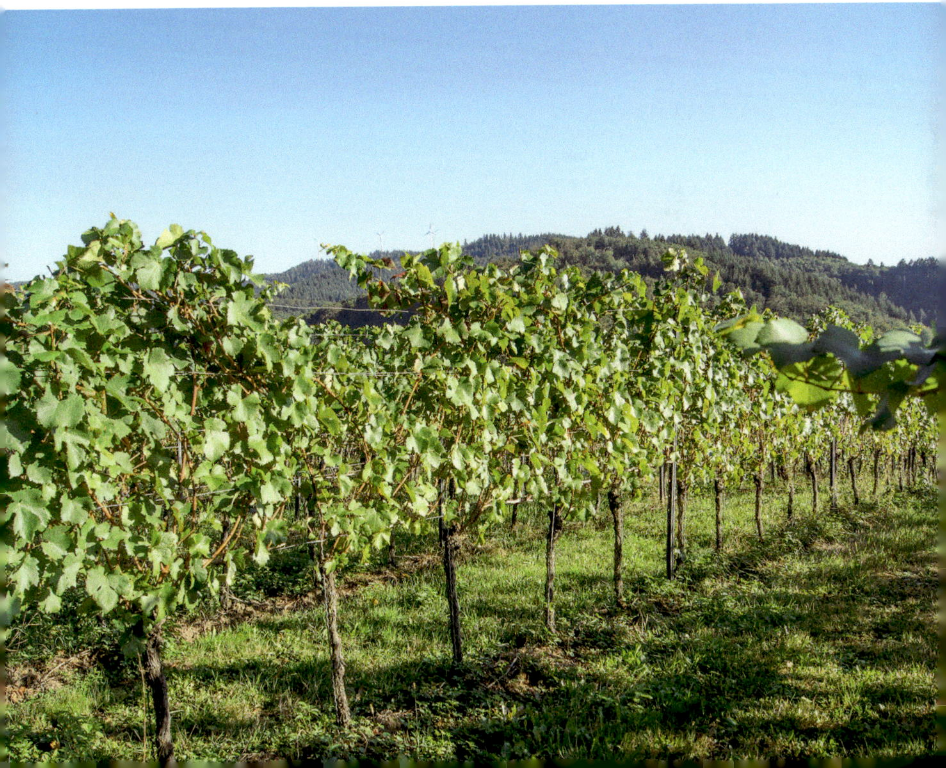

umhüllt euch voll und ganz. Einzelne Sonnenstrahlen suchen sich hin und wieder ihren Weg zwischen den dicken Ästen der Bäume hindurch zu euch und schaffen dabei eine ganz und gar magische Szenerie. Am Wegweiser Hornbühlweg angekommen, geht es nach rechts auf einem kleinen Trampelpfad zum Ochsenlager. Hier treffen zahlreiche Wanderwege und Biketrails aufeinander. Wer noch Zeit und Power hat, kann einen Umweg über den Rosskopf mit seinem Aussichtsturm nehmen, diese Wanderung führt jedoch direkt weiter zum Wegpunkt Zähringer Burg. Auf einem breiten Forstweg geht es hinab durch den Wald, rechts zeigt sich zwischen den Bäumen immer wieder der Kandel hinter den dicht bewaldeten sanften Hügeln. Am Wegweiser Schlosshäuser Mitte trennen sich die Wege zur Ruine Zähringer Burg und zum Gasthaus Zähringer Burg. Ein Besuch des kleinen Waldrestaurants ist unbedingt empfehlenswert.

Schöne Aussicht vom Wildtalereck auf den imposanten Kandel

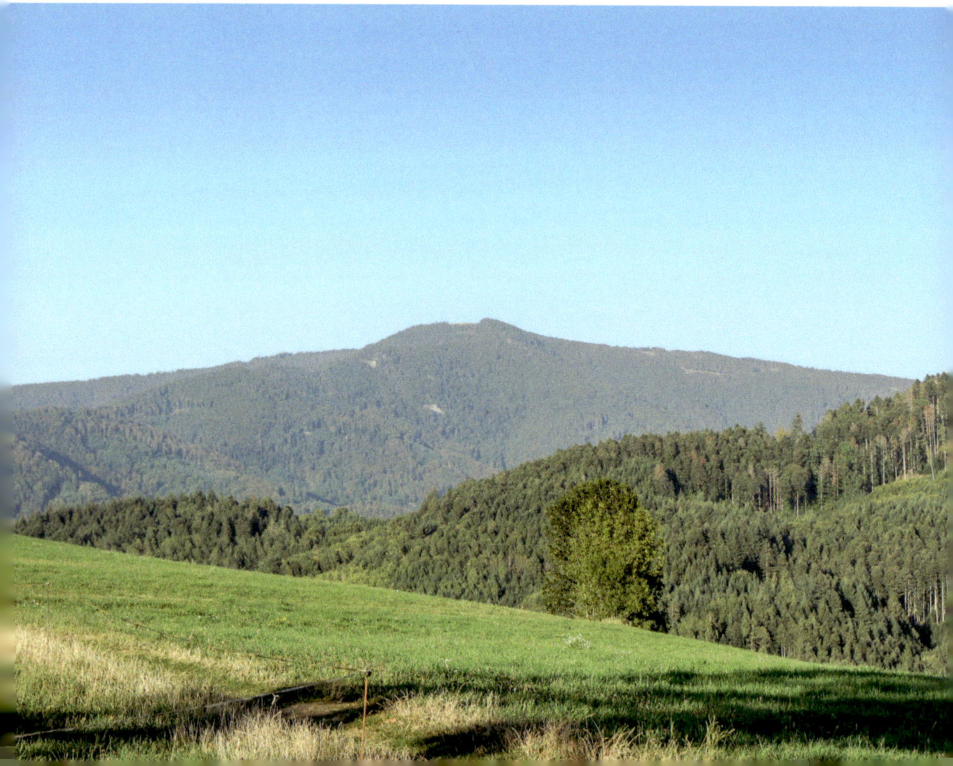

Dieses ist nicht nur wegen seiner delikaten Fondue-Kreationen, sondern auch aufgrund der idyllischen Lage Anziehungspunkt für Besucher von nah und fern. Und ein besonders großer Pluspunkt: Gegen ein Pfand erhält man hier sogar den Schlüssel zur Ruine Zähringer Burg, mit welchem man den alten Bergfried besteigen kann! Es geht ein kurzes Stück durch den Wald und vorbei an den Ausgrabungsresten einer früheren alemannischen Siedlungsanlage.

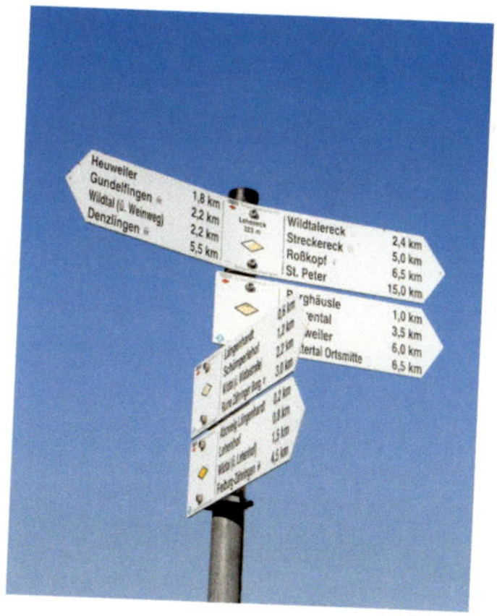

Wanderschilder-Dschungel

DIE ALEMANNEN HABEN HIER OBEN WOHL IM 4./5. JAHRHUNDERT NACH CHRISTUS GELEBT. BEI ARCHÄOLOGISCHEN UNTERSUCHUNGEN AUS DEN JAHREN 1985 BIS 1990 BRACHTE DIE UNIVERSITÄT FREIBURG ÜBERRASCHENDE ERGEBNISSE ZUTAGE: SO ZEIGTE SICH, DASS DIE KUPPE RUND UM DIE HOCHMITTELALTERLICHE BURG DER ZÄHRINGER VON IHNEN KÜNSTLICH ZU EINEM PLATEAU MIT INEINANDER ÜBERGEHENDEN TERRASSEN UMGESTALTET WORDEN WAR.

Nun nur noch ein kurzer Anstieg – und schon ist man da: Verwunschen und märchenhaft wirkt die RUINE DER ZÄHRINGER BURG 4 inmitten der hohen Bäume. Fast meint man, ein betrübtes Burgfräulein zu erkennen, das seinen sehnsuchtsvollen Blick in die Ferne schweifen lässt und hofft, von seinem Prinzen endlich aus dem Turm befreit zu werden.

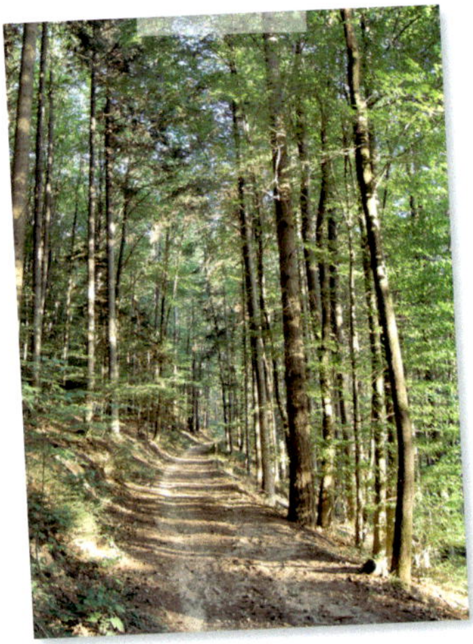

Die Burg Zähringen wurde erstmals 1128 urkundlich aufgeführt, sie bestand aber sicherlich schon um 1090. Ihre nächste Erwähnung findet sie erst im Jahre 1146, als der junge Friedrich Barbarossa bei einer Fehde mit Herzog Konrad auch gegen diese Burg zog. Dies belegt, dass die Zähringer Burg eine wesentliche Grundlage der Zähringer Herrschaft darstellte. Die Burg wechselte mehrfach ihre Besitzer, sie wurde vermutlich 1525 im Bauernkrieg zerstört. Heutzutage liegt sie zwar auf der Gemarkung Gundelfingens, die Burg selbst ist jedoch im Besitz der Stadt Freiburg.

Mit dem geliehenen Schlüssel aus dem Restaurant kann man die große schwere Holztür unterhalb des Turmes öffnen, und über eine schmale hölzerne Wendeltreppe gelangt man schließlich in das Gebäude. Das Panorama hier oben ist einfach atemberaubend! Knapp über den Baumwipfeln bietet sich eine herrliche Aussicht über Freiburg, die sanften Hänge des Schwarzwalds und natürlich die Rheinebene. Freiburg liegt wie ein großer bunter Teppich ausgebreitet zu euren Füßen, und mit etwas Glück reicht die Sicht sogar bis zu den Vogesen. Besonders gegen Abend versprüht dieser Ort einen ganz besonderen Zauber, wenn die Lichter der umliegenden Städte und Dörfer euch entgegenblinzeln.

Auf demselben Wegstück, auf dem man durch den Wald zur Burg gekommen ist, geht es auch wieder zurück. Wer nicht noch einmal zur Schlüsselrückgabe beim Waldrestaurant Zähringer Burg vorbeimuss, kann kurz nachdem er aus dem Wald hinausgetreten ist, dem Wegweiser Schlosshäuser Nord folgen. Dieser schmale, nach links abzweigende Waldpfad führt euch gemächlich hinab ins Tal und schließlich zurück zum Wildtaler Dorfbrunnen. Die Tour ist geschafft! Ihr könnt stolz auf euch sein – die Zähringer sind es ganz sicher!

Alles, was ihr wissen müsst

Rundtour: Längere, leicht herausfordernde Tour // großer Spielplatz beim Waldstadion Gundelfingen // **nicht kinderwagentauglich**

Markierung: Breisgauer Weinweg bis zum Leheneck // danach gelbe Raute

Entfernung von Freiburg: 6 Kilometer
ÖPNV: von Freiburg Hbf. mit der Stadtbahn 4 zur Haltestelle Gundelfingerstraße, von dort mit dem Bus Linie 15 bis zur Haltestelle Wildtal Sonnenwiese
Auto: Großer Parkplatz am Waldstadion (Nähe Rebberg)

Einkehr: Restaurant Sonne Wildtal, Talstraße 80, 79194 Gundelfingen, sonnewildtal.com // **Gasthaus Kandelblick,** Talstraße 54, 79194 Gundelfingen // **Waldrestaurant Zähringer Burg,** Reutebacher Höfe 7, 79194 Freiburg, waldrestaurant-zaehringerburg.de

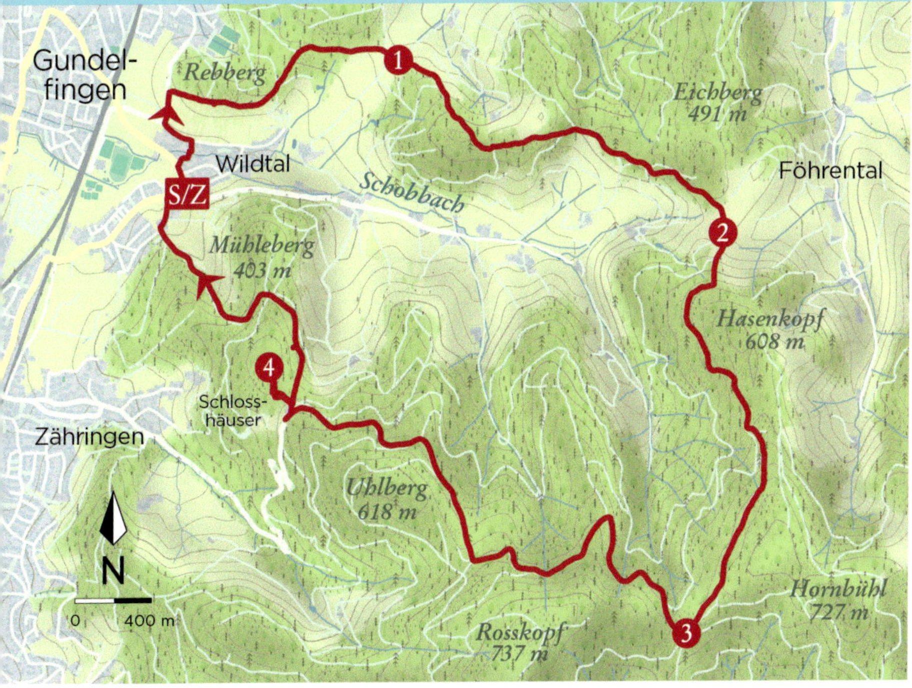

Der Kybfelsen. Über den Dächern Freiburgs

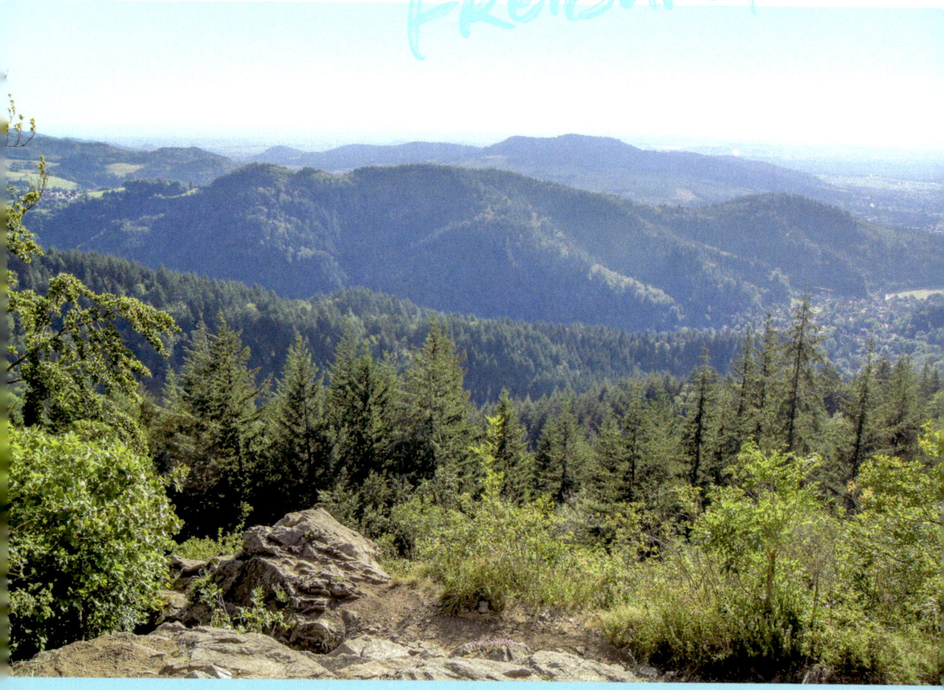

Schwierigkeit: schwer // 10,5 Kilometer // 540 Höhenmeter
Für Familien mit älteren Kindern geeignet

*VERSCHLUNGENE PFADE
UND EIN AUSBLICK,
DER EINEM DEN ATEM STOCKEN LÄSST!*

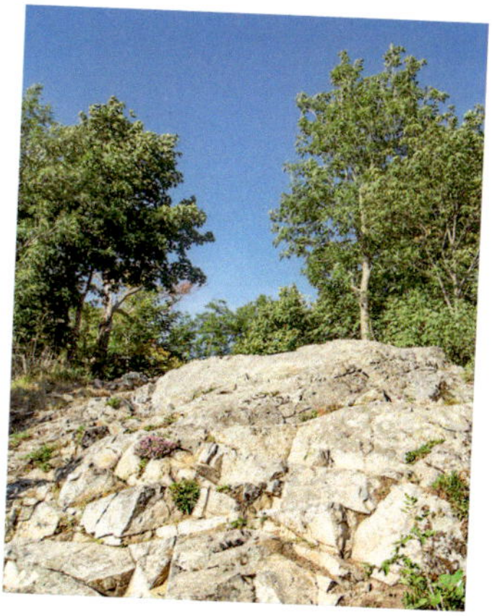

Kybfelsen von unten

Die Kybfelsentour vereint Naturerlebnis mit Praktikabilität, denn Start- und Endpunkt sind aus der Freiburger Innenstadt sowohl zu Fuß als auch mit der Straßenbahn gut erreichbar. Eine Tour für Kurzentschlossene und all diejenigen, die das Gefühl von Weite und Freiheit suchen! Begebt euch in die Höhe und genießt!

Den Startpunkt kennzeichnet die Sternwaldwiese im Stadtteil Wiehre, die im Sommer insbesondere von den Jung-Freiburgern gerne nach Feierabend aufgesucht wird. Nehmt ihr den Geruch von gegrillten Veggie-Würstchen und Anfeuerparolen von Wikingerschach-Spielern wahr, dann seid ihr genau richtig! Ein kleines Stück weiter, hinter der Wiese am Waldesrand, weist euch die gelbe Raute auf dem Wanderschild die Route zum Kybfelsen – das Abenteuer kann losgehen!

Zunächst führt ein breiter Weg in den sattgrünen Wald und gemächlich den Berg hinauf. Bei einer unbeschilderten Kreuzung gleich zu Beginn solltet ihr euch links halten, danach weisen die Wanderschilder wieder den Weg Richtung Kybfelsen. Auf schmaleren Pfaden geht es im weiten Zickzack langsam in die Höhe. Das dichte Blätterdach bietet reichlich Schatten und erfrischende Kühle, weshalb sich diese Wanderung insbesondere auch für heiße Sommertage empfiehlt. Schon nach kürzester Zeit ist man hier als Wanderer fast ganz für sich. Nur der hin und wieder kreuzende Canadian Trail mit seinen wagemutigen Downhillfahrern verleiht der sonst so ruhigen Atmosphäre etwas Actionfeeling.

Der Weg gewinnt mit zunehmender Höhe an Lieblichkeit, denn hier wandelt man märchengleich zwischen rotem Fingerhut und Farn.

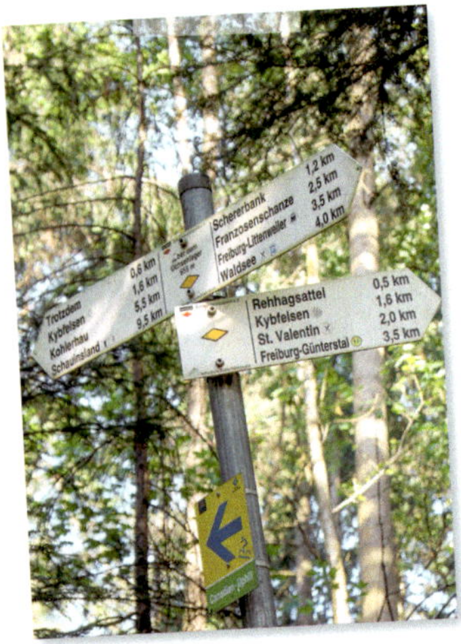

Im Sommer kommen hier außerdem auch Schleckermäuler auf ihre Kosten, denn die Route ist gesäumt mit unzähligen Himbeersträuchern, die hungrige Wandersleut mit ihrem süßlichen Duft betören. Richtet ihr während des Aufstiegs den Blick nach links, könnt ihr außerdem zwischen den Bäumen immer wieder den Rosskopf mit seinen vier Windrädern und den Freiburger Osten bestaunen.

An dem Wegpunkt ÜBER DEM OCHSENLAGER 1 werden Wanderfreunde vor die Wahl gestellt, denn sowohl der linke als auch der rechte Pfad führen mit gleicher Distanz zum Kybfelsen. Abenteurern und Panoramafreaks ist die linke dieser beiden Varianten zu empfehlen. Schon nach kurzer Zeit lichtet sich hier der Wald und eröffnet eine seltene und zugleich spektakuläre Aussicht auf das obere Ende des Dreisamtals.

DAS DREISAMTAL, WELCHES DURCH DEN GLEICHNAMIGEN FLUSS GEFORMT WURDE, ZÄHLT ZU DEN WENIGEN GEGENDEN IN DEUTSCHLAND, DIE BEREITS ZU ANTIKER ZEIT ALS KELTISCHES SIEDLUNGSGEBIET DOKUMENTIERT SIND. DIE GESCHICHTE DER EINSTIGEN FESTUNG TARODUNUM KANN AUF DEM ZEHN KILOMETER LANGEN RUNDWEG BEI KIRCHZARTEN NACHGELESEN WERDEN. DAS TAL IST HEUTZUTAGE VOR ALLEM ALS RAD- UND JOGGINGSTRECKE BELIEBT.

Der schmale Weg windet sich weiter oberhalb des Tals entlang und lässt keine Langeweile aufkommen, denn immer wieder wechselt sich dschungelgleiches Dickicht mit steilen Serpentinen auf felsigem

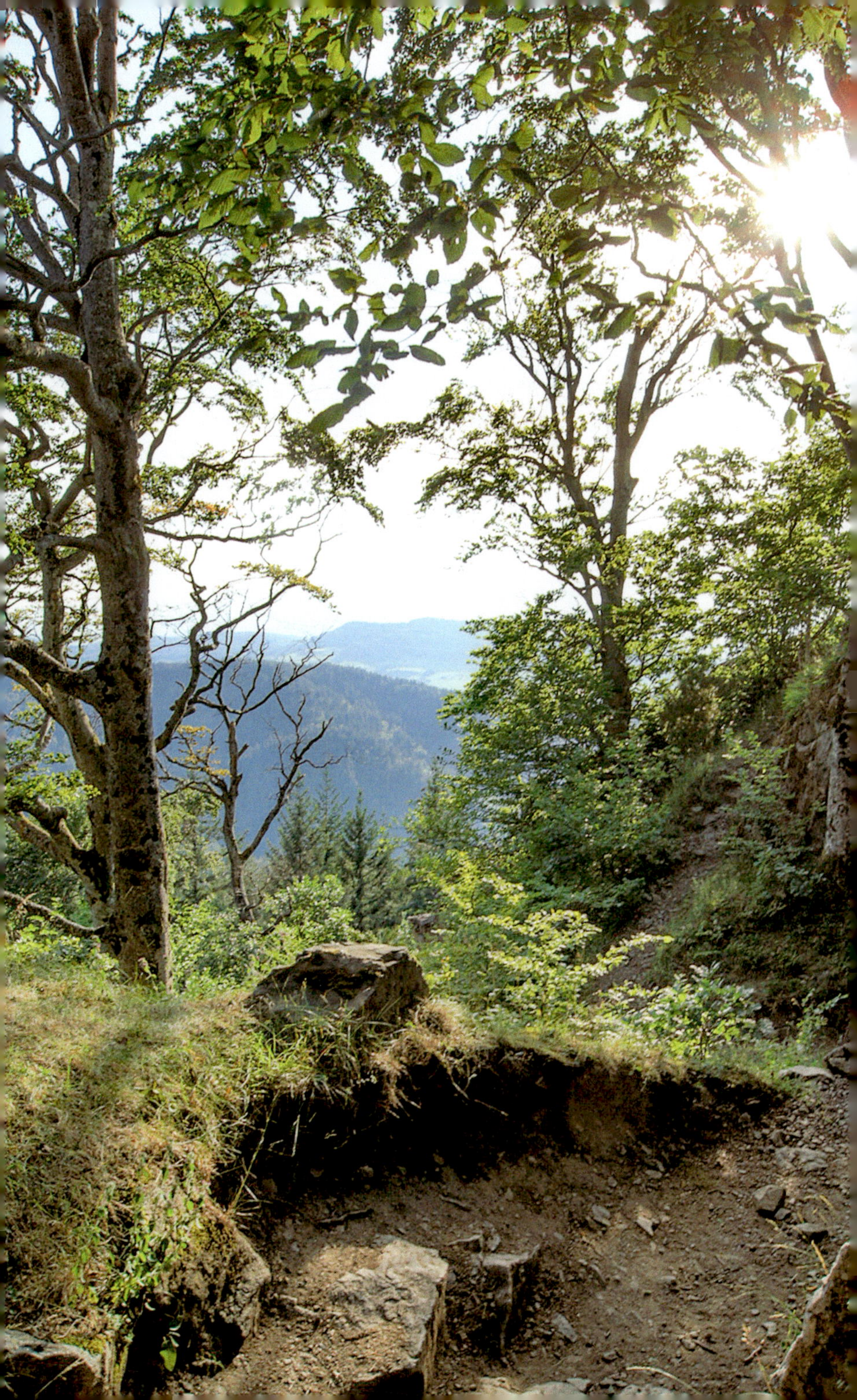

Untergrund ab. Falls ihr an einem Wegpunkt vorbeikommt, dessen Name wie ein trotziges Argument in einer hitzigen Diskussion lautet, dann seid ihr genau richtig! Von »Trotzdem« ist es nämlich nicht mehr weit bis zum langersehnten Kybfelsensattel. Was es mit dieser Bezeichnung auf sich hat, ist leider nicht überliefert, vielleicht aber soll der Name den Wandersmann bzw. die Wandersfrau motivieren, den steilen Weg »trotz der müden Beine« weiterzugehen …?
Vom Kybfelsensattel ist es nur noch ein kurzes Stück durch dichten, dünnstämmigen Buchenwald bis ihr die ersten großen Felsformationen erreicht. Von dort kann man den Schauinsland, den Freiburger Hausberg, zwar erkennen, ansonsten wird die Aussicht hier leider größtenteils von Bäumen versperrt. Bei einem kurzen Abstecher auf das Gipfelplateau lassen außerdem alte Mauerreste die frühere Existenz der sogenannten Kyburg erahnen.

Im Sommer beliebter Grill- und Sport-Spot der Freiburger Studenten: die Sternwaldwiese

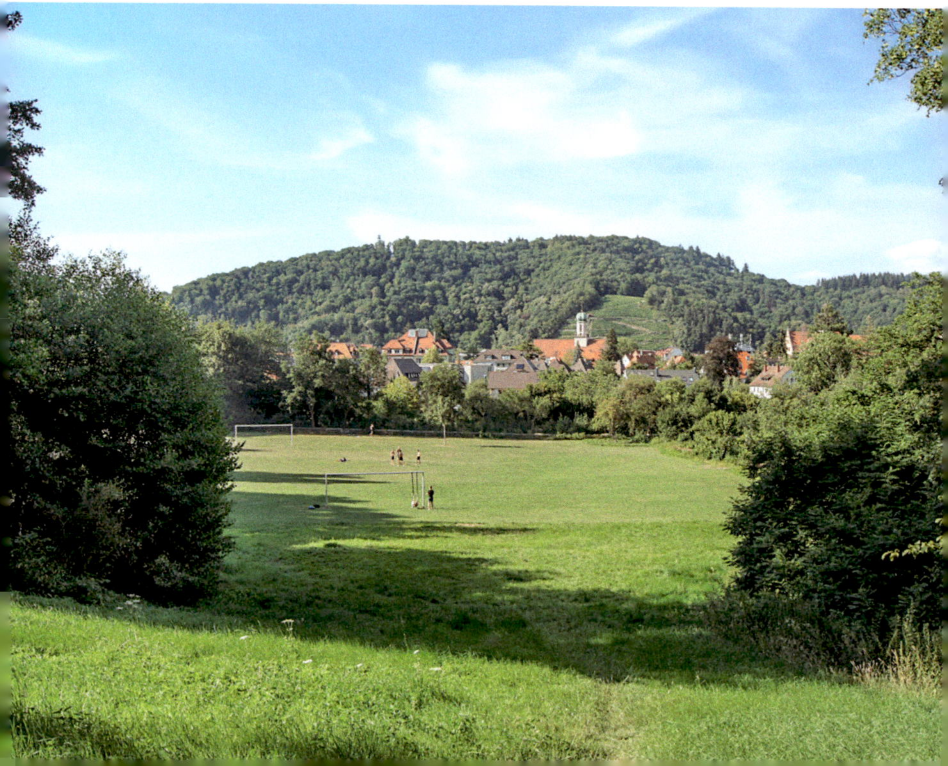

ERWÄHNT WIRD DIE KYBURG ZUM ERSTEN MAL IM 14. JAHRHUNDERT, ANSONSTEN IST ÜBER DIE HÖHENSIEDLUNG JEDOCH NUR WENIG BEKANNT. DIE WENIGEN BAULICHEN RESTE UND FEHLENDEN SCHRIFTQUELLEN LASSEN EINE GENAUE DATIERUNG NICHT ZU. ES WIRD DAVON AUSGEGANGEN, DASS SIE IM 11. JAHRHUNDERT ERBAUT WORDEN IST UND UNTER ANDEREM EIGENTUM VON BERTOLD II. WAR. AUFGRUND IHRER VAGEN HISTORIE WURDE SIE SCHON FRÜH GEGENSTAND GENEALOGISCH GEPRÄGTER SPEKULATIONEN.

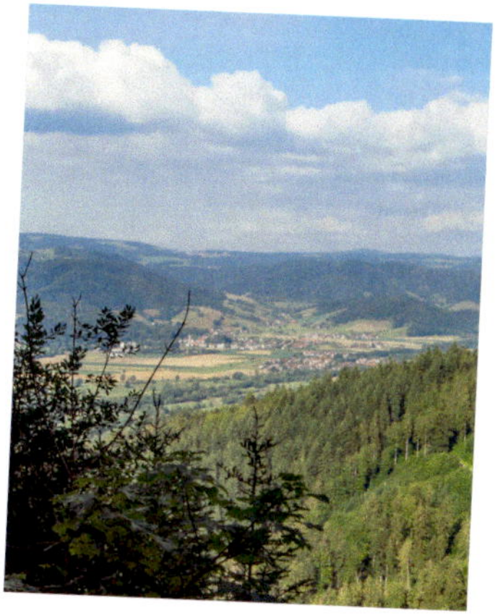

Ausblick auf das Dreisamtal

Nun seid ihr da! Atem-be-rau-bend! Anders lässt sich die Aussicht vom KYBFELSEN 2 nicht beschreiben! Wie in einem Gemälde breiten sich die sanften Ausläufer des Schwarzwalds vor einem aus, Günterstal erscheint unter euch im Tale, weiter hinten schmiegt sich der Schönberg an die Freiburger Innenstadt, und die Vogesen erheben sich am fernen Horizont. Eine Mischung aus Freiheit, Erhabenheit und zugleich Demut fühlt man an diesem einzigartigen Ort. Setzt euch, lasst euch die frische Brise um die Nase wehen und staunt! Solltet ihr ein Fläschchen Wein im Gepäck haben, ist dies der richtige Zeitpunkt, ihn zu öffnen, denn romantischer wird es nicht. Aus diesem Grund verbringen hier wohl auch immer wieder Frischverliebte oder Freiburger Studenten (trotz des steilen Geländes) eine Nacht im Schlafsack. Die Schönheit des Sternenhimmels lässt sich hier bei Tag nur erahnen.

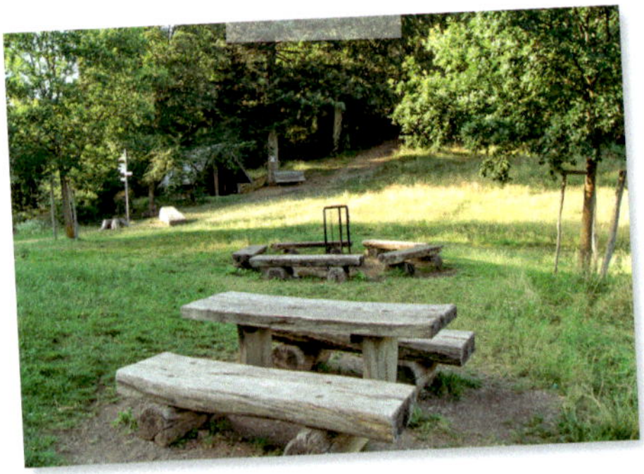

Der Abstieg naht, und über den sogenannten Kybfelsen-Steig gelangt man im steilen, steinigen Zickzack zum SOHLACKER 3. Hier bietet sich noch einmal die Möglichkeit, eine längere Essensrast einzulegen. Die kostenfreie Grillstelle mit Rundbank bietet dabei alles, was das Outdoor-Cooking-Herz begehrt. Wer einfach noch einmal etwas durchschnaufen möchte, kann es sich auch auf der Liegewiese bequem machen. Die kleine Hütte am Waldesrand gewährt außerdem Schutz vor Wind und Regen. Nur noch einmal den Ausblick von hier oben ins Gedächtnis brennen, und schon heißt es Abschied nehmen von diesem ganz besonders bezaubernden Fleckchen Erde. Die gelbe Raute führt euch wieder in den Wald und über mal schmalere und mal breitere Wege hinab in Richtung Günterstal. Hier solltet ihr stets aufmerksam nach den Wegschildern Ausschau halten, denn leicht kann man auf fremde Pfade geraten.
Noch ein kurzes Stück, und schon seid ihr da! Ihr werdet schnell merken: Das bezaubernde WALDRESTAURANT ST. VALENTIN 4 war jeden Schweißtropfen dieser Strecke wert! Ausgehungerte Wanderer kommen hier nämlich voll auf ihre Kosten. Das Gasthaus ist insbesondere wegen seiner vielfältigen Pfannkuchen-Variationen beliebt und bekannt, die man auf der idyllischen Außenfläche zwischen Wald und Weiden genießen kann.
Wer den Heimweg lieber direkt antreten möchte oder wem eine andere Lokalität vorschwebt, der kann auch der Wegbeschilderung nach Günterstal folgen. Hier bietet das Gasthaus mit dem passenden Namen Kybfelsen oder der Kühle Krug gute regionale Gerichte an. Wer noch Kraftreserven besitzt, braucht übrigens nicht in die Straßenbahn zu steigen, ein schöner breiter Weg entlang des Sternwaldes führt euch nämlich direkt zurück in die Freiburger Innenstadt.

Alles, was ihr wissen müsst

keine Rundtour: Anspruchsvolle Wanderung // Absturzgefahr am Kybfelsen // Gelände zum Teil felsig und steil, vor allem bei Regen ist Vorsicht geboten // **nicht kinderwagentauglich**

Markierung: gelbe Raute bis zum Kybfelsen // dann (kurz) blaue und beige Raute bis St. Valentin

Entfernung von Freiburg: 1 Kilometer
ÖPNV: direkt aus der Freiburger Altstadt zu Fuß oder mit der Straßenbahn Linie 1, Haltestelle Maria-Hilf-Kirche möglich, Rückfahrt mit Straßenbahn Linie 2 ab Haltestelle Wonnhalde
Auto: nicht empfehlenswert

Einkehr: Waldrestaurant St. Valentin, Valentinstraße 100, 79100 Freiburg, sanktvalentin.eu // **Gasthaus Kybfelsen,** Schauinslandstraße 49, 79100 Freiburg, kybfelsen-freiburg.de // **Restaurant Kühler Krug**, Torplatz 1, 79100 Freiburg, kuehlerkrug.de

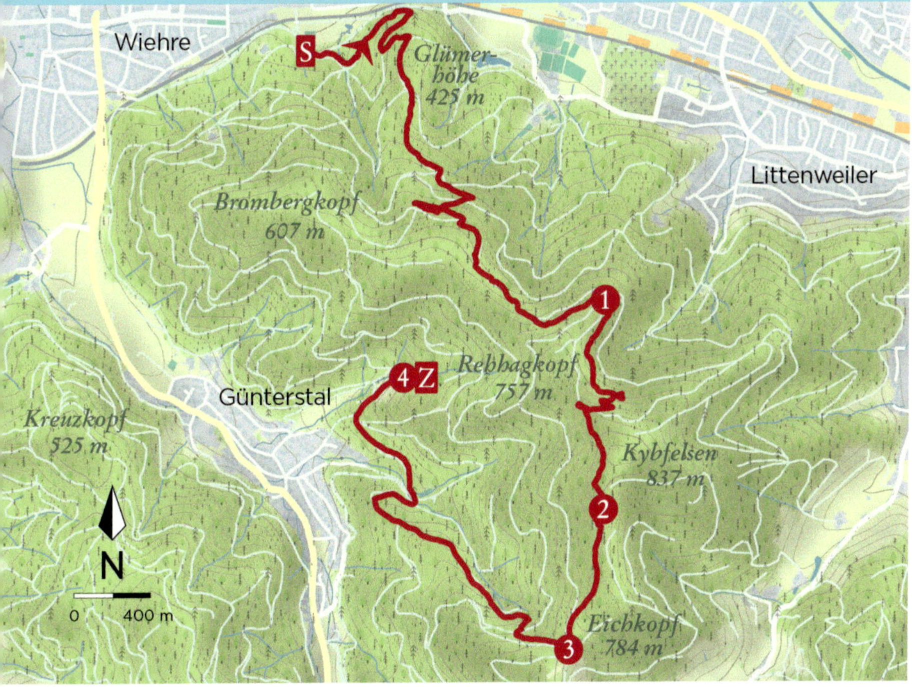

Unterwegs auf dem Bettlerpfad

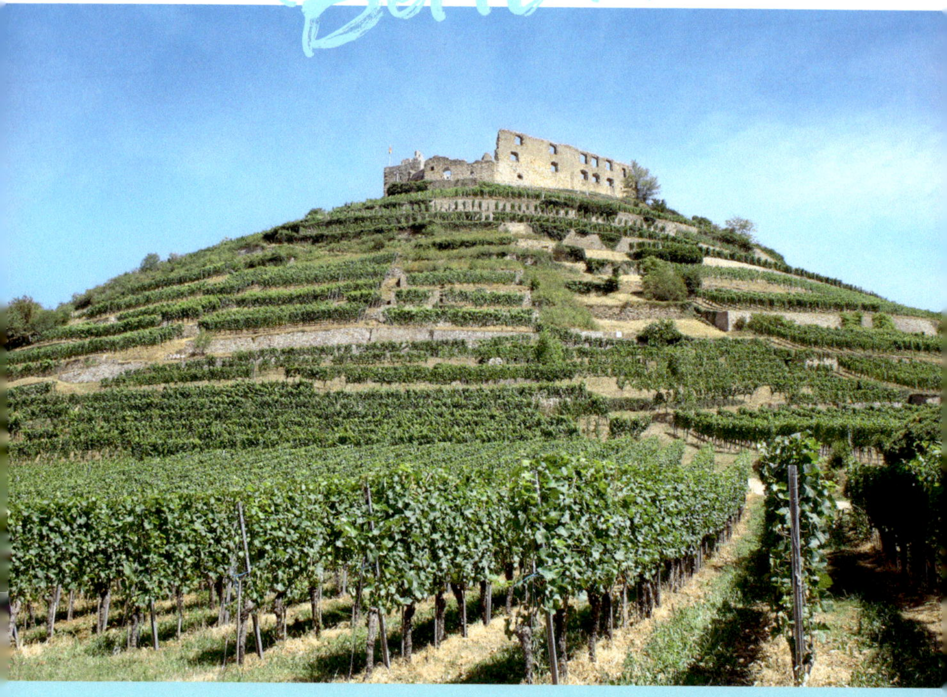

Schwierigkeit: leicht // 14 Kilometer // 255 Höhenmeter

Für Familien mit Kindern geeignet

EINE TOUR FÜR ALL DIEJENIGEN, DIE NATUR- MIT KULTURERLEBEN VERBINDEN WOLLEN

Die lateinische Redensart »Nomen est omen« trifft auf diese Wanderung ganz sicher nicht zu. Denn der Bettlerpfad zeigt sich ganz entgegen seines schmucklosen Namens reich an wunderschönen Wegstrecken, die durch kleine Ortschaften und vorbei an blühenden Obstplantagen und Feldern führen! Von den insgesamt fünf Etappen dieses Fernwanderwegs zwischen Freiburg und Badenweiler wandelt ihr hier auf den drei schönsten! Die Tour eignet sich vor allem für den Spätsommer und Herbst.

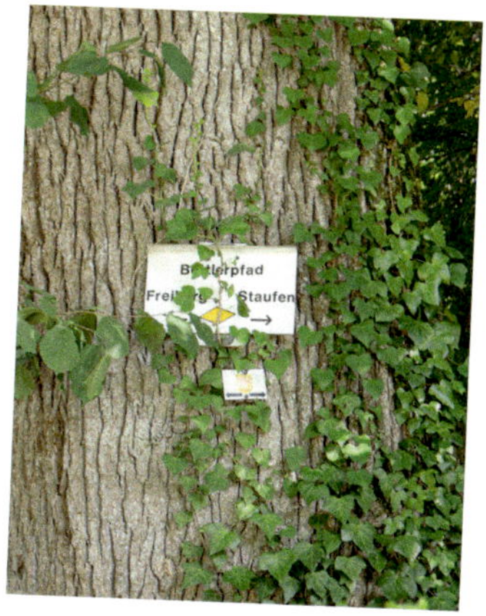

Verstecktes Wanderschild

Am Dorfplatz in Merzhausen startet die Tour. Das kleine Örtchen schaut auf eine lange Historie zurück und gehört zu einem der am frühesten urkundlich verzeichneten Orte des Breisgaus. So wurde es bereits im Jahre 786 erwähnt, als der Grundbesitzer Heimo und seine Tochter Svanahilt ihren Besitz Meresusir (Merzhausen) an die Abtei St. Gallen übertrugen. Heutzutage ist der Ort, vor allem wegen seiner guten Anbindung und schönen Lage, beliebter Wohnort vieler (ehemaliger) Wahl-Freiburger. Vom Merzhausener Dorfplatz folgt man immer der gelben Raute in Richtung Staufen. Zunächst führt der Weg durchs Wohngebiet, doch schon bald erreicht ihr den Ortsrand der kleinen Gemeinde und gelangt über den geschotterten Ehrenmattenweg nach Au. Rechts erhebt sich der Schönberg, von links grüßt der Schauinsland (gut zu erkennen an den zwei Windrädern auf der Holzschlägermatte), und hinter euch taucht langsam Freiburg aus der Senke empor. Nah und zugleich fern erscheinen die Hochhäuser der südlichsten Großstadt Deutschlands von hier. Kurz vorbeigehuscht am Gasthaus Adlerburg seid ihr auch schon wenig später in Wittnau. Der kleine Ort ist schnell passiert und schon

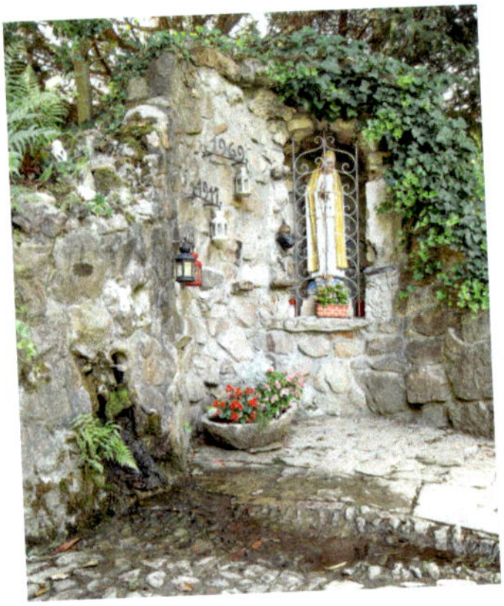

An der Lourdes-Grotte

befindet man sich nach einem kurzen Tête-à-Tête mit Gaisbühl weiter auf dem Weg nach Bollschweil, dem zeitweiligen Wohnort der Schriftstellerin Marie Luise Kaschnitz (1901–1974).

Marie Luise Kaschnitz, die teilweise in Bollschweil aufgewachsen und zeit ihres Lebens immer wieder dorthin zurückgekehrt ist, hat der kleinen Gemeinde mit dem Text »Beschreibung eines Dorfes« (1966) ein literarisches Denkmal gesetzt. Sie ist nicht nur Ehrenbürgerin der Stadt Bollschweil, sondern wurde auch auf dem Friedhof des kleinen Ortes beigesetzt. Ihre Grabstätte kann heute noch dort besichtigt werden.

Die Strecke führt vorbei an den hohen Mauern des BOLLSCHWEILER SCHLOSSES 1, dem einstigen Wohnsitz der Autorin. Das barocke Gebäude versprüht auch heute noch französisches Flair in der ländlichen Breisgau-Region. Kurz nach dem Anwesen, immer noch der gelben Raute nach Staufen folgend, zweigt schließlich links ein Stichweg ab, der euch zu weiten Wiesen und Feldern bringt. Besonders im Spätsommer und Herbst ist diese Gegend einfach herrlich, wenn überall das reife Gemüse und Obst nur darauf warten, endlich abgeerntet und verzehrt zu werden – so muss man sich im Schlaraffenland fühlen! Ihr passiert ein weiteres Waldstück mit großen Buchenbeständen und gelangt auf den zum Spiel- und Grillplatz führenden Kohlerweg. Hier bietet sich eine kleine Rast an, im kühlen Schatten der Bäume kann man auf dem großen Spielplatz zudem seinem (inneren) Kind freien Lauf lassen! (Achtung: Die Wegmarkierungen sind hier nicht immer allzu gut sichtbar, daher sollte man an jeder Kreuzung aufmerksam prüfen, ob man sich auch wirklich noch auf dem Bettlerpfad befindet.)

DER BETTLERPFAD WAR BEREITS IM MITTELALTER EINE DER WICHTIGSTEN WANDER- UND HANDELSROUTEN IM BREISGAU. VIELE BAUERN BRACHTEN ÜBER DIESE STRECKE IHRE PRODUKTE AUS DEM MARKGRÄFLER LAND ZUM GROSSEN FREIBURGER MARKT. BENANNT WURDE DER PFAD NICHT NACH DEN EINST VIELEN BETTELMÖNCHEN, SONDERN NACH EINEM JUNGEN HANDWERKSGESELLEN (DIE SEINERZEIT AUCH »BETTLER« GENANNT WURDEN), DER IM STRENGEN WINTER 1870 NACHTS NAHE AU AN EINER UNTERKÜHLUNG STARB.

Aus dem Wald hinaus folgt man weiter einem breiten Feldweg, der euch entlang goldener Maisfelder und mittels eines über den Ahlbach führenden Stegs zur LOURDES-GROTTE 2 bringt. Eine kleine

Auch über schattige Stege und dichtestes Grün führt der malerische Bettlerpfad

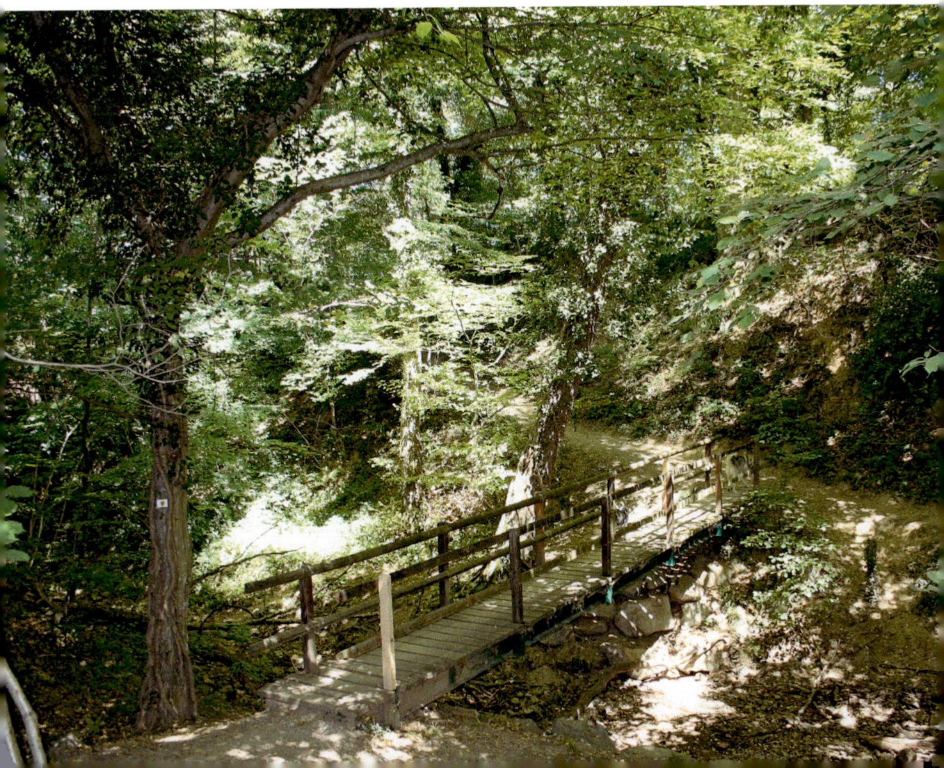

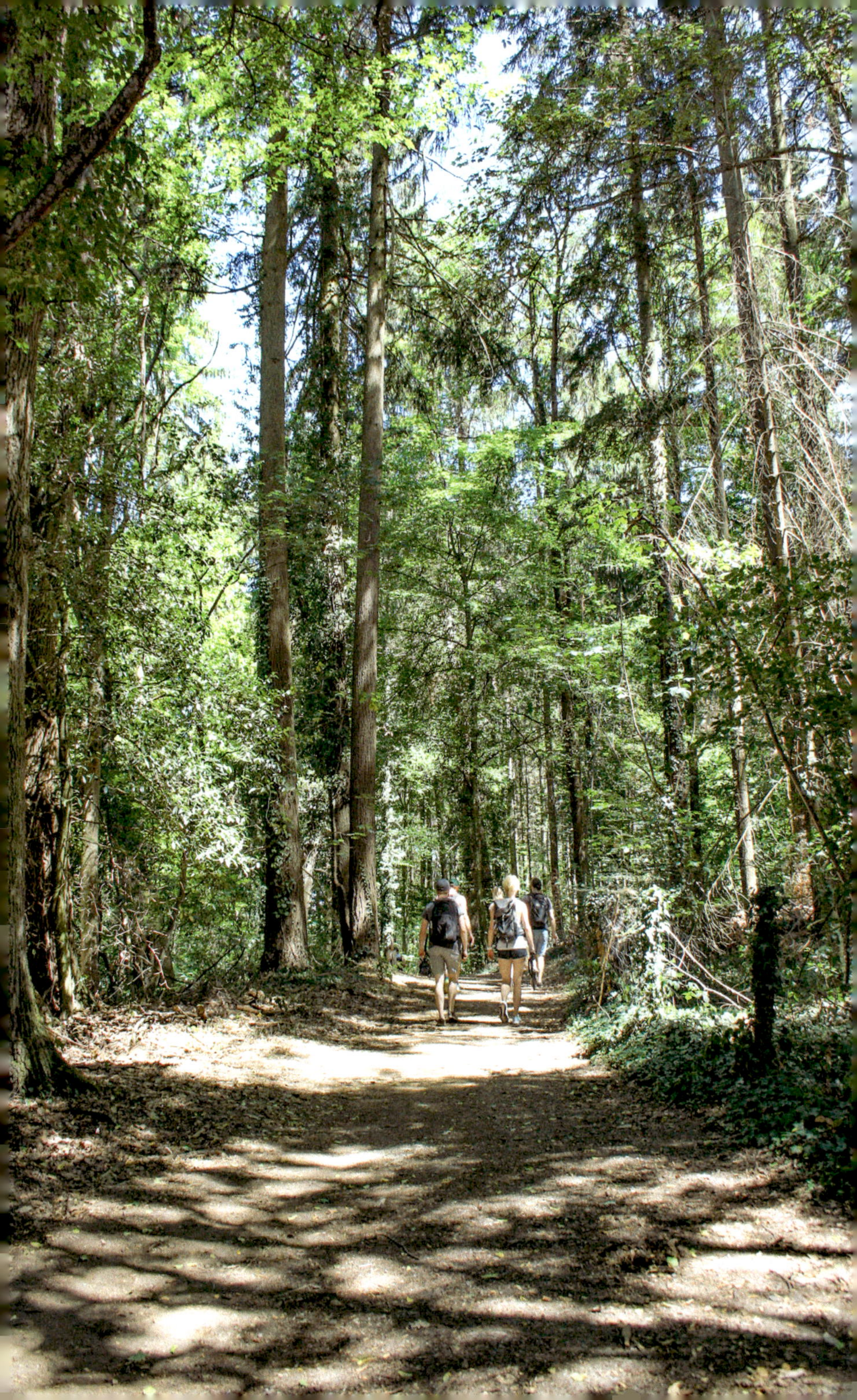

Holzbank heißt hier müde Wanderer willkommen, und wem nach einer kurzen Andacht ist, der kann diese auf dem kleinen Platz mit der Marienstatue ungestört halten. Weiter führt euch der Bettlerpfad bis zum Lehenhof, wo einst Karl May genächtigt haben soll. Ob diese Gegend entlang des Bettlerpfads auch einen Anteil an dessen geistigen Schöpfungen hatte, ist leider nicht überliefert, doch eins ist sicher: Auch Old Shatterhand und Winnetou hätte es in dieser Gegend sicher gut gefallen.

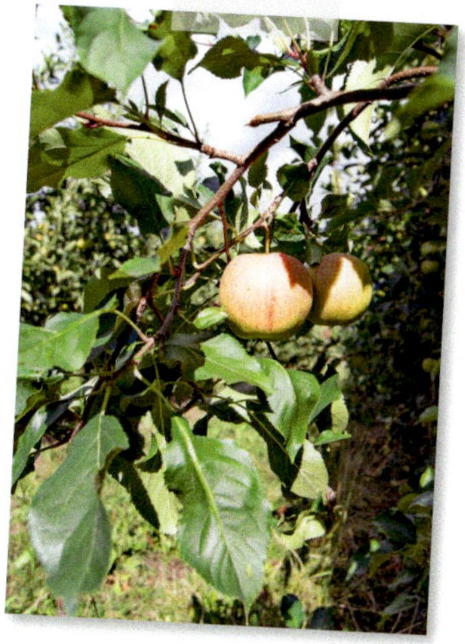

Hier sei noch eine kleine Anekdote angefügt: Karl May und sein Verleger sollen in ihrem nächtlichen Quartier (dem Lehenhof) nämlich eines Abends so viel geraucht haben, dass der Kanarienvogel in seinem Käfig, welcher im Zimmer stand, von der Stange fiel. Ihr fallt hoffentlich nicht von der kleinen Holzbrücke, über die es weiter zur KAPELLE ST. GOTTHARD 3 geht. Von hier bietet sich ein traumhaftes Panorama über den Breisgau und die Rheinebene. Nach einem Rechtsschwenk erreicht ihr schließlich auf einem Fußweg, der hoch durch die Reben führt, die BURGRUINE IN STAUFEN 4. Sie ist wie das »grande finale« der gesamten Wanderung, denn neben dem gut erhaltenen Treppenturm und dem Innenhof besticht dieser Ort vor allem auch durch seine sagenhafte Aussicht auf Vogesen, Markgräfler Land und Schwarzwald!

Die Staufener Burg stammt wahrscheinlich aus dem frühen 12. Jahrhundert und wurde von den Herren von Staufen erbaut. Geldknappheit und erfolglose Fehden mit Freiburg führten dazu, dass Anteile der Burg im 14. Jahrhundert an die Stadt Freiburg verpfändet wurden. Die Burg wurde seit 1607 nicht mehr bewohnt, daher konnten sie schwedische Truppen während des Dreißigjährigen Kriegs widerstandslos besetzen und 1632 niederbrennen und zerstören.

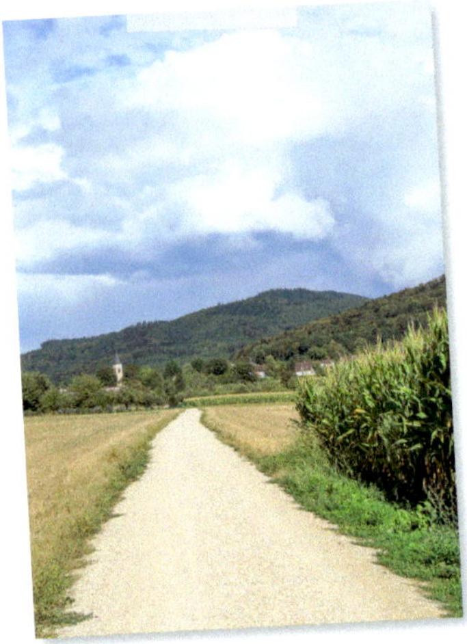

Endlich in Staufen, am Ziel dieser Wanderung, angekommen! Doch von hier direkt den Heimweg anzutreten wäre gar schandhaft! Der kleine Ort verzaubert seine Besucher nämlich mit seinen Fachwerkhäusern, der mittelalterlich geprägten Altstadt und zahlreichen Einzelhandelsgeschäften, die noch nicht die Namen internationaler Labels tragen. Doch die Tatsache, dass das kleine Städtchen über alle Grenzen hinweg Bekanntheit erlangt hat, verdankt es niemand Geringerem als seinem ehemals berühmtesten Einwohner, Johann Georg Faust.

JOHANN GEORG FAUST, JENER SAGENUMWOBENE ALCHIMIST UND MAGIER, HAT IN STAUFEN GELEBT UND IST DORT VOR 500 JAHREN GESTORBEN. DURCH GOETHE HAT ER WELTBEKANNTHEIT ERLANGT, ABER REALE DOKUMENTE ÜBER IHN GIBT ES NUR WENIGE. UM 1540 KAM ER IN SEINEM ZIMMER IM GASTHAUS LÖWEN, WAHRSCHEINLICH BEI EINER CHEMISCHEN EXPLOSION, UMS LEBEN. DIE INSCHRIFT AN DER FASSADE DES NOCH HEUTE BESTEHENDEN GASTHAUSES ERINNERT AN DAS UNHEIMLICHE GESCHEHEN.

Streift durch die Gassen und lasst die vielen Eindrücke des kleinen Örtchens noch einmal auf euch wirken. In einem der zahlreichen schnuckeligen Restaurants kann man den langen Wandertag schließlich bei einem kühlen Staufener Wein wunderbar ausklingen lassen. Und wer ganz aufmerksam ist, wird dabei vielleicht sogar Fausts Stimme vernehmen, die euch leise ins Ohr flüstert: »Werd ich zum Augenblicke sagen: Verweile doch! Du bist so schön! Dann magst du mich in Fesseln schlagen, dann will ich gern zugrunde gehen!«

Alles, was ihr wissen müsst

keine Rundtour: Schöne Wanderung auf guten Wanderwegen // zum Teil durch kleine Ortschaften // **nicht kinderwagentauglich**

Markierung: gelbe Raute und Hinweisschild »Bettlerpfad«

Entfernung von Freiburg: 4 Kilometer
ÖPNV: ab ZOB in Freiburg mit dem Bus 7208 Richtung Merzhausen, Haltestelle Gasthaus Grüner Baum, Merzhausen, Rückfahrt: mit der Münstertalbahn nach Bad Krozingen, von dort mit der Regionalbahn zurück zum Freiburger Hbf.
Auto: nicht empfehlenswert

Einkehr: Landgasthof Zum Hirschen, Schönbergstraße 11, 79299 Wittnau hirschen-wittnau.de // **Kornhaus,** Hauptstraße 57, 79219 Staufen, kornhaus-staufen.de // **Weinbrunnen/Weingut Peter Landmann,** Auf dem Rempart 2, 79219 Staufen, landmann-wein.de

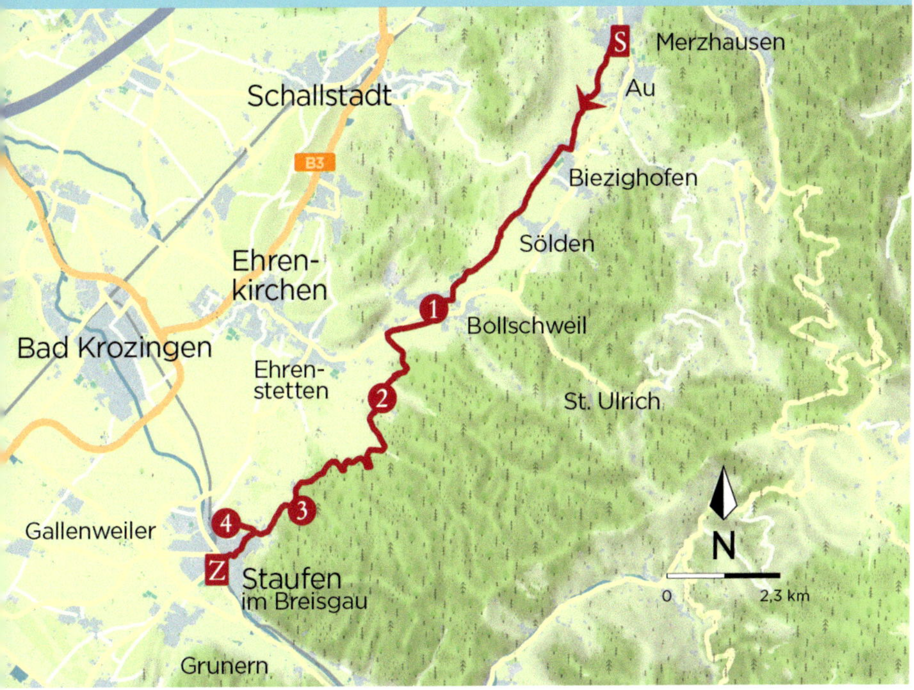

Von Freiburg nach St. Peter

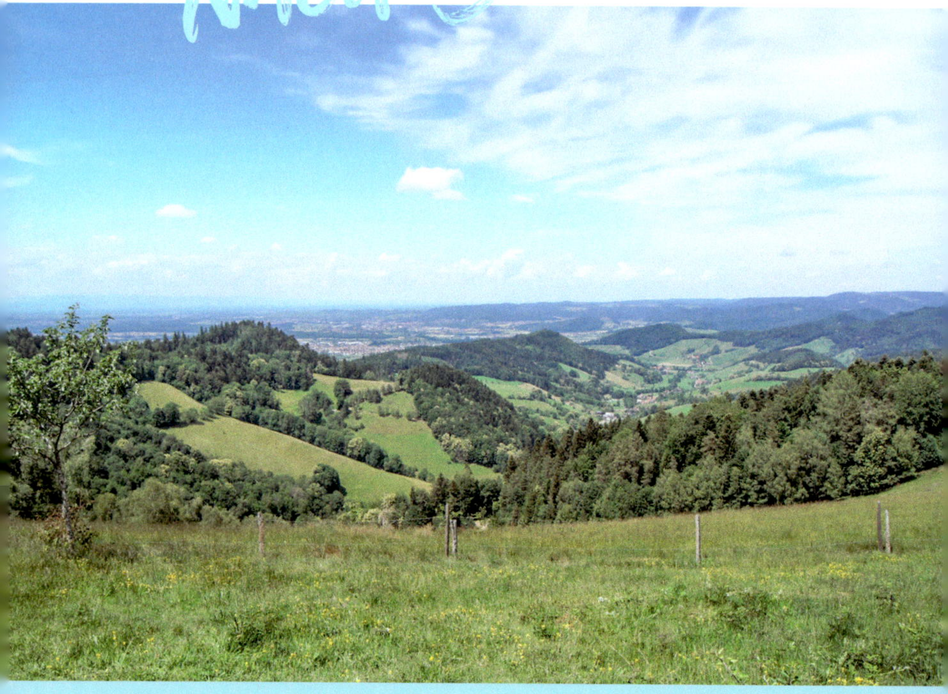

Schwierigkeit: mittel // 18 Kilometer // 729 Höhenmeter
Für Familien mit Kindern geeignet

ÜBER LIEBLICHE PFADE
DURCH DICHTE TANNENWÄLDER
MIT SPEKTAKULÄREN AUSBLICKEN

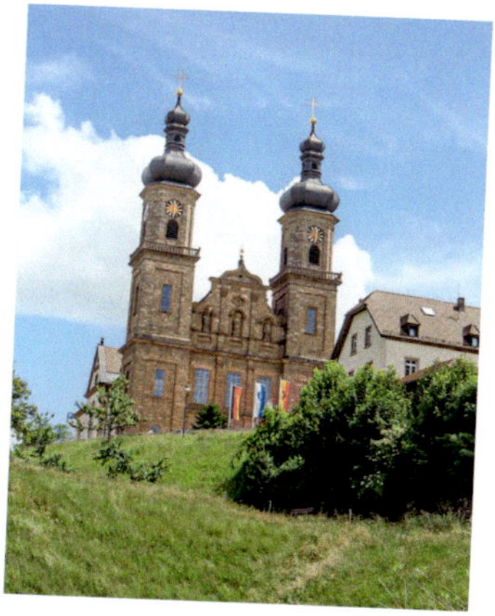

Pfarrkirche St. Peter und Paul

Soeben flanierte man noch an den Freiburger Bächle, und schon wandert man über die Ausläufer des Schwarzwalds direkt in das idyllische Örtchen St. Peter. Der insgesamt 112 Kilometer lange Kandelhöhenweg zeigt sich auf diesem Streckenabschnitt von seiner schönsten Seite und führt seine Besucher von der südlichsten Großstadt Deutschlands unmittelbar in die Tiefen des Schwarzwalds. Nicht ohne Grund gilt dieser Weg insbesondere bei den Freiburger »Bobbele« als brandheißer Tipp!

Los geht es in Freiburgs Innenstadt beim Schwabentor, von wo ihr die Brücke Richtung Schlossberg überquert und den ersten Anstieg zum Kanonenplatz absolviert. Die Steigung hat es zwar in sich, doch schon nach wenigen Metern könnt ihr über die Dächer der Stadt blicken, zwischen denen das Münster majestätisch emporragt. Der Kastaniengarten – der Biergarten mit der fraglos schönsten Aussicht in Freiburg – lädt hier zu einem kühlen Blonden ein, um sich auf die bevorstehende Wanderung einzustimmen.

Es geht noch ein kurzes Stück steil den Berg hinauf, bis ihr den Kanonenplatz erreicht. Das geschäftige Treiben in den Gassen scheint hier oben bereits in weiter Ferne, und die Vogesen erheben sich vor dem endlos anmutenden Horizont. Ein Ort zum Träumen für Schöngeister jeden Alters, für Gitarrenspieler, Frischverliebte und Lindy-Hop-Tänzer. Lasst die Atmosphäre etwas auf euch wirken und genießt die Weite. Der Burghaldenring führt euch schließlich oberhalb des Dreisamtals weiter in Richtung SIEBENLINDEN (1). Hier könnt ihr auch bereits dem Zeichen des Kandelhöhenwegs folgen (weißes K auf roter Raute). Vorsicht: Bei Siebenlinden verlässt man

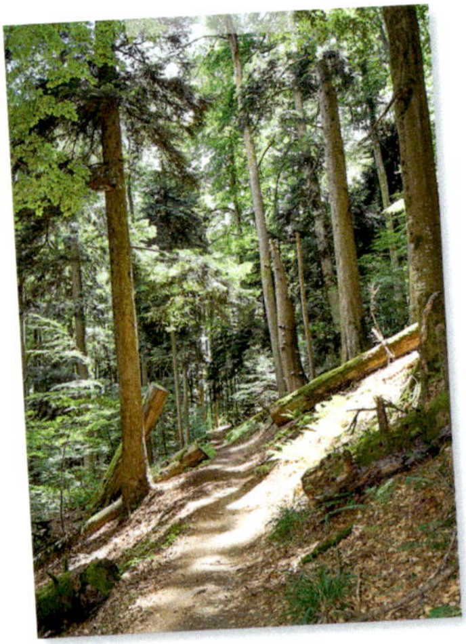

den breiten Weg und folgt einem schmalen Pfad, der links den Berg hinaufführt, der Einstieg ist nicht gut sichtbar! Ein steiler Steig führt von dort in immer luftigere Höhen. Der ROSSKOPF 2, zweifellos ein Highlight dieser Tour, lässt nicht lange auf sich warten. Der Freiburger Hausberg (736 Meter) bietet mit seinem knapp über die Tannenwipfel ragenden Turm ein sagenhaftes Panorama, das von den höchsten Gipfeln des Schwarzwalds bis in die Rheinebene reicht. Kein Wunder also, dass sich hier über das ganze Jahr hinweg ambitionierte Mountainbiker und Wanderer tummeln. Das weithin sichtbare Markenzeichen des Rosskopfs sind seit 2003 übrigens seine vier Windräder, die seitdem kontinuierlich ihre Rotoren kreisen lassen, als wollten sie damit beweisen, dass die Stadt Freiburg ihr grünes Image tatsächlich verdient.

DER FRIEDRICHSTURM (VULGO ROSSKOPFTURM) IST 1889 ZU EHREN DES GROSSHERZOGS FRIEDRICH I. VON BADEN ERRICHTET WORDEN. DIE VOM SCHWARZWALDVEREIN GESAMMELTEN SPENDEN ERMÖGLICHTEN DEN BAU DES 34,4 METER HOHEN TURMS, DER MIT SEINEN 137 SCHMALEN HOLZSTUFEN SCHON DEN EIN ODER ANDEREN HÖHENANGSTGEPLAGTEN AN SEINE NERVLICHEN GRENZEN BRACHTE. DIE STAHLKONSTRUKTION GEHÖRT IN DEUTSCHLAND ZU DEN ÄLTESTEN IHRER ART.

Etwas später, an der Nordseite des Rosskopf-Gipfels, folgt der Martinsfelsen. Hier lichtet sich der Wald und ermöglicht eine einzigartige Perspektive auf den nördlichen Breisgau. Ein ruhiges Plätzchen auf einer schattigen Bank lädt dort zum Verweilen ein. Weiter geht es über Stock und Stein hinab zur Schutzhütte am Ochsenlager. Der Kandelhöhenweg schlängelt sich weiter durch den dichten Wald. Jeglicher Lärm der Stadt ist verstummt, und die Luft riecht herrlich nach Harz und Tannennadeln – genießt es!

Bald folgt das STRECKERECK 3. Auf 664 Höhenmetern liegt der grüne Teppich zwischen dem Tannenwald wie eine kleine Oase. Besonders an sonnigen Tagen lädt dieser Ort zum Picknick ein, und wen größerer Hunger plagt, der kann sich an der Grillstelle betätigen. Obwohl das Streckereck allen Naturliebhabern genug Raum zur inneren Einkehr bietet, herrscht hier an einem Tag im Jahr der Ausnahmezustand: Immer am 1. Mai lädt die Feuerwehr Glottertal nämlich zum Wanderhock ein. Dann tummeln sich auf dem sonst so beschaulichen Fleckchen Erde mehrere Hundert Menschen, die

Im Mittelalter schützte es die Freiburger Bürger, heute ist es ein Wahrzeichen: das Schwabentor

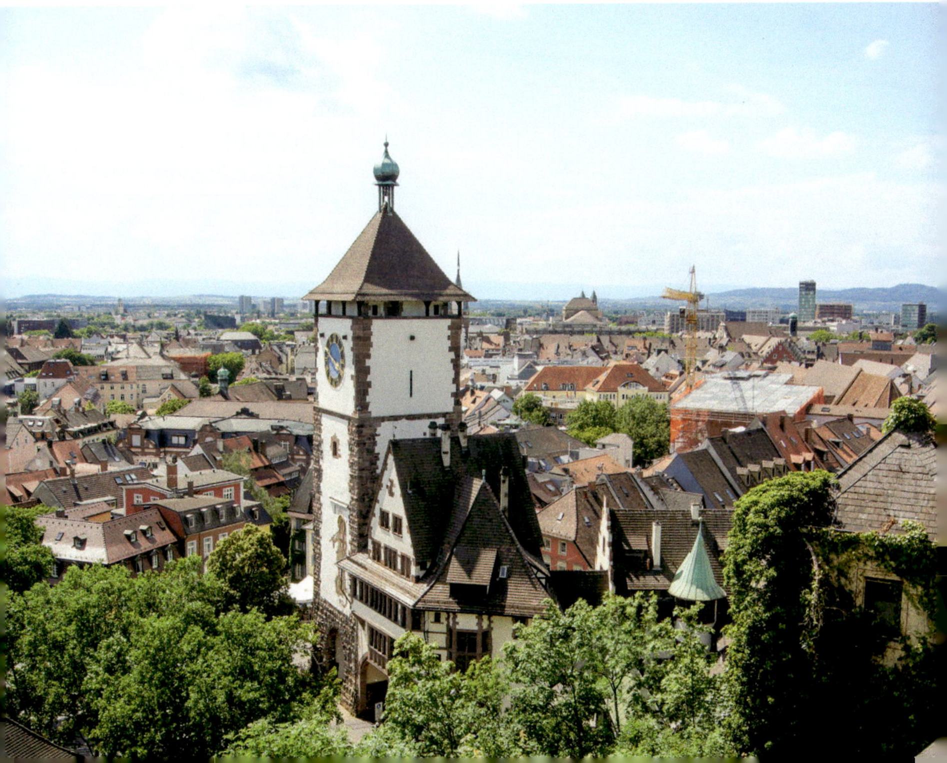

zwischen Blasmusik, Zapfhahn und dem Geruch von Frittiertem neue Freundschaften mit anderen Feiertagsgenossen knüpfen. Weiter führt der Weg vorbei an dem 866 Meter hohen Flaunser. Die höchste Erhebung zwischen Freiburg und St. Peter ist jedoch komplett bewaldet und dient daher nur als Anhaltspunkt – und zur mentalen Entlastung –, dass nun die meisten Höhenmeter geschafft sind. Dennoch dürft ihr auf dem Weg dorthin immer wieder mal euren Blick nach rechts richten, denn hier kann man sowohl den Feldberg, den höchsten Gipfel des Schwarzwalds, als auch seinen kleineren Bruder, den Schauinsland, in ihrer ganzen Imposanz bestaunen. Eingebettet an den Süd- und Südosthängen des Flaunsers befindet sich als weitere Besonderheit dieser Wegstrecke das Naturschutzgebiet Bannwald Konventwald. In diesem naturbelassenen Waldstück können des Öfteren auch umgefallene Bäume den Weg versperren – hier

Die Aussichtsscheibe verrät, welche Gipfel und Orte sich in welcher Himmelsrichtung und Entfernung verbergen

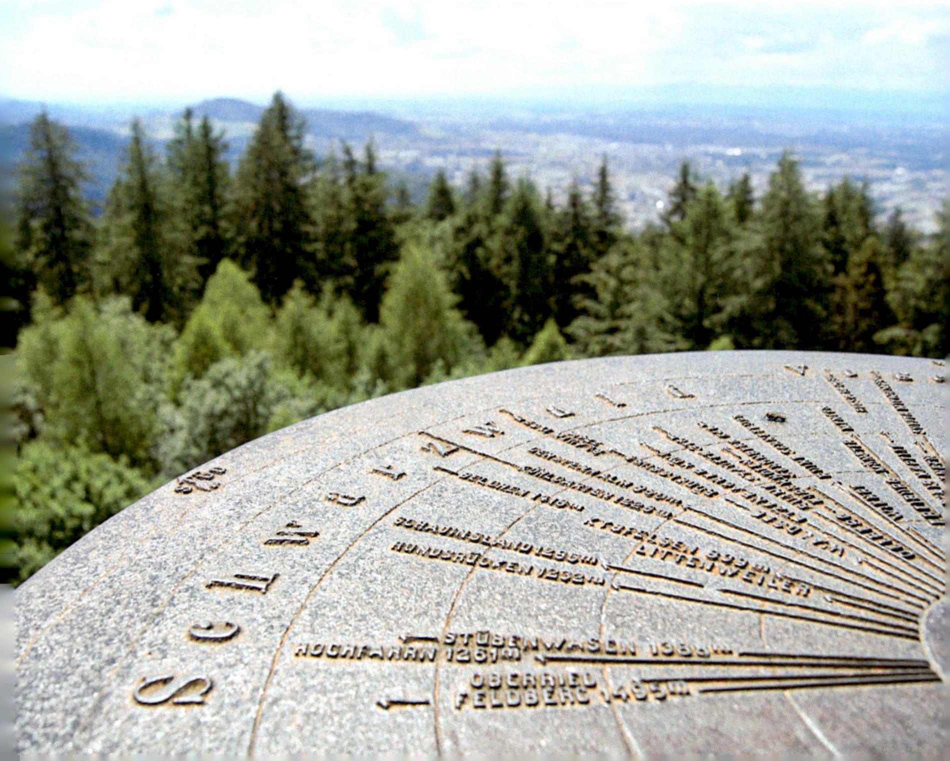

gilt es also, körperliches Geschick zu beweisen. Kleine Tafeln an den Bäumen informieren außerdem über die einheimische Flora.

EIN BANNWALD IST EINE GESCHÜTZTE WALDFLÄCHE MIT DEM ZIEL DER AUFRECHTERHALTUNG VON SCHUTZFUNKTIONEN DES WALDES. ER UNTERLIEGT FOLGLICH KEINERLEI NUTZUNG, SONDERN DIENT WEITESTGEHEND ALS WISSENSCHAFTLICHE BEOBACHTUNGSFLÄCHE FÜR DEN »URWALD VON MORGEN«.

Auch die schönste Tour neigt sich irgendwann dem Ende zu, und der LANGECKHOF 4 bei St. Peter markiert den Beginn der letzten Streckenetappe. Vielleicht habt ihr Glück, und der Bauer hat vor der Hofeinfahrt wieder kalte Getränke bereitgestellt, die man dort gegen einen geringen Obolus erwerben kann. Auf der kleinen Straße Richtung Ortskern ist in früheren Jahren noch die Dorfjugend auf ihren Mofas umhergebraust, heute begegnet man hier vor allem stolzen Reitern auf großen Pferden und Familien, die ihren obligatorischen Sonntagsspaziergang machen. Eine Kulisse wie aus einem Bilderbuch. Ob man nach dem Hornhof schließlich den Weg über die Felder in den Ort nimmt oder der Straße bis zur Scheuergasse folgt, ist jedem Wanderer selbst überlassen – der einzigartige Ausblick auf St. Peter ist einem in jedem Fall gewiss.

Ich übertreibe nicht, wenn ich sage: St. Peter ist wahrlich eine Perle des Schwarzwalds. Idyllisch liegt der kleine Ort zwischen sanften Hügeln, gebettet an grüne Weiden, auf denen zufriedene Kühe grasen. Eine angenehme Brise heißt den Besucher willkommen, und der atemberaubende Horizont tut sich nach allen Seiten auf. Von oben blickt man auf das Schwarzwalddorf, und majestätisch erhebt sich die weithin sichtbare Klosteranlage inmitten des Ortskerns. Hier liegt er nun vor uns, der Sehnsuchtsort vieler Urlauber von nah und fern, zum Greifen nah. Kreuzungspunkt herrlicher Wanderwege, beliebte Station für Wallfahrer und kühles Refugium in südbadischer Sommerhitze.

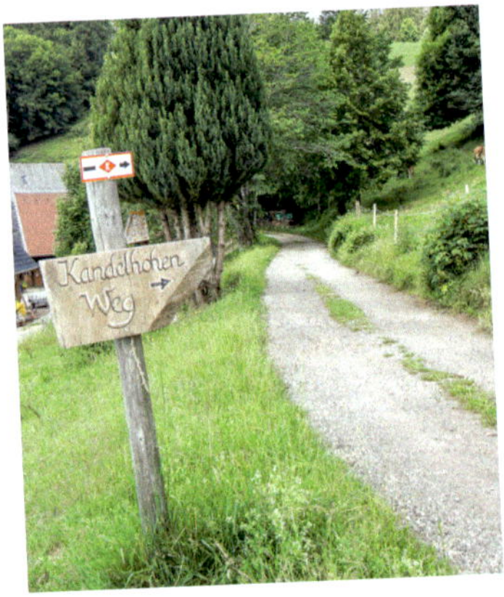

Wanderschild am Langeckhof

Setzt euch auf eine Wiese und genießt! Eben noch in Freiburg, seid ihr jetzt schon im Schwarzwald.

Nehmt euch ein wenig Zeit, ein bisschen durch den Ort zu streifen. Die barocke Kirche ist in jedem Fall einen Besuch wert. Interessierte können sich außerdem durch die prächtige Rokoko-Bibliothek führen lassen.

DIE ORTE FREIBURG UND ST. PETER SIND NICHT NUR DURCH DEN KANDELHÖHENWEG, SONDERN INSBESONDERE DURCH IHRE GRÜNDUNGSGESCHICHTE ENG MITEINANDER VERBUNDEN. DAS GESCHLECHT DER ZÄHRINGER, WELCHES IM 11. JAHRHUNDERT DEN WEITESTGEHEND UNBESIEDELTEN SCHWARZWALD ERSCHLOSS, GRÜNDETE MIT DER ABTEI ST. PETER (1093) SEIN EIGENES HAUSKLOSTER. 1120 ERHIELT FREIBURG UNTER HERZOG BERTOLD V. NICHT NUR DAS MARKTRECHT, SONDERN VERDANKT IHM SEIN EINZIGARTIGES WAHRZEICHEN, DAS FREIBURGER MÜNSTER.

Schließlich braucht auch der tapferste Wanderer irgendwann eine Stärkung … Da seid ihr in dem kleinen Klosterort genau richtig! Der Hirschen oder das Bürgerstüble bieten eine große Auswahl badischer Gerichte, Freunde der mediterranen Küche werden hingegen in der Pizzeria Bertolds Brunnen fündig. Das Restaurant Zur Sonne liegt preislich zwar etwas über dem Durchschnitt, besticht dafür aber mit regionalen Bioprodukten und hochwertiger Kost. Egal, wohin es euch verschlägt, lasst es euch schmecken. Ihr habt es geschafft!

Alles, was ihr wissen müsst

keine Rundtour: auf kleinen, mit Wurzeln überwucherten Pfaden // Schöne Ausblicke vom Friedrichsturm // **nicht kinderwagentauglich**

Markierung: weißes K auf roter Raute (ab Wegpunkt Siebenlinden)

Entfernung von Freiburg: 1 Kilometer
ÖPNV: direkt aus der Freiburger Altstadt zu Fuß möglich, Rückfahrt: Mit dem Bus 7216 von Eschbachstraße/Zähringer Eck nach Kirchzarten, weiter mit der Regionalbahn nach Freiburg
Auto: nicht empfehlenswert

Einkehr: Gasthof Hirschen, Bertholdsplatz 1, 79271 St. Peter, hirschen-st-peter.de // **Gasthaus Bürgerstüble,** Bürgerschaft 11, 79271 St. Peter, buergerstueble.de // **Restaurant Zur Sonne,** Zähringer Straße 2, 79271 St. Peter, **sonne-schwarzwald.de**// **Pizzeria Bertolds Brunnen,** Bertholdsplatz 1a, 79271 St. Peter, pizzeria-bertoldsbrunnen.de

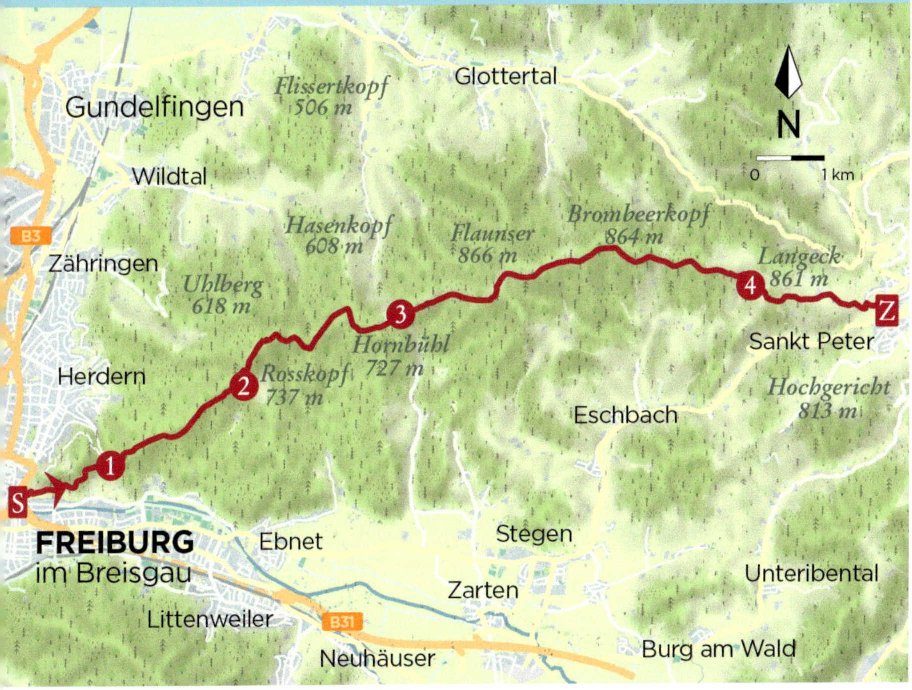

Von Badenweiler auf den Blauen

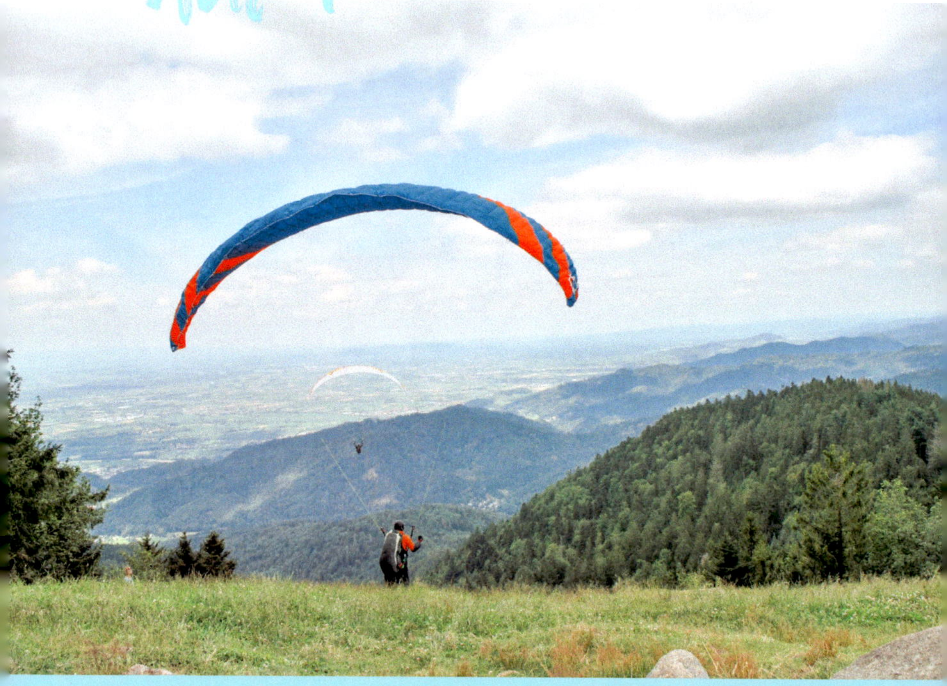

Schwierigkeit: schwer // 16,7 Kilometer // 770 Höhenmeter
Für Familien mit älteren Kindern geeignet

DAS TOR IN DEN SÜDEN – MIT FERNSICHT AUF DIE HOCHALPEN, BASEL, FREIBURG, RHEIN UND DREILÄNDERECK

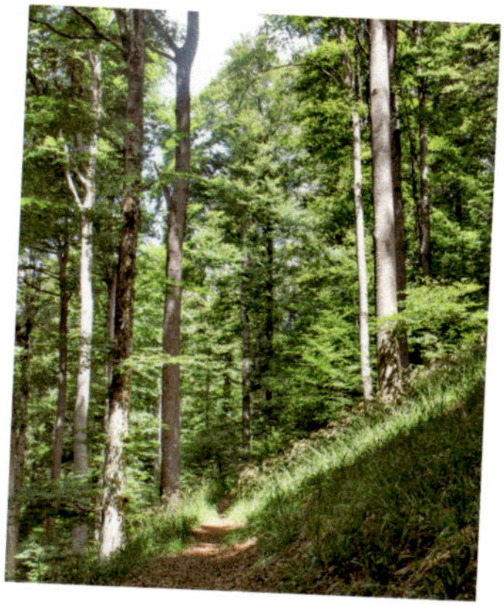

Im Schatten des Blauen-Westhangs

Badenweiler, der Start- und Zielpunkt dieser Tour, brilliert mit altrömischen Thermen, kaiserzeitlichem Flair, pompöser Architektur, Reben, Wein und Gastlichkeit. Der Weg liegt bei gleichbleibender Steigung beinahe durchweg im Schatten und ist auch für die warme Jahreszeit geeignet. Schon die deutsche Kaiserin vergnügte sich in den Wäldern um den Kurort. Selten klangen die Wegmarken so majestätisch: Fürstenfeld, Sophienruhe, Prinzensitz. Also auf zum König des Südens.
Badenweiler, übersetzt so viel wie »Ort des Wassers«, muss man einfach gesehen haben. Der einstige Herrschaftssitz der Markgrafen von Hachberg avancierte spätestens um 1900 zum Kurort der deutschen und europäischen High Society. Entsprechend liest sich diese Tour wie eine Hommage an das Kaiserreich. Meine Empfehlung: Badenweiler erst nach der Wanderung erkunden. Im Abendlicht sind die Panoramen gen Westen (zum Beispiel von der Burg) ungeschlagen. Außerdem seid ihr so während der warmen Tageszeit im Wald. Direkt um den Kurort ist das Wegenetz mit Hingabe ausgestaltet. Es finden sich Infotafeln, Schutzhütten und Wanderzeichen in reicher Fülle. Einzig die Entfernungsangaben solltet ihr nicht ganz so ernst nehmen. Schon früh kreuzen immer wieder mit der gelben Raute und anderen Wanderzeichen versehene Pfade den Hauptweg. Wer also den Rückweg variieren möchte, kann schon mal Ausschau halten. Der später hier beschriebene Rückweg macht einen weiteren Bogen und ist vor allem der bequemste.
Los geht's an den Cassiopeia-Thermen. Rechts vom Markgrafenbrunnen und dem Tschechow-Salon führt eine Treppe etwa 50 Meter diagonal hinauf bis zur Wegmarke Badenweiler Rathaus (ab hier

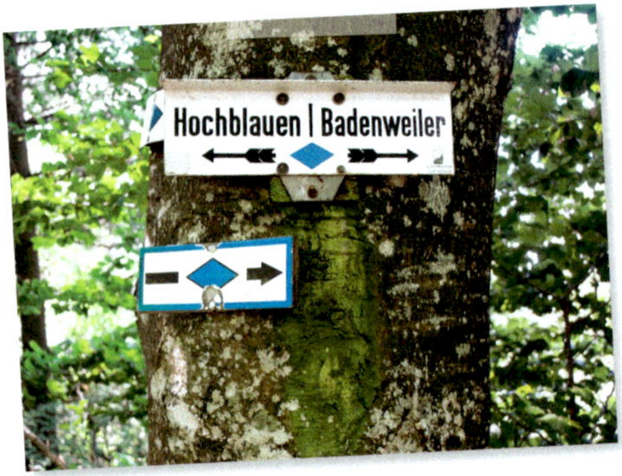

der blauen Raute folgen). Die Moltkestraße schlängelt sich durch die letzten Häuser des Örtchens, ehe euch der preußische Generalfeldmarschall in den Wald entlässt.

Ein Hauch von Süden umweht einen bereits auf der Sophienruhe (511 Meter), wo lichte Pinienwälder einen ersten Blick auf die Vogesen freigeben. Der Große und Kleine Belchen sind ebenso zu lokalisieren wie Mulhouse. Salut, ihr elsässischen Freunde! Au revoir, Fessenheim!

DEN NAMEN ERHIELT DER AUSSICHTSPUNKT VON DER BADISCHEN GROSSHERZOGIN SOPHIE, DIE 1842 HIER FÜR EINEN KURAUFENTHALT VERWEILTE. DAMIT DIE BLAUBLÜTIGE ENTOURAGE BEQUEM AUF DIE ANHÖHE KAM, WURDEN ESEL EINGESETZT. DER STANDORT DER TIERE WAR IM ESELSWEG, GEGENÜBER DER EVANGELISCHEN KIRCHE. IHRE TREIBER NANNTE MAN ESELSTUPFER – SIE WURDEN NAMENSGEBER FÜR EINE NARRENZUNFT, DIE HEUTE NOCH IN DER MARKGRÄFLER FASNET WOHLBEKANNT IST.

Ab der SOPHIENRUHE 1 folgt ihr einem mäßig ansteigenden breiten Pfad. Immer wieder fällt ein Lichtstrahl durch die urwüchsig verschnörkelten Bäume. Spuren von Gesteinsabbau ragen vom Hang in den Weg hinein. Aufgrund drohender Untergrabung des Wegenetzes wurden diese jedoch behördlich verboten. Inzwischen sind die alten Abraumhalden wieder zum Biotop für seltene Pflanzen- und Insektenarten geworden. Und natürlich für zahlreiche Ausflügler, die sich nach altem Brauch die Hänge Richtung Blauen hinaufwagen.

Ein seit jeher beliebter Spot ist der Alte Mann: eine bis zuletzt kaum sichtbare Steinformation mitten im Wald. Von hier kann man auf das Rheintal blicken, allerdings versperren in den letzten Jahren immer mehr Sträucher und Büsche die Sicht. Abenteurer werden dennoch ihren Spaß daran haben, in den Felsspalten nach Quarzsteinen zu suchen. Alle anderen dürfen auch einfach nur Pause machen – und sich dabei in bester Gesellschaft wähnen. Keine Geringere als Kaiserin Auguste Victoria tat nämlich ebensolches bereits vor mehr als 100 Jahren, weswegen man sie mit einer Gedenktafel ehrte.
Doch wer möchte schon zu lange auf der Bank herumlümmeln angesichts der royalen Fortsetzung dieser Tour? Als Thron folgt nämlich der PRINZENSITZ 2 (680 Meter) nur eine gute Viertelstunde entfernt. Ganz so bequem sitzt es sich auf der Felsnase indes nicht; der Ausblick ist allerdings umso beeindruckender. Für einen roman-

Kurort mit Tradition: das pittoreske Badenweiler im Abendlicht

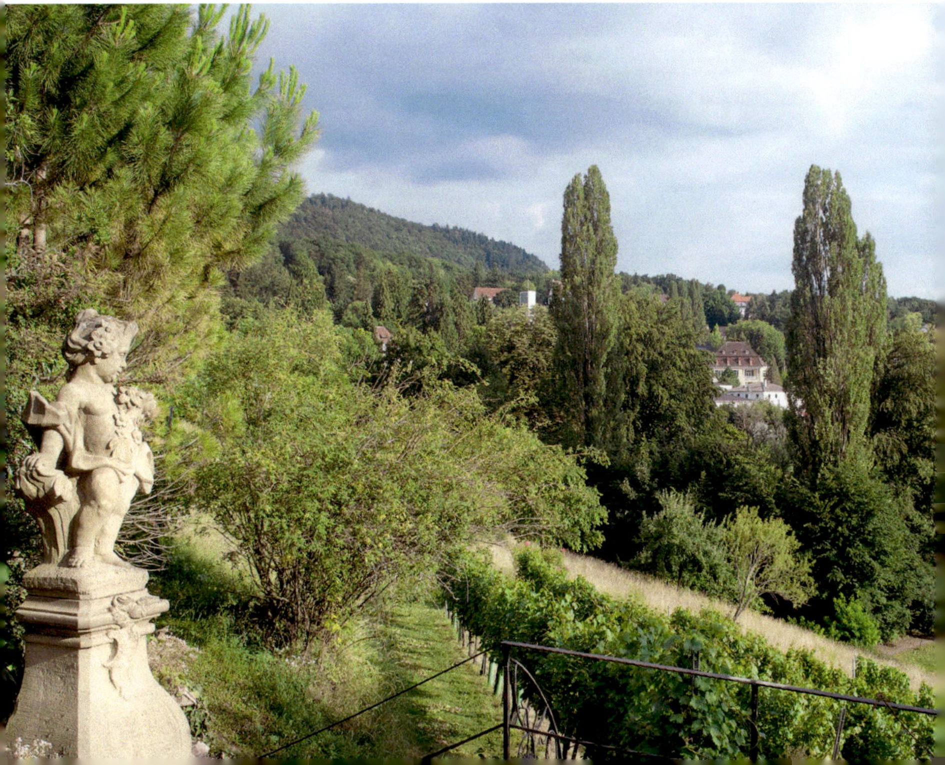

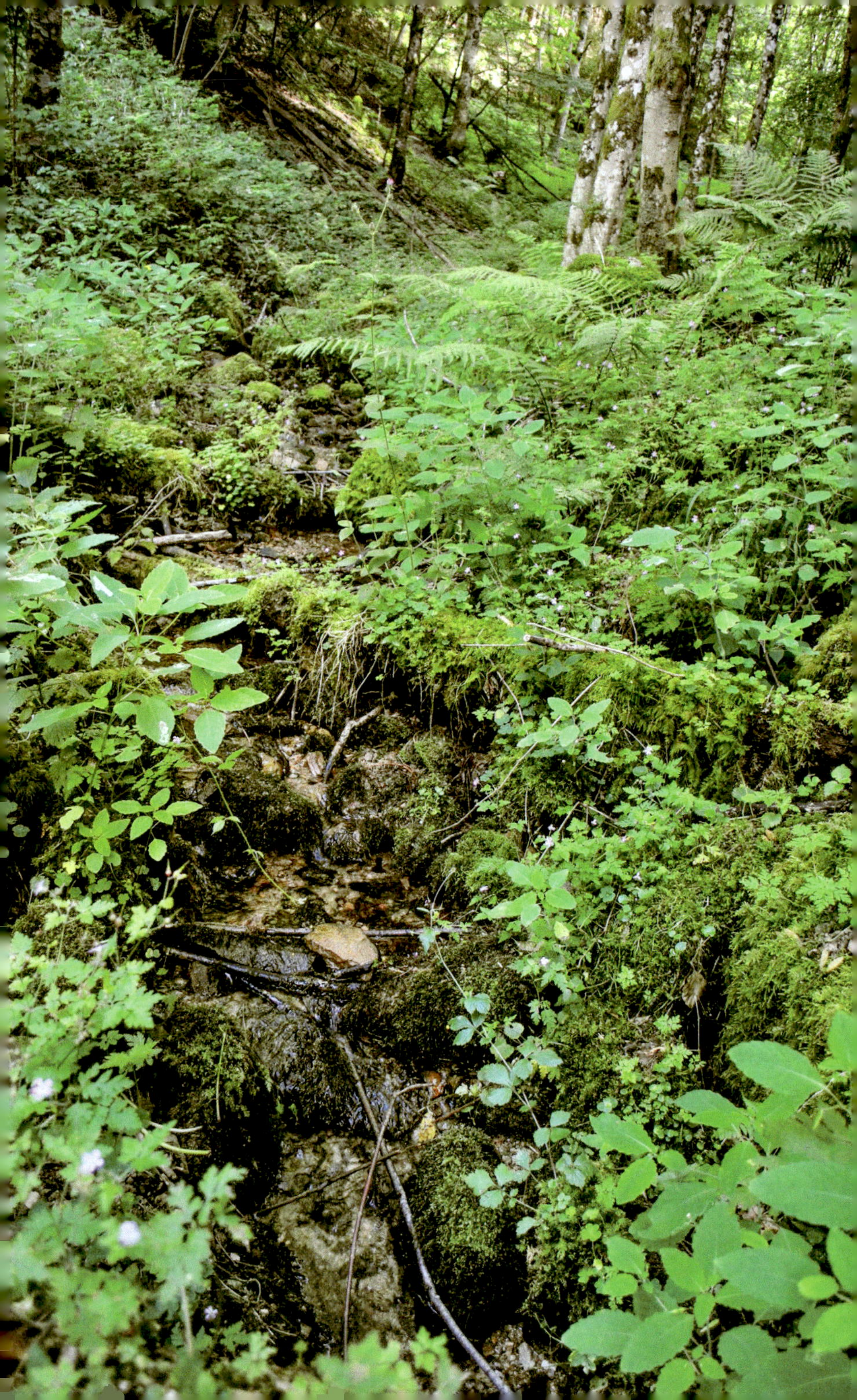

tischen Imbiss zu zweit ist diese Waldplattform geradezu prädestiniert. Zumal die Brise erfrischend kühlt.
In jenen luftigen Höhen trennt sich üblicherweise die Spreu vom Weizen. Die meisten Kurgäste werden spätestens hier zum Rückzug blasen, weil alles, was noch kommt, einen handelsüblichen Verdauungsspaziergang dann doch übersteigen würde. Nicht so ihr Unerschrockenen, die ihr keine Mühe scheut und euch mit dem Ausblick aller Ausblicke belohnen wollt. Also folgt ihr einem zugewachsenen Pfad, über Hunderte Meter gesäumt von dunkelroten Wegweisern in Gestalt wilder Erdbeer- und Himbeersträucher. Ein köstlicher Schmaus. Unweit der Sträucher summen friedlich die Hummeln, und das in schier endloser Zahl.
Vorbei am Musbachfels folgt man weiter der blauen Raute. Schräg über euch erhebt sich bald eine hohe Steilwand, der Westhang des Blauen. Als herrsche hier ewiger Herbst, hinterlassen dichte Buchenwälder ihr raschelndes Laub. Nach gut zwei Stunden Gehzeit streckt ihr am Fischersbrunn zum ersten Mal die Nase über die 1.000 Meter. Bald darauf (Fischersbrunnsattel) mündet ein glorreicher Bekannter ein. Die rote Raute des Westwegs kündet von Abenteuern an fernen Gestaden und geleitet euch – jetzt unter dem Namen Hochblauen – zum Gipfel. Eine Viertelstunde später, man betritt noch ein letztes Mal die Hochblauenstraße, steht ihr am BLAUEN-TURM 3.

DIE 14 METER HOHE STAHLKONSTRUKTION WURDE VON DER EISENGIESSEREI PHILIPP ANTON FAULER ERRICHTET UND GEHÖRT IN DEUTSCHLAND ZU DEN ÄLTESTEN IHRER ART (1895). AUS DERSELBEN HAND STAMMT ÜBRIGENS IHR EBENBILD AUF DEM ROSSKOPF, DAS ABER RUND 20 METER HÖHER IST. SEIT 1985 EXISTIERT ZWISCHEN AUSSICHTSTURM UND BLAUEN-HAUS EIN WEITHIN SICHTBARER SENDETURM, DER DAS PHÄNOMENALE PANORAMA ABER NUR WENIG BEEINTRÄCHTIGT. DA STECKT MAN GERN 50 CENT IN DIE SPENDENBOX.

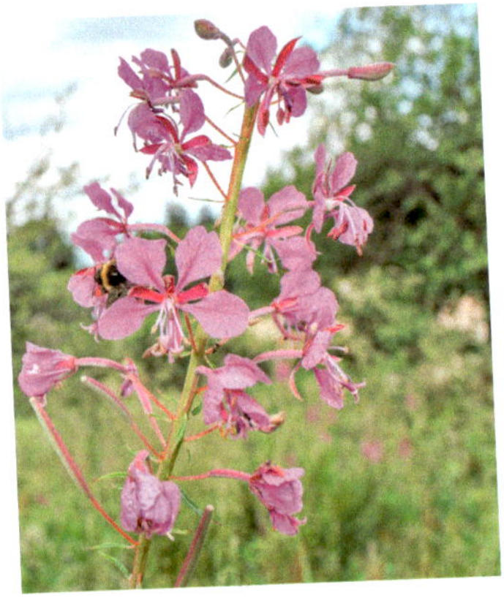

Ein Farbtupfer auf Bergwiesen

Das Tor in den Süden: Der Markgräfler Hausberg (1.165 Meter) bietet freie Sicht und gleichsam unnachahmliche Fernblicke. An guten Tagen hat man Blick auf den Schweizer Jura, die Alpen und selten gar den Montblanc. Deutlich erkennbar ist das Rheinknie, man sieht Basel und Freiburg von ein- und demselben Ort! Im Westen erheben sich die Vogesen, davor glitzert der Altrhein, und seine Schleife windet sich in Richtung des Breisacher Münsters. Einsam steht der Kaiserstuhl in der endlos tiefen Rheinebene. Alle Größen des Schwarzwalds winken euch zu: der Schauinsland mit seinen sanften Almwiesen Richtung Münstertal. Der Belchen in ungewohnter Schrägperspektive, dahinter der Feldbergturm. Vieles Ferne ist so nah und das Nahe noch näher. Rot leuchten die Kirschen im Eggenertal, und an stillen Tagen, so wird gemunkelt, hört man das Rauschen des Lieler Schlossbrunnens bis in die höchsten Tannenwipfel. Der Aufstieg hat sich gelohnt.

Wer sich nun noch eine Einkehr gönnen möchte, steht am Blauen unterdessen recht verloren da. Zwar blickt die Bewirtungsgeschichte hier auf bereits anderthalb Jahrhunderte zurück, doch insbesondere in den letzten Jahren war das Blauen-Haus häufiger geschlossen als geöffnet. Aber das eigene Vesper ist ja meist eh das beste.

Ein anderes großes Spektakel gibt es hier oben aber sehr häufig. Die Rede ist von Gleitschirmfliegern, die oft über lange Zeit den Aufwind abwarten, um sich dann binnen Sekunden ins Tal zu stürzen. Am oberen Ende ihrer Startrampe kann man sich wunderbar zum Vesper betten und die scheinbar furchtlosen Flieger bestaunen.

Der Abstieg ist nun die leichteste aller Übungen. Insbesondere weil der gewählte Weg größtenteils ohne Herausforderungen ist. Es geht zunächst aber etwas holprig los und noch mal ein Stück den Westweg entlang in Richtung Belchen. Zentrale Wegmarke für den weiteren Abstieg ist die EGERTENHÜTTE 4 (924 Meter). Hier sollten alle, die keine Lust auf eine wirklich kernige Fernwanderung haben, die rote Raute flugs verlassen und stattdessen den Altensteinweg gen Badenweiler einschlagen (gelbe Raute). Breit und in ausladenden Kurven führt er euch hinab über die Rüttenkopfhütte (765 Meter) und das Zunzinger Rank (Bienenstöcke!), von wo es ein Stück auf ebener Strecke bis zur Stelli weitergeht. Knappe zwei Stunden nach Verlassen des Gipfels erreicht ihr wieder den aristokratischen Dunstkreis von Badenweiler. Die Fürstenfreude (550 Meter) bietet eine weitere gut ausgebaute Schutzhütte zwei Kilometer entfernt vom Kurort.

»Neustart für Badenweiler«, titelte die Badische Zeitung Sommer 2020. Der Kurort teilt sein Schicksal – klamme Finanzen und Struk-

Zum Flanieren und Genießen. Die Römer brachten den Wein und die Therme

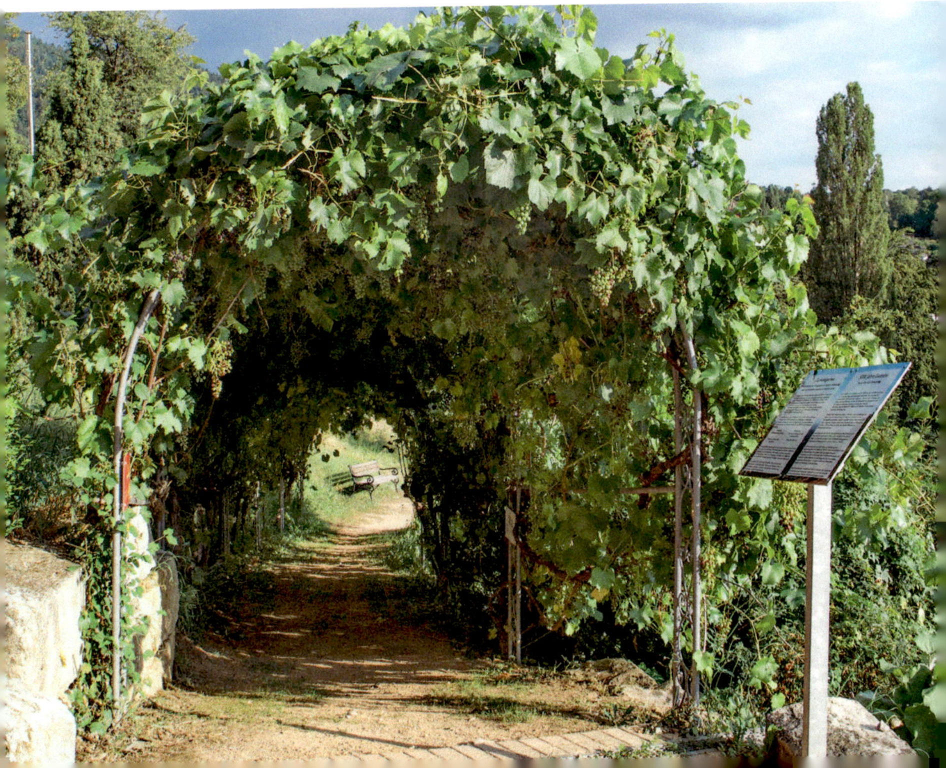

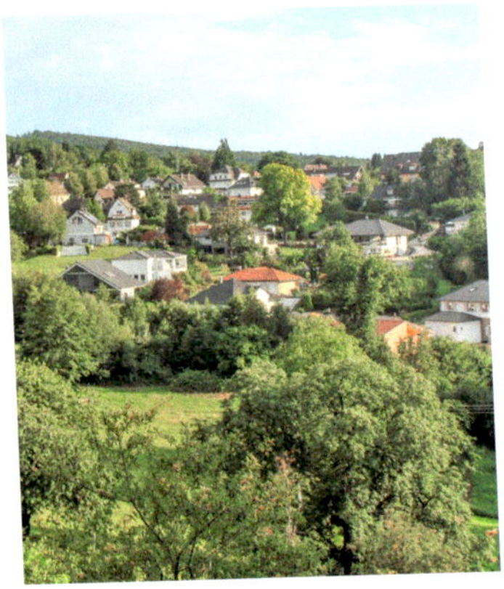

Blick aufs Markgräflerland

turwandel – mit vielen Gemeinden landauf, landab. Und doch ist das Jammern auf ganz hohem Niveau. Wer kann schon Kuranlagen und ein leer stehendes Grand Hotel sein Eigen nennen, in welchem bereits »Friedrich Nietzsche, Thomas Mann und Andy Warhol logierten«? Ein Lustschlösschen namens Belvedere, in dem man sich sogar standesamtlich trauen lassen kann? Einen idyllischen Kurpark mit mächtigen alten Bäumen? Einen Park der Sinne? Sowie eine hochmittelalterliche Burgruine mit atemberaubendem Westblick?

Gut zu wissen: Salvete! Bereits die Römer wussten die Vorzüge Badenweilers zu schätzen. Ab 70 n. Chr. sind ihre Spuren nachgewiesen. Sie brachten den Wein und legten die Thermen an, die bis heute für Badenweiler prägend sind. Die heutige Pauluskirche steht an der Stelle eines früheren römischen Tempels. Sie ist zugleich End- bzw. Startpunkt des sogenannten Römerwanderwegs, der antike Spuren in verschiedenen Gemeinden Südbadens miteinander verbindet. Fehlt nur noch euer persönlicher Triumphbogen.

Fürwahr: Badenweiler bietet jedem etwas. Dem verträumten Spaziergänger und dem Nostalgiker, der in Gedanken mit dem wilhelminischen Adel auf die Jagd geht. Dem lukullischen Genießer, der gern an einem guten Tropfen nippt, und dem Kulturfreund, der sich auf die Spuren Tschechows oder anderer Literaten begeben will, zum Malerwinkel, zu den Musiktagen oder Open Airs im Kurpark. So kann man – und das ist wirklich die einzige Krux an unserer heutigen Tour – nach den 17 Kilometern Rundweg leicht noch einmal die Hälfte der Strecke für die Erkundung Badenweilers dranhängen. Aber bitte bei allem Ehrgeiz: Genießen!

Alles, was ihr wissen müsst

Rundtour: Start- und Zielpunkt ist das schnuckelige Kurörtchen Badenweiler // Gleichbleibend angenehmer Anstieg, der bis zum Gipfel im Schatten bleibt // **nicht kinderwagentauglich**

Markierung: Hinweg: blaue Raute bis Fischersbrunnsattel // dann Einmündung Westweg (rote Raute) // Rückweg bis Egertenhütte: rote Raute // dann bis Badenweiler: gelbe Raute

Entfernung von Freiburg: 33 Kilometer // **ÖPNV:** von Freiburg Hbf. mit der Regionalbahn nach Müllheim (Baden), dann Bus 111, Haltestelle Evangelische Kirche **Auto:** Parkgarage Schlosspark, Hebelweg 18, 79410 Badenweiler

Einkehr: Hotel Sonne, Moltkestraße 4–5, 79410 Badenweiler, zur-sonne.de // **Hotel-Restaurant zum Wilden Mann,** Weilertalstraße 49, 79410 Badenweiler // **Markgräfler Winzerstuben,** Luisenstraße 6, 79410 Badenweiler, badenweilertherme.de

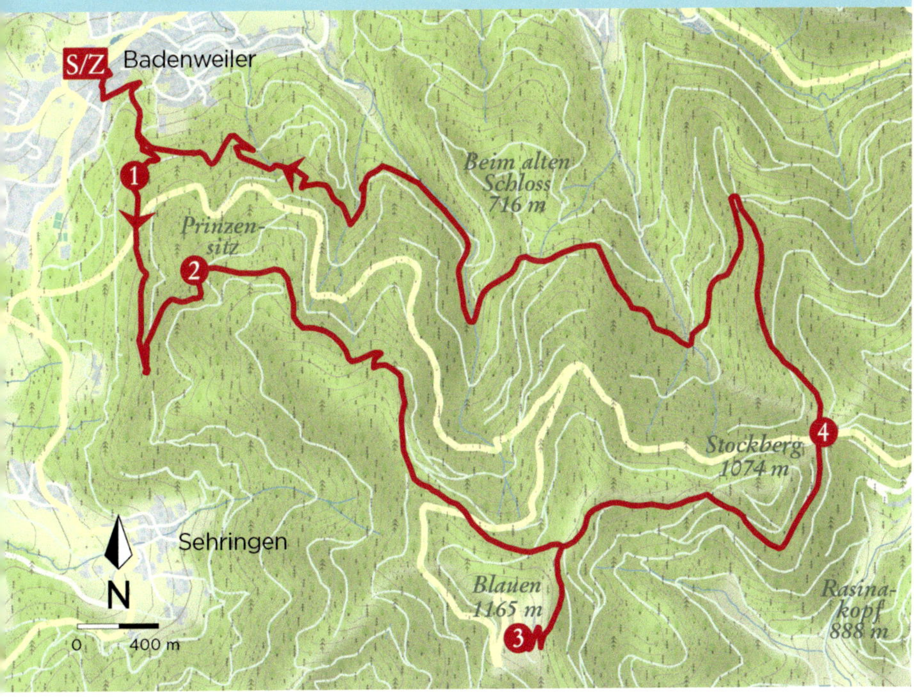

Von Kirchzarten nach Hinterzarten

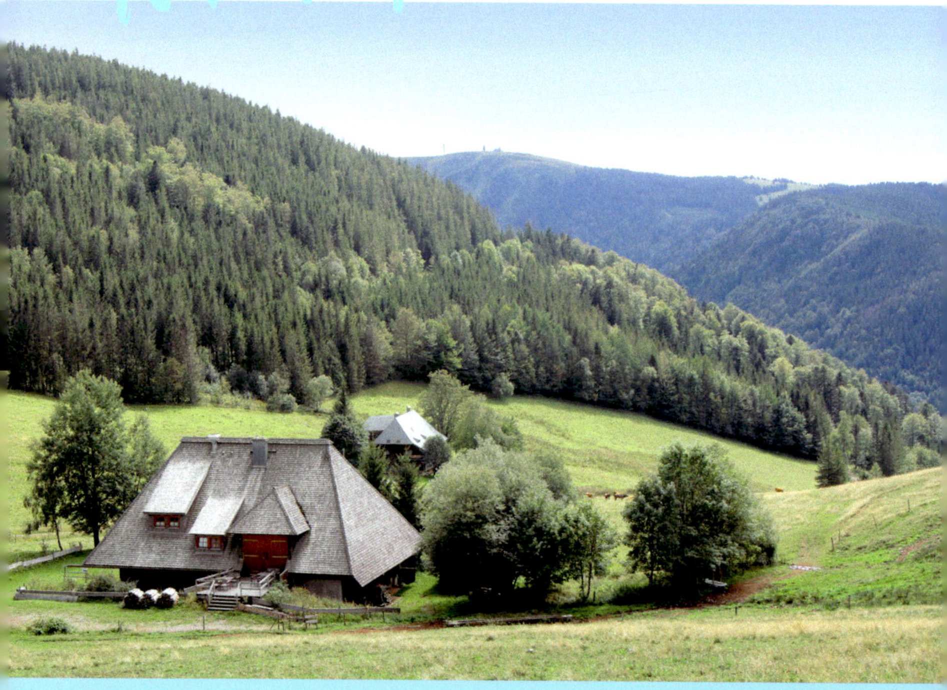

Schwierigkeit: mittel // 18 Kilometer // 800 Höhenmeter
Für Familien mit älteren Kindern geeignet

*ÜBER DEN HINTERWALDKOPF –
URSPRÜNGLICHKEIT UND WEITE
DIREKT VOR DEN TOREN FREIBURGS*

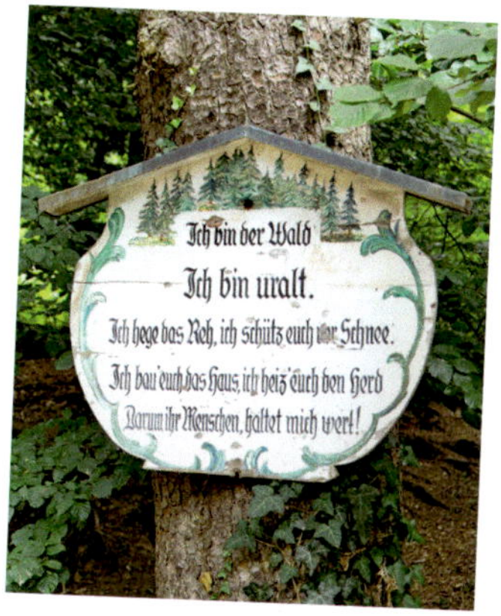

Aphorismus am Wegesrand

Er ist wie der kleine Bruder, der auch mal bei den Großen mitmischen will und dabei leider viel zu oft ins Hintertreffen gerät. Dabei ist der Hinterwaldkopf wirklich ein fantastischer Berg! Er ist aus Freiburg wunderbar zu erreichen, eröffnet die schönsten Ausblicke auf seine größeren Schwarzwaldgeschwister und behält stets seinen ganz eigenen Charme. Diese Tour zeigt euch, wie unkompliziert es sein kann, den Schwarzwald direkt aus dem Tal zu erklimmen.

Am Bahnhof in Kirchzarten startet die Tour. Von hier, im Herzen des Dreisamtals, ist es nur noch ein Katzensprung in den Schwarzwald. Zugleich blickt der kleine Ort auf eine lange Siedlungsgeschichte zurück, denn bereits die Kelten sollen hier einst eine circa 200 Hektar große Befestigungsanlage errichtet haben. Der zehn Kilometer lange Tarodunum-Rundweg, der auch am Startpunkt dieser Wanderung vorbeiführt, veranschaulicht mit Hilfe mehrerer Informationstafeln die Geschichte der Entdeckung und die Ausmaße des antiken Oppidums. Es lohnt sich also, die Augen offen zu halten! Vom Bahnhof folgt der Weg der blauen Raute in Richtung Höfener Hütte. Nachdem das Wohngebiet schnell durchquert ist, befindet man sich auch schon auf einer freien Fläche mit Maisfeldern, weiten Wiesen, und wenn ihr zur Anhöhe links von euch blickt, präsentiert sich euch der 464 Meter hohe Giersberg mit seiner kleinen Kapelle, die erste Station dieser Wanderung. Der gut ausgeschilderte Weg führt am Fuß des Bergs an einem wunderschönen Spielplatz mit Kneipp-Anlage vorbei. Dann geht es auch schon in den Wald und steil den Berg hinauf. Wem die Steigung zu schaffen macht, der kann sich entlang des Kreuzwegs immer daran erinnern,

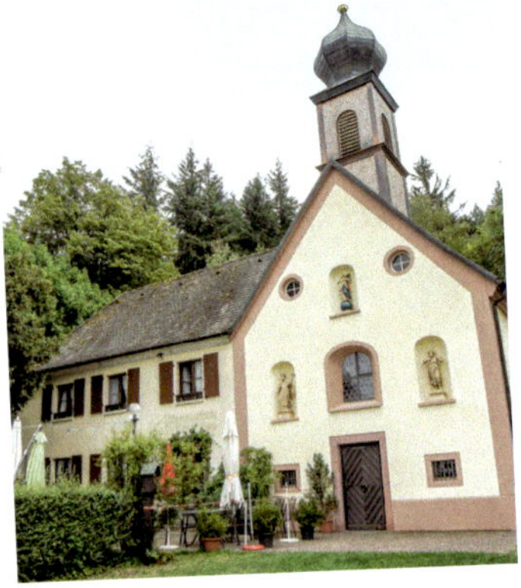

Kapelle auf dem Giersberg

dass auch einst Jesus leiden musste – ob dieser Gedanke tatsächlich hilft, sei jedoch dahingestellt. Es dauert nicht lange, und schon seid ihr bei der GIERSBERGKAPELLE 1 angekommen. Schön liegt der Andachtsort mit der angrenzenden Pilgergaststätte St. Laurentius da. Auf der breiten Terrasse könnt ihr euch wunderbar mit leckerem Kaffee und Kuchen oder einem reichhaltigen Mittagessen verwöhnen lassen, während euch das Dreisamtal wie ein grüner Teppich zu Füßen liegt!

DIE GIERSBERGKAPELLE GRÜNDET AUF EINER ALTEN LEGENDE. DEMNACH SOLL EIN HIRTENJUNGE ANFANG DES 18. JAHRHUNDERTS BEIM HÜTEN DES VIEHS LIEBLICHEN GESANG VERNOMMEN HABEN, OHNE EINE MENSCHENSEELE ZU ENTDECKEN. ALS DER GESANG ABERMALS ERKLANG, GING ER IHM NACH UND FAND IN EINER BAUMHÖHLE EIN KLEINES MARIENBILD. ALSBALD PILGERTEN IMMER MEHR MENSCHEN ZU DIESEM IN DEN WALD. 1737 WURDE AUF DER NAHE GELEGENEN ANHÖHE DIE KLEINE KAPELLE ERBAUT.

Nach einer kurzen Rast geht es weiter den Berg hinauf, immer noch der blauen Raute folgend in Richtung Höfener Hütte. Kirchzarten scheint bereits in weiter Ferne, und während man durch Wälder oder entlang grüner Weiden wandert, sind schnell einige Höhenmeter zurückgelegt. Links von euch öffnet sich der Blick, und nach und nach kann man das Höllental mit den Orten Himmelreich und Falkensteig in der Ferne ausmachen.

Das Tal mit dem schaurig klingenden Namen hieß noch vor ca. 300 Jahren schlicht Falkensteiger Tal. Auf seinen höllisch anmutenden Charakter sollen erst die Franzosen, die Freiburg 1677 eroberten, aufmerksam gemacht haben. Die Durchquerung muss für die Besatzer alles andere als ein Spaziergang gewesen sein, weshalb man sich am Ende des »Val d'enfer« wie im Himmelreich gefühlt haben muss. Gleichnamiger Ort grenzt heute an das Höllental.

Schließlich lichtet sich der Wald, und ihr erreicht eine große Wiese, auf ihr befindet sich ein Stück weiter oben die HÖFENER HÜTTE 2. Mit jedem Schritt Richtung Gasthaus gibt die Umgebung etwas mehr von ihrem sagenhaften Panorama auf den Schwarzwald und dessen Täler preis. Dies ist wohl auch der Grund, warum über das ganze Jahr hinweg Wanderer, Mountainbiker und Spaziergänger hierherkommen, denn echtes Alpen-Feeling ist garantiert! Auf über 1.000 Metern lässt

Die Panoramabank nahe der Hinterwaldkopfhütte ist prädestiniert für ein erholsames Mittagsschläfchen

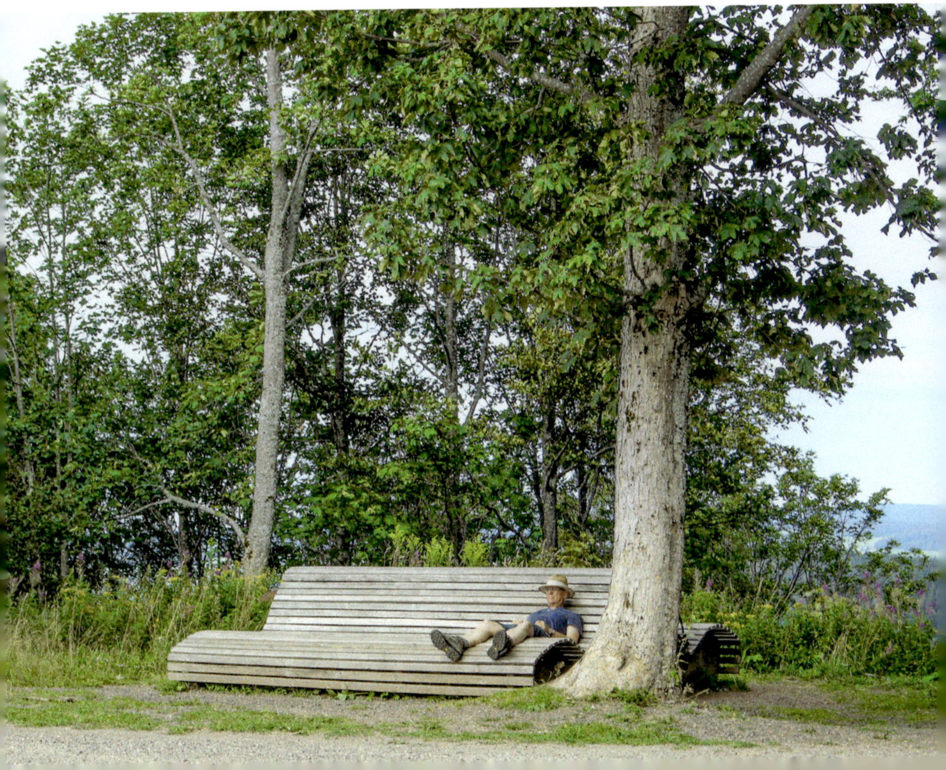

es sich auf der großen Sonnenterrasse bestens aushalten, und die Küche besticht durch feine Speisen aus überwiegend regionaler Erzeugung. Schnell kommt man mit den anderen Gästen ins Gespräch, man prostet sich gegenseitig zu, und in dieser Höhe ist das Du natürlich obligatorisch.

Nach der Höfener Hütte scheint der GIPFEL DES HINTERWALDKOPFS 3 bereits in greifbarer Nähe. Noch einmal geht es der blauen Raute folgend den schmalen, von Wurzeln überwucherten Weg den Berg hinauf, dann über eine große Kuhweide, und schon ist das Ziel erreicht! Was für ein fantastischer Ort! Ein laues Lüftchen weht euch ins Gesicht, und nichts als Weite, Freiheit und Ruhe umgeben euch hier. Dank seines kahlen Gipfels bietet der 1.199 Meter hohe Hinterwaldkopf eine perfekte 360-Grad-Perspektive, und die hat es wirklich in sich! Auf der einen Seite sieht man Feldberg und

Weitsicht vom Hinterwaldkopfgipfel: vom Schwarzwald über den Kaiserstuhl bis zu den Vogesen

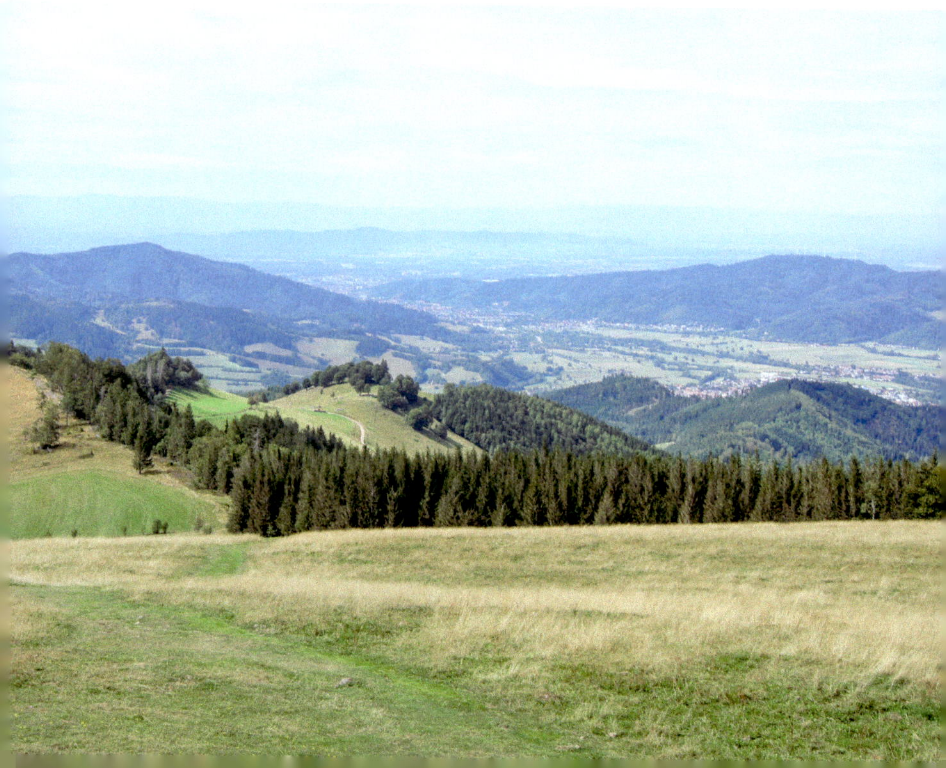

Seebuck mit dem markanten Bismarck-Denkmal, schräg gegenüber hebt sich der Kandel empor, und in der Mitte sieht man die Ausläufer des Schwarzwalds, die das malerische Dreisamtal umrahmen. Bei klarer Sicht kann man in weiter Ferne sogar den Kaiserstuhl vor den Vogesen erkennen – Wahnsinn! Wer seinen Blick von der Weite des Schwarzwalds losreißen kann, dem wird außerdem ein großer Steinkreis auf dem Gipfel auffallen. Die Vermutung, es handle sich dabei um einen geheimnisumwitterten Ort aus keltischen Zeiten, trifft leider nicht zu. Dieser Kreis mit seinem überdimensionierten Gedenkstein in der Mitte erinnert vielmehr an ein dunkles Kapitel der deutschen Geschichte – er ist ein Denkmal für die Gefallenen des Ersten und Zweiten Weltkriegs.

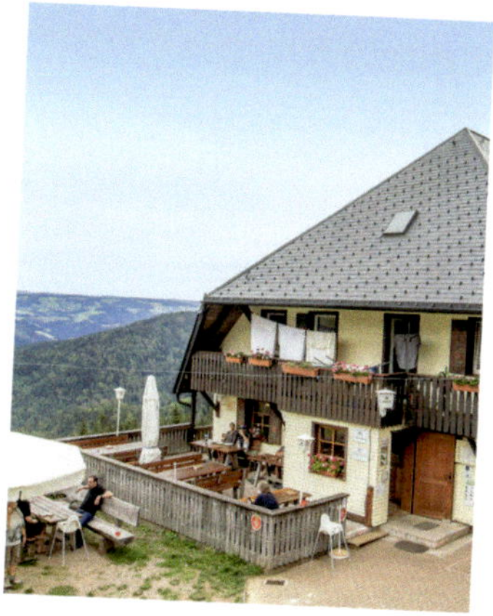

MAHLZEIT AN DER HÖFENER HÜTTE

Nur noch einmal kurz auf das weiche Gras legen und sich von den Sonnenstrahlen verwöhnen lassen, und schon geht es weiter in Richtung Hinterzarten. Dahin gelangt man der blauen Raute folgend in Richtung Hinterwaldkopfsattel. Während ihr über die Viehweide auf der anderen Seite des Gipfels hinablauft, könnt ihr ein Stück weiter unten auch schon die Hinterwaldkopf-Hütte erblicken. Das Gasthaus verwöhnt seine Besucher mit regional-alpenländischer Küche und selbst gebackenem Kuchen. Wer außerdem schon immer einmal eine Nacht im Schwarzwald verbringen wollte, kann sich hier für ein oder mehrere Nächte ein Zimmer mieten.

Für alle anderen geht es vom Wegpunkt Hinterwaldkopfsattel ab nun der gelben Raute folgend weiter nach Hinterzarten. Der breite Forstweg durch den Wald ermöglicht einen mühelos flotten Schritt. Am Schild Dr.-Ganter-Weg gabelt sich schließlich die Route nach

Hinterzarten. Es geht weiter in Richtung ALPERSBACH 4, zunächst auf einem schmalen Pfad, der schließlich auf eine kleine einspurige Straße trifft. Ihr folgt man den größten Teil der restlichen Strecke bis zum Bahnhof Hinterzarten, die gelbe Raute weist dabei stets verlässlich den Weg. Zugegeben, dieses letzte Stück der Wanderung ist nicht mehr so spektakulär wie so manche Wegetappe zuvor, jedoch bieten sich auch hier immer wieder schöne Ausblicke auf Hinterzarten und seine Umgebung. Wer übrigens schon immer mal einen ganz und gar unspektakulären Wasserfall bestaunen wollte, der kann am Bistener Wasserfall vorbeigehen (siehe Wanderschild). Skifans können außerdem einen kleinen Abstecher zum Wohnhaus des ehemaligen Olympiasiegers Georg Thoma machen, das sich ganz in der Nähe der Route befindet (siehe Wegbeschilderung).

GEORG THOMA KAM 1937 IN HINTERZARTEN ZUR WELT. ER GEWANN 1960 IN DER NORDISCHEN KOMBINATION OLYMPISCHES GOLD – ALS ERSTER NICHT-SKANDINAVIER IN DIESER SPORTART. DIESER TRIUMPH MACHTE IHN WELTBEKANNT. SCHON BALD KAMEN VIELE MENSCHEN IN DEN KLEINEN SCHWARZWALDORT, UM DEN GROSSEN SIEGER BEI SEINER ARBEIT ALS BRIEFTRÄGER ZU FOTOGRAFIEREN UND SICH EIN AUTOGRAMM ZU HOLEN. SO VERDIENTE ER SICH AUCH DEN BEINAMEN »SCHNELLSTER BRIEFTRÄGER DER WELT«.

Der Weg führt weiter gemächlich hinab durch kleine Waldstücke und Wiesen, bis man schließlich die Ortsgrenze Hinterzartens erreicht. Hier stehen euch nun alle Möglichkeiten offen: Darf es vielleicht zur Stärkung noch in eines der zahlreichen Restaurants des Ortes gehen? Oder habt ihr gar die Muße, das Schwarzwälder Skimuseum zu besichtigen? Ganz egal: Langeweile kommt hier ganz sicher nicht auf! Vom Bahnhof Kirchzarten bringt euch die Höllentalbahn schließlich wieder sicher zurück ins Tal!

Alles, was ihr wissen müsst

keine Rundtour: Der Hinterwaldkopf liegt auf knapp 1.200 Metern Höhe, Wetterumbrüche sind möglich, daher unbedingt wetterfeste und warme Kleidung einpacken! // **nicht kinderwagentauglich**

Markierung: blaue Raute bis Hinterwaldkopf // danach der gelben Raute nach Hinterzarten folgen

Entfernung von Freiburg: 12 Kilometer
ÖPNV: ab Freiburg Hbf. mit der Regionalbahn nach Kirchzarten, Rückfahrt: mit der Regionalbahn von Hinterzarten nach Freiburg
Auto: nicht empfehlenswert

Einkehr: Pilgergaststätte St. Laurentius, Silberbrunnenstraße 11, 79199 Kirchzarten // **Höfener Hütte,** 79256 Buchenbach, hoefener-huette.de // **Hinterwaldkopf-Hütte,** Hinterwaldkopf 1, 79254 Oberried-Zastler

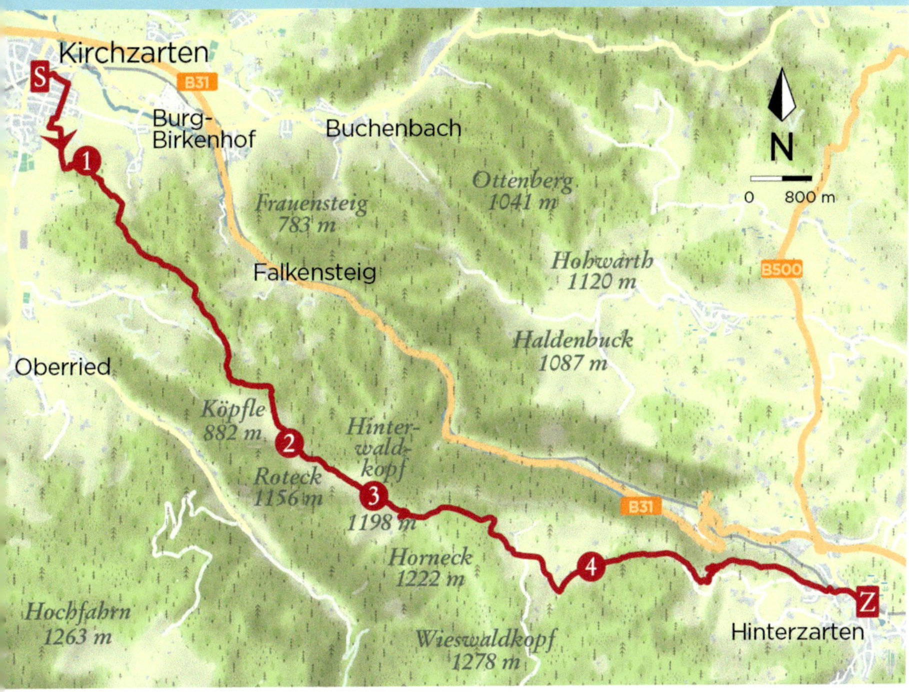

Kandel. Der Blocksberg des Schwarzwalds

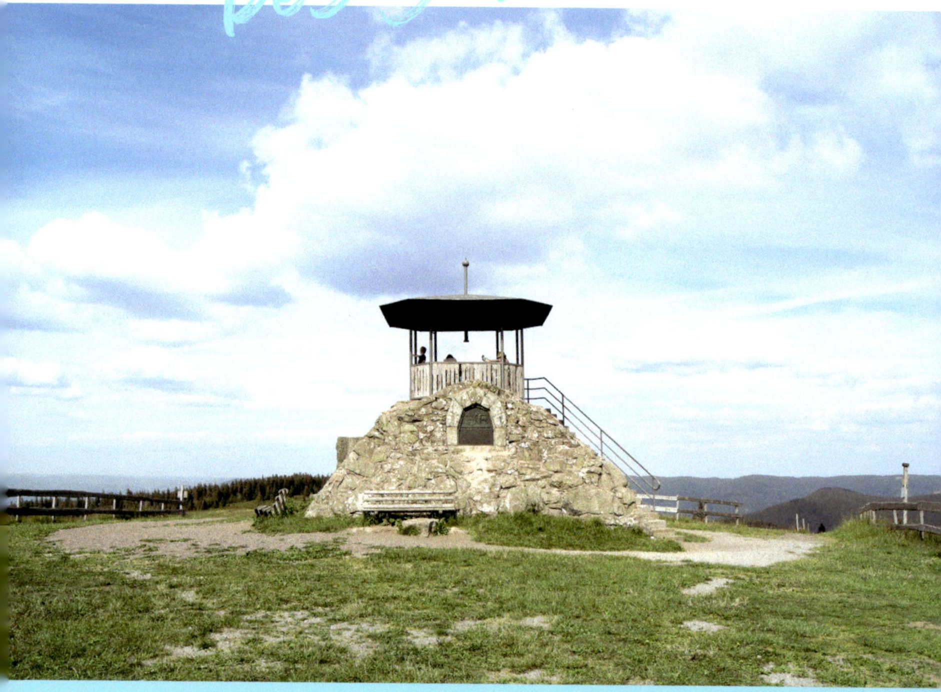

Schwierigkeit: schwer // 7,2 Kilometer // 330 Höhenmeter
Für Familien mit älteren Kindern geeignet

DEN SCHWARZWALD IN ALL SEINEN FACETTEN ERLEBEN, AUF EINEM MAGISCHEN BERG, UM DEN SICH VIELE SAGEN RANKEN

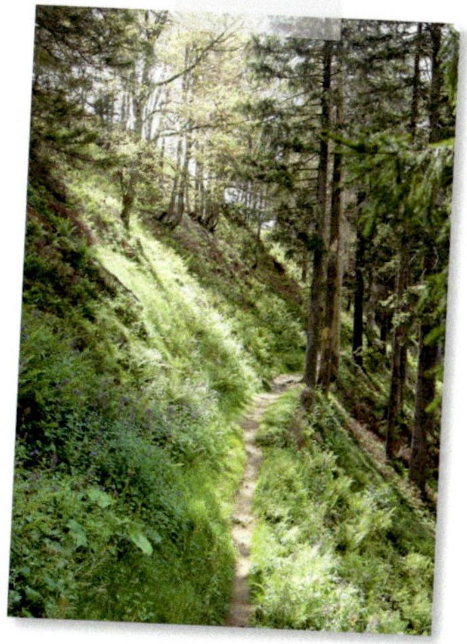

Diese Tour hat wirklich alles zu bieten, was das Wanderherz begehrt! Auf über 1.000 Metern Höhe wandelt man teils durch dichten Wald, vorbei an schroffen Felsen, teils zeigen sich unbeschreiblich schöne Ausblicke, und natürlich erstürmt man auch den Kandelgipfel. Dieser Berg wird ganz sicher auch euch in seinen Bann ziehen!

Die Tour beginnt am großen Kandelparkplatz auf der oberen Passhöhe. Schon bei der Ankunft liegt Actionfeeling in der Luft, denn hier starten fast das ganze Jahr über Gleitschirm- und Drachenflieger, um die atemberaubende Schwarzwald-Szenerie aus der Höhe zu bestaunen. Regelmäßig stehen deshalb Männer und Frauen mit viel zu großen Rucksäcken und gereckten Daumen an der Kandelstraße, die hoffen, per Anhalter zur Startwiese zu gelangen. Diese Luftikusse lassen sich von der guten Thermik hier oben meist um und über den Berg tragen, bis sie schließlich bei Glottertal wieder Boden unter die Füße bekommen. Die Route führt zunächst Richtung Kandelgipfel, allerdings solltet ihr nicht den direkten Weg, sondern die zweite Abbiegung rechts zu den Kandelquellen nehmen (gelbe Raute). Dieser kleine Umweg lohnt sich voll und ganz! Ruhe kehrt ein, und während ihr zwischen Hochstauden und entlang moosbewachsener Felsen wandert, fühlt ihr euch plötzlich fernab jeglicher Zivilisation. Währenddessen liefern ansprechend illustrierte Schautafeln in Form der Kandelhexe Kandela interessante Informationen über die Natur und Geschichte des Schwarzwaldgiganten. Wenn ihr euren Blick nach rechts wendet, könnt ihr zwischen den Bäumen immer wieder beste Blicke auf Waldkirch und den nördlichen Breisgau genießen.

Ihr folgt ab dem Wegpunkt Damenpfad der blauen Raute und erklimmt wenig später die GIPFELPYRAMIDE 1, die auf luftigen 1.241 Metern liegt. Und was für ein perfekter Rundumblick erwartet

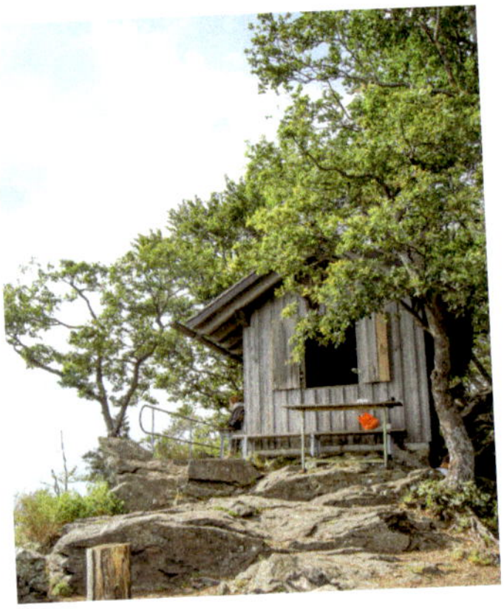

Thomashütte auf dem Martinsfelsen

einen hier, auf dem höchsten Punkt des Kandels! Ihr könnt vom Breisgau über den Kaiserstuhl bis zu den Vogesen sehen und bei günstigem Wetter sogar bis hinüber zur schwäbischen Alb! Nicht immer jedoch bietet sich den tapferen Wanderern eine derart klare Sicht von hier oben. Insbesondere im Spätherbst und Winter ist die Oberrheinische Tiefebene nämlich oft in dichtem Nebel versunken, erst dann zeigt sich der Kandel in seiner ganzen Imposanz. Unbeirrt erhebt er sich aus der grauen Suppe, und während man bei strahlendem Sonnenschein vom Gipfel auf das weite Nebelmeer blickt, fühlt man sich tatsächlich ein wenig wie auf einem anderen Stern.

Dort, wo man heute auf ein Nebelmeer blicken kann, hat sich in früherer Zeit einmal ein echtes Meer befunden. Aufgrund von tektonischen Plattenverschiebungen und einem Anstieg des Meeresspiegels ist vor 32 Millionen Jahren Salzwasser in den Oberrheingraben eingedrungen. Zwei bis drei Millionen Jahre lang verband das »schmale Meer« zwischen Schwarzwald und Vogesen das Mittelmeer mit der Nordsee. Fossilienfunde zeugen von dieser Zeit.

Vom Kandelgipfel geht es der blauen Raute folgend in Richtung Kaibenloch, nur um ca. 500 Meter weiter rechts durch ein kleines Waldstück auf den Weg zur Gummenhütte des FENSTERLI-WIRTS 2 zu gelangen. Seid gewarnt: Dieser Weg ist nichts für Angsthasen, denn er führt mitten über eine Kuhweide! Schnell hat man die Herde mit den (doch sehr sanften) Wiederkäuern passiert, und schon seid ihr beim Fensterli-Wirt angekommen.

Hier sollte man auf jeden Fall eine Pause einlegen. Mitten im Grünen, vor euch der Schwarzwald und mit einem kühlen Radler in der Hand lässt es sich an diesem Ort nämlich bestens aushalten! Der Fensterli-Wirt macht seinem Namen übrigens alle Ehre, denn – nomen est omen – hier wird tatsächlich alles aus einem kleinen Fenster heraus verkauft! Selbst gemachte Sirupschorle, selbst gebackene Kuchen und das »Gummenvesper – von allem ebbis« sind von bester Qualität und kommen ohne Geschmacksverstärker oder künstliche Zusatzstoffe aus. Wer allerdings glaubt, dass es hier nur gemütlich zuginge, der hat die Rechnung ohne den Gummenhütten-Wirt Andy gemacht. Regelmäßig legen bei dem Event »Chill on the Hill – Nuff Kumme zum Nab Kumme« Freiburger DJs lässige Beats vor atemberaubender Schwarzwaldkulisse auf. Kommt vorbei und erlebt selbst die Komposition aus Moderne und Schwarzwälder Ursprünglichkeit!

Zufriedene Schwarzwaldkühe auf der Weide beim Fensterli-Wirt

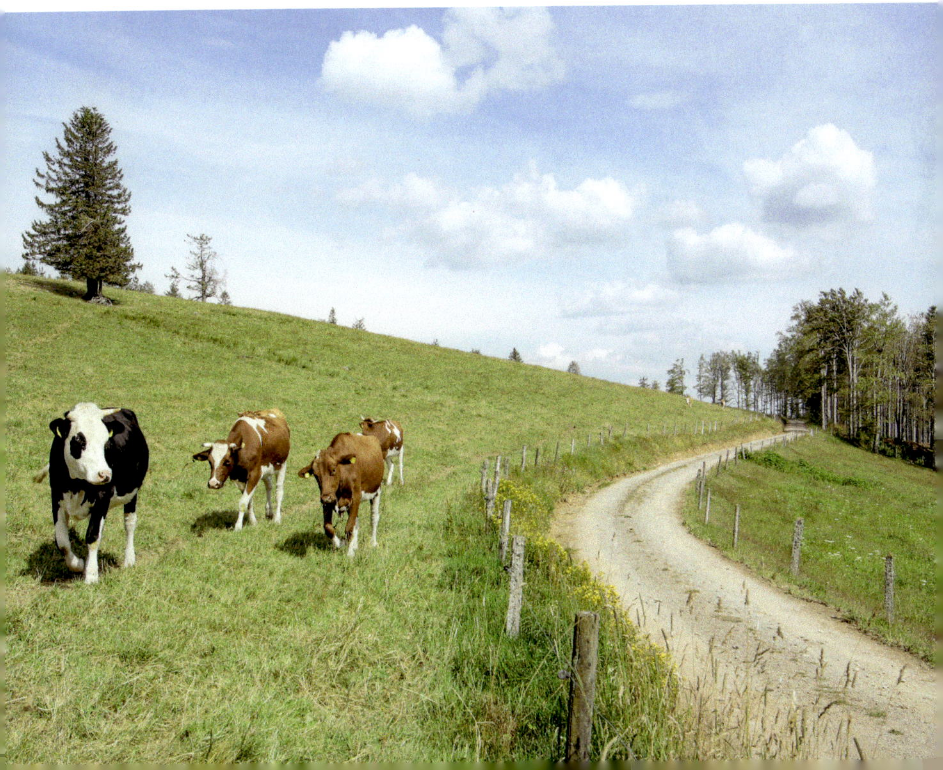

Ein breiter Waldweg führt euch schließlich weiter zur THOMASHÜTTE 3 (Achtung, ab hier wieder der gelben Raute und wenig später dem Zweitälersteig folgen). Der zunächst breite Pfad fällt dabei sachte ins Tal ab, und im Schatten der Bäume kommt man schnellen Schrittes voran. Zur Thomashütte zu gelangen bedeutet einen kleinen Abstecher von der eigentlichen Route. Dass sich dieser Umweg lohnt, merkt man spätestens bei Erreichen dieses ganz besonderen Ortes. Die auf 1.070 Metern gelegene Schutzhütte besticht nämlich durch ihre traumhaft schöne, exponierte Lage! Stolz thront sie wie ein Adlerhorst auf dem Martinsfelsen, und blickt man von hier auf das liebliche Glottertal, möchte man eigentlich nur die Arme ausbreiten und sich im Segelflug hinabgleiten lassen. Zugleich kann man von hier den Breisgau und die Gipfel des Süd- und Hochschwarzwalds bestaunen, ja, diese Perspektive entlohnt wirklich für Schweiß und Mühen!

Wagemutige Gleitschirmflieger ziehen ihre Kreise um und über den Kandelgipfel

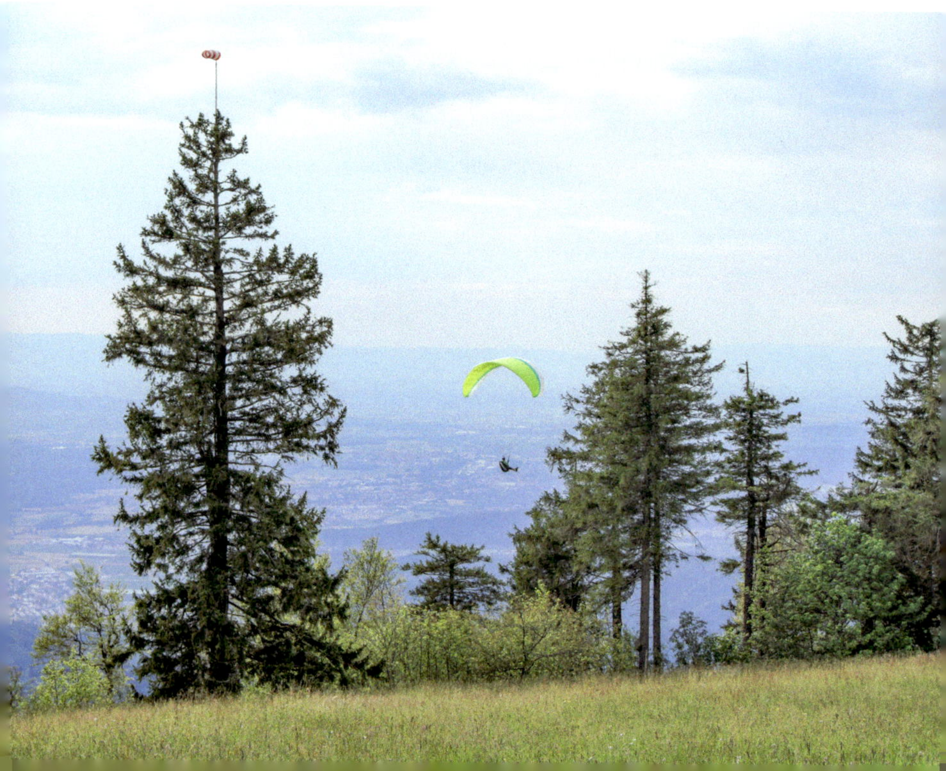

DIE THOMASHÜTTE WURDE 1999 VON DER ORTSGRUPPE WALDKIRCH-KANDEL DES SCHWARZWALDVEREINS WIEDER INSTAND GESETZT. NAMENSGEBER DER HÜTTE WAR DER GEHEIMRAT DR. LUDWIG THOMAS, DER ALS UNIVERSITÄTSPROFESSOR IN FREIBURG ARBEITETE UND 1894 STELLVERTRETENDER PRÄSIDENT DES SCHWARZWALDVEREINS WURDE. THOMAS GALT ALS PIONIER BEI WEGERSCHLIESSUNGEN UND -MARKIERUNGEN IM SCHWARZWALD.

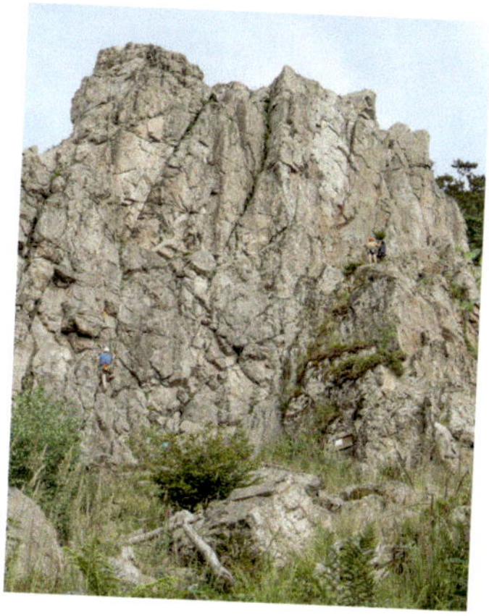
KLETTERER AM KANDELFELSEN

Falls ihr noch ein Vesper im Gepäck habt, solltet ihr es nun auspacken, bei diesem königlichen Ausblick schmeckt nämlich jedes Käsebrot einfach köstlich! Am besten setzt ihr euch dafür auf die Bank an der Hütte und lasst euch die Sonne ins Gesicht scheinen.
Der Felsvorsprung weiter vorn scheint zwar Sicherheit zu versprechen, hier ist jedoch Vorsicht geboten, denn an seinen Kanten geht es steil in die Tiefe hinab. Kinder sollten daher nur auf den kleinen Felsen hinter der Hütte im Wald frei herumtoben.
Ein Highlight jagt das nächste! Und nachdem ihr von der Thomashütte zurück auf den regulären Weg gekommen seid, folgt ihr dem Wegpunkt Serpentine, um zum GROSSEN KANDELFELSEN 4 zu gelangen. Auf den verschlungenen Pfaden dauert es nicht lang, bis man diesen auch schon aus der Ferne ausmachen kann. »Groß« ist gar kein Ausdruck! Massiv und mächtig hebt sich dieser gigantische Fels aus dem Wald empor und bietet zahlreichen Kletterern die

Möglichkeit, ihre Geschicklichkeit und Ausdauer an ihm zu erproben. Neben der Tatsache, dass das untere Elztal einst eines der Schwerpunktgebiete der Hexenverfolgung in Deutschland war, ist er auch der Grund, warum der Kandel bis heute den Beinamen »Blocksberg des Schwarzwalds« trägt.

Um den Kandelfelsen ranken sich viele mystische Geschichten, nicht nur der Teufel soll hier des Öfteren gesessen haben, sondern einer Sage nach haben hier auch Hexen in früherer Zeit zur Walpurgisnacht getanzt. Wie zum Beweis hat sich tatsächlich am 1. Mai 1981 die sogenannte Teufelskanzel, der obere Teil des Felsens, gelöst und ist donnernd ins Tal gestürzt. Alles nur Aberglaube, oder war hier vielleicht doch Hexerei im Spiel?

Es nähert sich langsam das Ende der Wanderung, und über schmale verschlungene Pfade streift man gemächlich durch den Wald, nur hin und wieder kreuzt man dabei die kleine von Waldkirch kommende Straße. Auf ihr findet alljährlich der Kandel-Berglauf statt, und dieser hat es wahrlich in sich: Verwegene Läufer stellen ihre Kondition auf den 12,2 Kilometern vom Tal bis auf den Kandel auf die Probe und legen dabei 940 Höhenmeter zurück.

DER KANDEL HAT VIELE JAHRE IM DORNRÖSCHENSCHLAF VERBRACHT UND WURDE ERST SPÄT ALS SPORT- UND FREIZEITZIEL BEKANNT. DABEI BIETET DER BERG WIRKLICH ALLES, WAS DAS OUTDOORHERZ BEGEHRT. HEUTE GENIESSEN NEBEN WANDERERN, KLETTERERN UND FLIEGERN AUCH MOUNTAINBIKER UND IM WINTER SKIFAHRER, LANGLÄUFER UND RODLER SEIN TRAUMHAFTES TERRAIN.

Das letzte Wegstück führt vorbei an den Wegpunkten Kohlplätze und Sautränke, bis ihr schließlich den großen Kandelparkplatz erreicht. Hier könnt ihr ein letztes Mal den Gleitschirmfliegern beim Abflug zuschauen und auch euren Gedanken freien Lauf lassen.

Alles, was ihr wissen müsst

Rundtour: warme Kleidung sollte eingepackt werden // Der Weg ist zum Teil schmal, felsig und insbesondere bei Regen sehr rutschig. Bei der Thomashütte besteht zudem Sturzgefahr // **nicht kinderwagentauglich**

Markierung: Da die Rautenfarben auf dieser Strecke öfter wechseln, sollte man sich an den einzelnen Wegpunkten orientieren

Entfernung von: Freiburg 30 Kilometer
ÖPNV: ab Freiburg Hbf. mit der Regionalbahn nach Denzlingen, weiter mit der Buslinie 7205 zur Haltestelle Kandel Rasthaus, Waldkirch
Auto: großer Wanderparkplatz am Kandelgipfel (Start der Tour)

Einkehr: Gummenhütte Fensterli-Wirt, ca. 500 Meter zu Fuß vom unteren Kandelparkplatz, gummenhuette.g-valley.de // **Berggasthaus Kandelhof,** Kandel 1, 79271 St. Peter, kandelhof.de

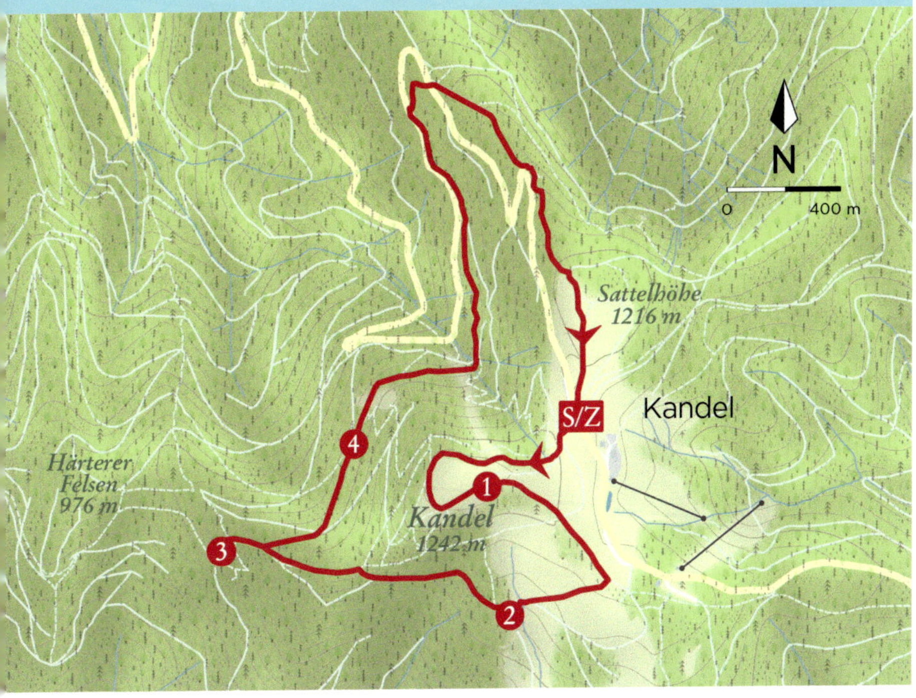

Von Hofsgrund rund um den Schauinsland

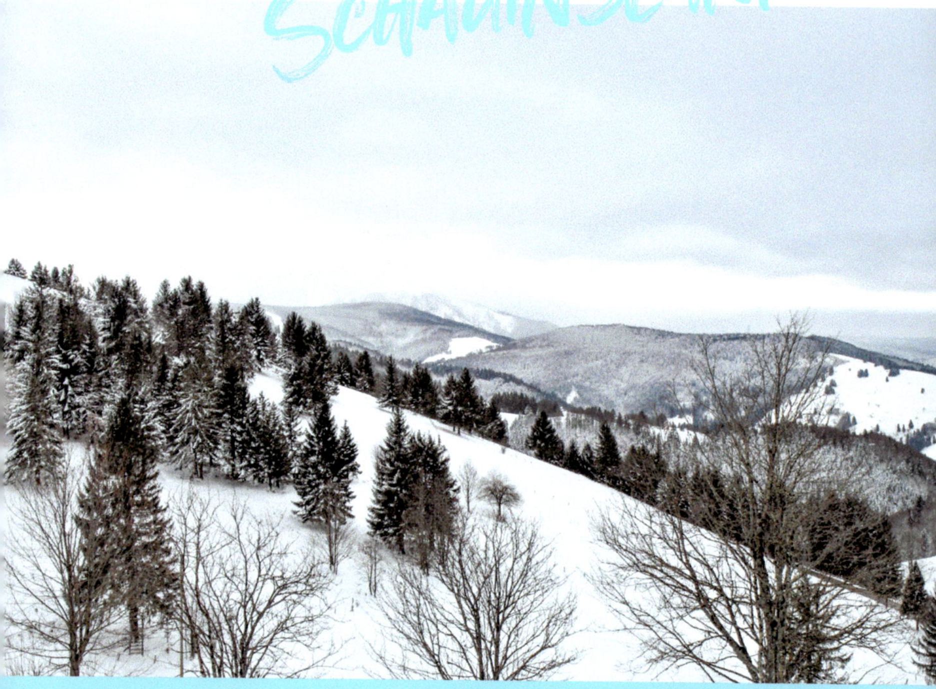

Schwierigkeit: schwer // 10,4 Kilometer // 380 Höhenmeter
Für Familien mit älteren Kindern geeignet

WINTERWUNDERLAND
AM FREIBURGER HAUSBERG
MIT TOLLEN EINKEHRMÖGLICHKEITEN

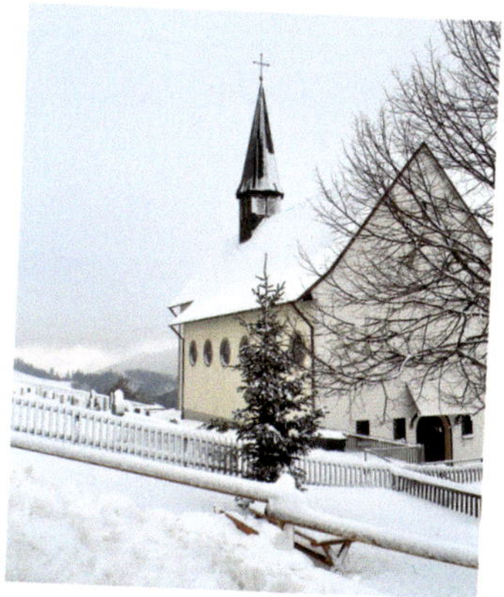

Die Kirche in Hofsgrund

Der Schauinsland ist der Freiburger Hausberg und kann sich in bestimmten Jahreszeiten vor Besuchern kaum retten. Kein Wunder, denn das Angebot für Bergfreunde ist breit gefächert. Es reicht von einem großen Netz an Wanderwegen, Loipen, Liften und Skihängen bis zu einer Rodelpiste, die von Gipfellagen in tiefe Täler führt. Natürlich steckt rund um den 1.284 Meter hohen Gipfel auch jede Menge Geschichte. Im Besucherbergwerk kann man durch endlose Stollen wandern, der SCHNIEDERLIHOF 1 bietet Einblick in das raue Leben im Hochschwarzwald weit vor unserer Zeit, und die Schauinslandbahn ist technisches Meisterwerk und Abenteuer gleichermaßen. Als wäre das nicht genug, locken tolle Einkehrmöglichkeiten und atemberaubende Nah- und Fernsicht in alle Richtungen. Nicht nur im Winter ein Traum!

Nicht zu übersehen ist die Kirche der mittelalterlichen Bergmannssiedlung Hofsgrund. Verwitterte, weiß bestäubte Holzschilder zeigen von dort den Weg gen Gipfel. Ihr lasst die letzten Häuser hinter euch und seid von allen Seiten vom satten Weiß umgeben. Es läuft sich weich, da und dort knirscht es unter den Schuhen. Wo der Wind nicht hinkam, liegt der Schnee manchmal kniehoch. Jetzt heißt es kraxeln. Bald trefft ihr auf den alten Schniederlihof, in dem sich ein toll aufbereitetes kleines Schwarzwaldmuseum befindet, das immer einen Besuch wert ist.

Danach geht es in den Hang. Die kräftige Steigung wird durch die Schneemassen nicht gerade leichter. Zum Verschnaufen vielleicht ein erster Blick zurück nach Hofsgrund gefällig? Euch zeigt sich ein einziger Wintertraum: dunkle Lebkuchenhäuser mit Puderzuckerdächern. Frau Holle, wir danken dir! Im Zickzack geht es weiter hinan. Bald rückt das ENGLÄNDERDENKMAL 2 ins Bild, leicht bestäubt, schroff und in kaltem Grau ragt es warnend ins weite Tal hinaus. Noch schauriger ist seine Geschichte.

DAS ENGLÄNDERDENKMAL ERINNERT AN DAS JAHR 1936. EINE GRUPPE ENGLISCHER SCHÜLER SAMT IHREM LEHRER HATTE SICH ZU EINER AMBITIONIERTEN TOUR VON FREIBURG NACH TODTNAU AUFGEMACHT UND WURDE – MITTEN IM APRIL – VON EINEM SCHNEESTURM ÜBERRASCHT. NUR DURCH GROSSEN EINSATZ DER DORFBEVÖLKERUNG KONNTEN VIELE SCHÜLER GERADE NOCH GERETTET WERDEN. FÜR FÜNF BUBEN KAM ABER JEDE HILFE ZU SPÄT.

Dass man im dichten Schneetreiben leicht die Orientierung verlieren kann, musste auch die englische Schülergruppe am eigenen Leib erfahren. Sie kam zwischenzeitlich völlig vom Weg ab und kämpfte sich nach neun Stunden kaltem Marsch die steile Kappler Wand hoch. Nur das Abendläuten der Kirche lotste die ersten Schüler bis nach Hofsgrund. Ihr geht jetzt den umgekehrten Weg, aber eine ähnliche Erfahrung macht ihr vielleicht trotzdem: Zwar zeigt ein Schild gen Sonnenobservatorium bzw. Gipfel (gelbe Raute), doch den zugehörigen Weg sucht man im weiten Weiß vergebens.

In diesem Fall müsst ihr euch keine Sorgen machen. Einfach den Hang hinauf, und ihr trefft bald auf ein querverlaufendes Sträßchen, das vom Parkplatz herkommt und normalerweise geräumt ist. Sehet, der GIPFEL 3 ist nah! Ihn kündigen bizarre Eisgestalten an. In weißlich grauem Glanz stehen sie euch Spalier. Auch der Turm mit seiner typischen Dreiecksform erstarrt im Eis. Er ist ein gutes Erkennungsmerkmal, von wo auch immer ihr auf den Schauinsland blickt. Bei guter Sicht ist der Aufstieg ein Muss: Nirgendwo ist man dem Feldberg so nah. Hinter Hofsgrund und dem Wilhelmer Tal

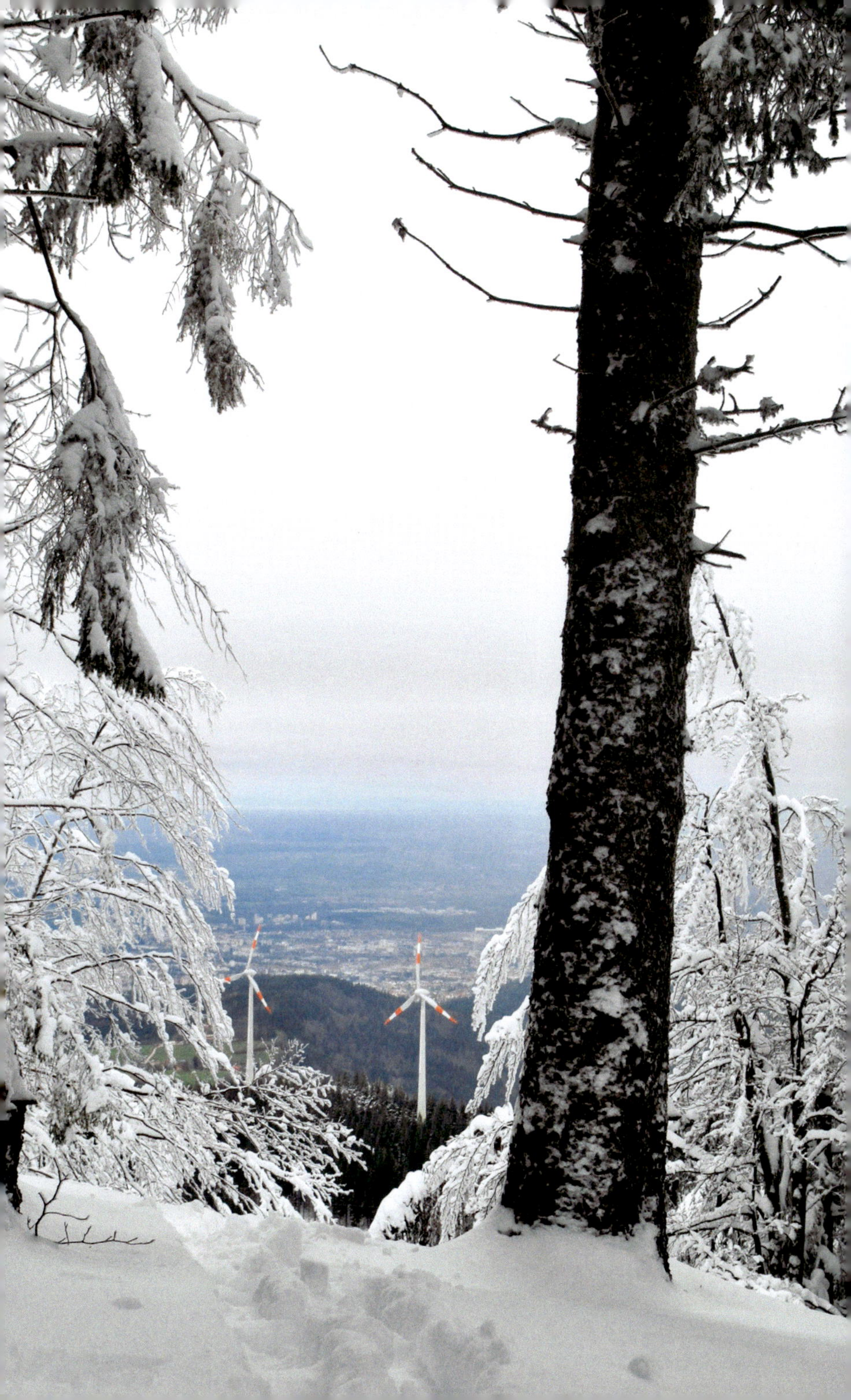

erhebt sich der Höchste auf breiter Front. Sind das dahinter die Alpen? Aber ja: Wie an einer Perlenschnur aufgereiht strahlen die weißen, kantigen Gipfel herüber zum Schwarzwald. Schau-ins-Land! Halb rechts unter euch die rot-weißen Windräder der Holzschlägermatte. In den Farben der Stadt, die sich dahinter entfaltet. In die meisten Richtungen steht dem neugierigen Auge nichts mehr im Weg. Was für ein Blick!

Höher als diese 1.284 Meter wird es heute nicht mehr. Dies bedeutet: Wohl denen, die mit dem Schlitten hier sind. Das Gefälle bis zur Bergstation kann kraftsparend und mit rechter Gaudi hinabgerodelt werden. Fehlt nur noch das Rentier. Wer übrigens immer schon mal mit der Schauinslandbahn fahren wollte, könnte dies nun tun. Von der Talstation in Horben bringt einen der ÖPNV zurück in die Stadt. Die Schauinslandbahn ist Deutschlands längste Umlaufseilbahn und

Blick vom Schneeplateau
in die ferne Oberrheinebene

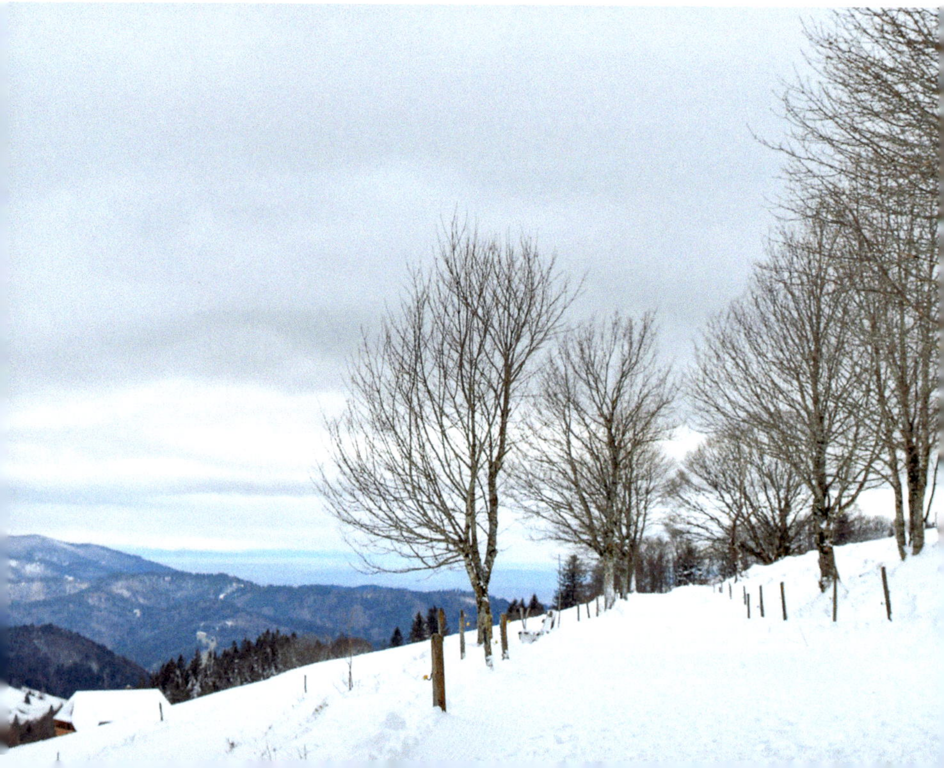

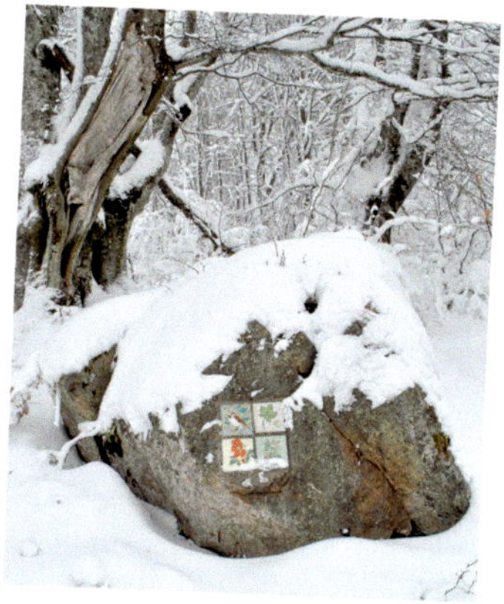

FLORA UND FAUNA AM FELS VEREWIGT

dazu die erste der Welt, die Personen befördert. In etwa 20 Minuten werden 746 Höhenmeter zurückgelegt. Der Betrieb verfügt über 37 Kabinen, die im Minutentakt verkehren. Während der Fliegerangriffe auf die Stadt ab 1944 diente die Bahn sogar zum Transport von Verwundeten in hoch gelegene Notlazarette.
Ihr könntet es euch nun bequem machen und die Bahn nehmen. Und damit wärt ihr durchaus in guter Gesellschaft. Bereits bis 1986 wurden nämlich zwölf Millionen Fahrgäste begrüßt, und auch heute – nach mehreren Umbauten und Überholungen – erfreut sich die Bahn mit jährlich bis zu 400.000 Fahrgästen regen Zuspruchs. Das neunzig Jahre junge Technikwunder ist eines der Wahrzeichen der Region – schaut es euch an! Früher oder später …
Diejenigen, die weitergehen, bekommen an dieser Stelle natürlich auch einen anerkennenden Schulterklopfer. Die Spur bleibt auf dem Kamm zu den Skiliften. Jubel, Trubel, Heiterkeit, Jauchzen und Johlen von Jung und Alt. Und immer wieder wird man Leute treffen, die hier zum ersten Mal Schnee gesehen haben. ’ne Runde mitfahren? Rechts des Parkplatzes führt der Weg am neuen Berghotel entlang. Die nun folgenden anderthalb Kilometer bis zum GIESSHÜBEL 4 verlaufen bei gleichbleibend kufenfreundlichem Gefälle. Kein Wunder, ist hier doch auch ein möglicher Startpunkt der legendären Schauinsland-Schlittenabfahrt. Vorsicht ist allerdings bei den Bodenwellen geboten, sonst scheppert’s im Gebälk! Ein herrlicher Hohlweg durch silbrige Tannenwälder bietet weitere Optionen zu einer Verlängerung der Runde: Möglich etwa wäre eine Schleife zur Holzschlägermatte, von wo Mikes leckere »Saure Leber mit Brägele«

bereits nach oben duftet. Auch die Quelle der Möhlin entspringt auf dieser Gemarkung, übrigens nur wenige Hundert Meter entfernt vom Ursprung des Neumagen, der sich seinen Weg durch das Münstertal, Staufen und Bad Krozingen bahnt. Doch es braucht schon Adleraugen, um beide lokalisieren zu können.

Deutlich klarer wölbt sich gleich der Gießhübel höchstselbst auf. Der westlichste Vorposten des Schauinsland-Massivs bietet einen herrlichen Blick Richtung Frankreich; Belchen und Blauen sind schon ganz nah. Die Gaststätte, aber auch die Hügel der Umgebung eignen sich perfekt für eine Rast abseits des Gipfels. Der Hunger ist groß!

Nach der Stärkung biegt ihr zur letzten Etappe gen Halde ein. Von den zwei Wegen ist der obere kürzer, der untere holt etwas weiter aus und kratzt noch am Zähringer Hof. Beide haben ihren Reiz und bieten genug Möglichkeit, sich zum Abschluss in der weißen Pracht zu verlieren: Höfe, deren ausladende, dunkle Dächer vom Schnee bedeckt, Bänke, die vollends im Weiß versunken sind. Von Schneemassen geschaffene Hohlwege. Der Tritt ist weich und tief. Vom Stohren her pfeift ein eisiger Wind. Seit ehedem drückt er die Äste der Wetterbuchen gen Hang – zerzauste Sinnbilder des Freiburger Hausbergs, die über die Jahre schräg geworden sind.

Die Halde – zurück auf dem Kamm. Belebtes Scharnier zwischen Gipfel, Notschrei und Feldberg sowie Münstertal und Hofsgrund. Letzteres seht ihr schon unter euch – und damit alles, was ihr heute geleistet habt. Hut ab, das war echt eine kernige Strecke! Belohnen könnt ihr euch, indem ihr auf »direktem« Weg ins Tal hinabgeht. Idealerweise natürlich auf dem »Brettle«, zur Not auch auf dem Hosenboden, die Piste sollte für alle breit genug sein. Offizielle Alternativen gibt es zuhauf, eine läuft etwas unglücklich an der Straße entlang. So oder so: Das malerische Hofsgrund, das Herz des Winterwunderlands, wird euch mit offenen Armen empfangen, euch huldigen, denn jetzt seid auch ihr Könige des Schauinslands! Und im Gegensatz zu den Rennfahrern, die hier früher von Freiburg aus hochfegten, habt ihr den Gipfel zu Fuß erklommen.

Alles, was ihr wissen müsst

Rundtour: bis zum Gipfel sehr kräftige Steigungen // bitte Wintergefahren bedenken: Glatteis, Schneebruch, Schneesturm, plötzlicher Wetterumschwung und andere // **nicht kinderwagentauglich**

Markierung: gelbe Raute // gegebenenfalls zum Teil blaue Raute

Entfernung von Freiburg: 22 Kilometer //
ÖPNV: von Freiburg Hbf. mit der Regionalbahn nach Kirchzarten, dann Bus 7215, Haltestelle Hofsgrund Plätzle
Auto: Parken am Plätzle, 79254 Oberried

Einkehr: Bergstation, Schauinslandstraße 390, 79100 Freiburg, diebergstation.de // **Gasthaus Holzschlägermatte,** Schauinslandstraße 359, 79100 Freiburg, holzschlaegermatte.de // **Berggasthof Gießhübel,** Stohren 17, 79244 Münstertal/Schwarzwald, gasthof-giesshuebel.de

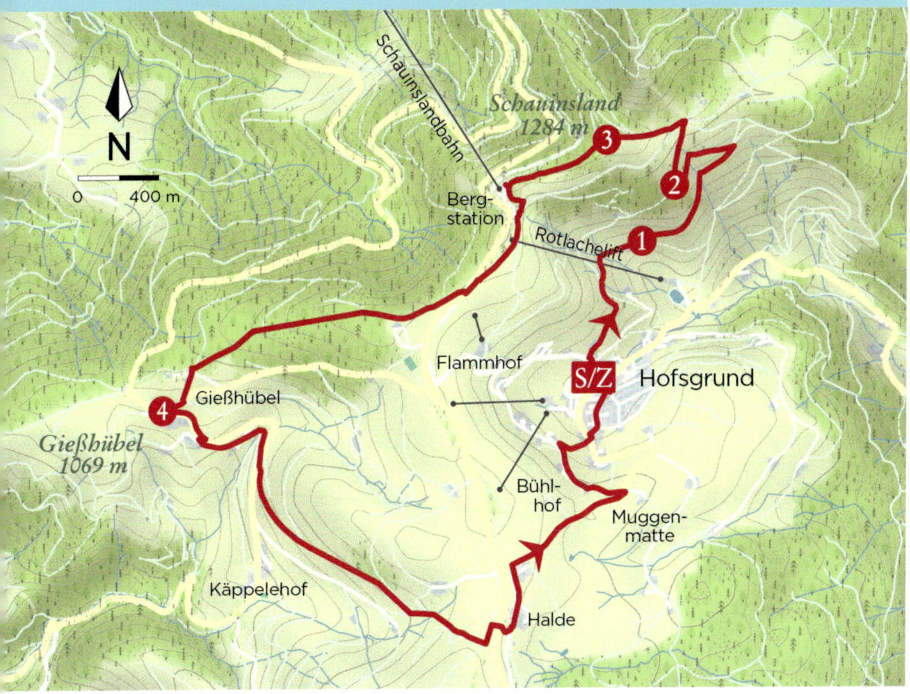

Vom Münstertal zum Haldenhof

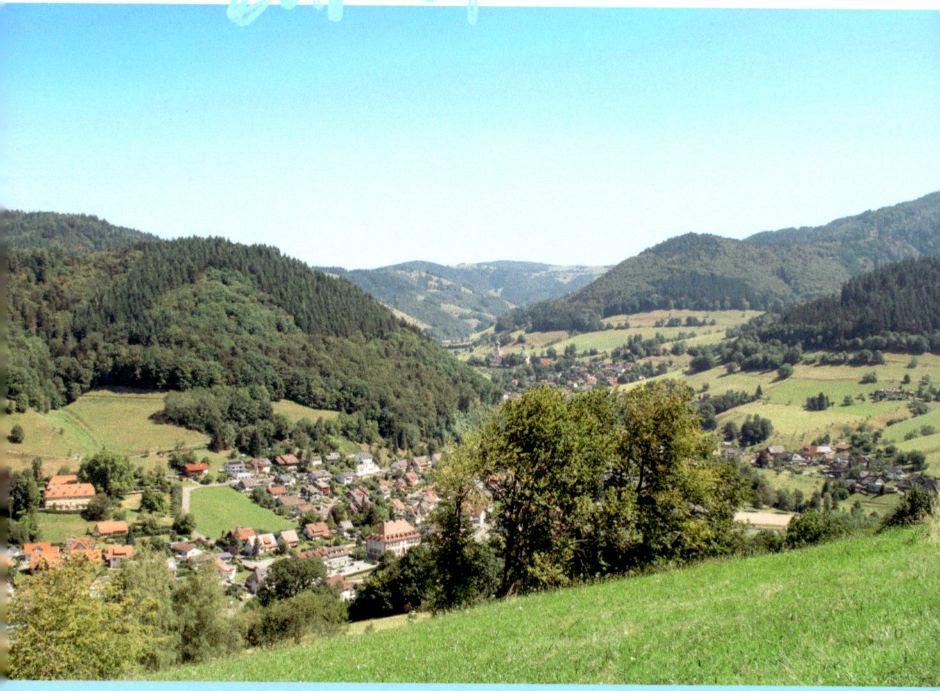

Schwierigkeit: mittel–schwer // 12,5 Kilometer // 660 Höhenmeter
Für Familien mit älteren Kindern geeignet

AUF ANMUTIGEN ALMWIESEN
DER HÖHENSONNE ENTGEGEN

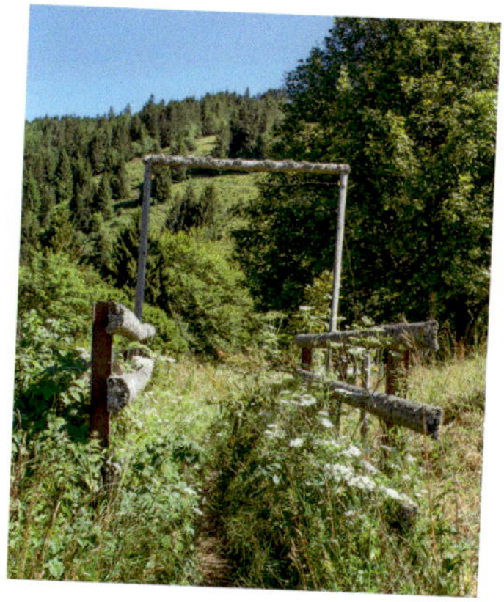

Wiesenkräuter auf weiten Almen

Heute wartet eine sehr abwechslungsreiche Tour. Sie startet im Erholungsort Münstertal mit seinem berühmten Kloster St. Trudpert. Schon früh bekommt ihr tolle Ausblicke mit Ruhebänken geboten. Nach der ersten Stunde wird es schattig, die Steigung moderater und die Wälder dicht. Bald laufen alle Wege der Gegend auf den Höhepunkt zu. Die Almgaststätte Kälbelescheuer, eine ehemalige Hochweide, liegt auf 1.000 Metern und erfreut mit Höhensonne und einem stärkenden Mahl. Von hier aus bleibt es eben bis zum Haldenhof. Die letzten zwei Kilometer führen vorbei an schroffem Gestein und Felsmonumenten.

Unweit des Bahnhofs Münstertal findet ihr zuerst eine blaue, wenige Meter darauf eine gelbe Raute mit der Aufschrift Kälbelescheuer und der Entfernungsangabe 9,5 Kilometer. Nach einigen Schritten geht es in den Köpfleweg und über eine Holzbrücke. Dann seid ihr schon im Wald, und der Anstieg beginnt.

Bei der Schönen Aussicht verstummt allmählich das Murmeln des Neumagen. Aus Kastanien und Haselnusssträuchern tritt man in die Sonne hinaus und erblickt oberhalb eines grünen Steilhangs das Köpfle-Kreuz. Wohlgenährte Ziegen meckern euch entgegen. Die weißen Dächer der Wohnmobile auf dem Campingplatz glitzern, dahinter liegt das Städtchen Staufen, das die schmale Pforte zur Rheinebene zu verschließen scheint.

Auf einem ersten Plateau befindet sich die gut sichtbare KÖPFLE-VIEHHÜTTE 1 (515 Meter). Dort gibt es Bänke und eine tolle Aussicht ins obere Münstertal und auf St. Trudpert. Um die Mittagszeit ist es dort sehr sonnig, aber man wird schon einen schattigen

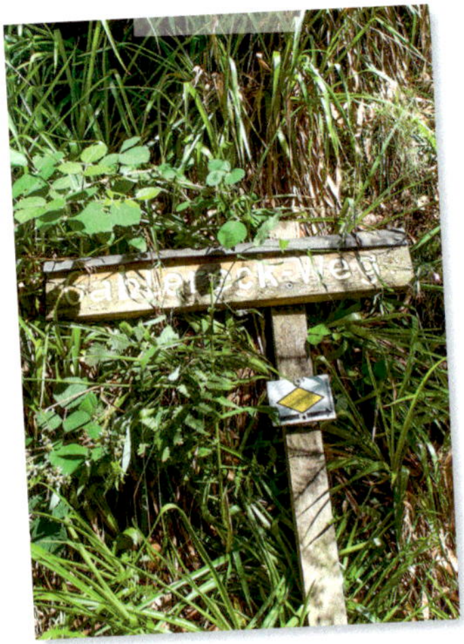

Flecken finden. Irgendwo dort unten hat Klara Bühl ihre ersten Schritte gemacht, die berühmteste Tochter des Tales und aktuelle Fußball-Nationalspielerin.

IM »MÜNSTERTAL – TAL DER HUNDERT TÄLER« LADEN ZAHLLOSE WEIT VERSTREUTE ORTSTEILE ZUM WANDERN EIN. LANGE WAR DAS LEBEN IM »DAL«, WIE ES DIE EINHEIMISCHEN NENNEN, BESTIMMT VOM BENEDIKTINERKLOSTER ST. TRUDPERT, VON DEM AUS DIE CHRISTIANISIERUNG DES SÜDLICHEN SCHWARZWALDS VORANGETRIEBEN WURDE. NOCH HEUTE IST DER PRACHTVOLLE BAU WEITHIN SICHTBARES WAHRZEICHEN DER GEMEINDE.

Brombeersträucher geleiten einen zum kurzen Atemholen in den kühlen Wald. Doch schon in der Kurve – der Wegweiser ist umgeworfen – müsst ihr links auf den schmalen Pfad abbiegen und im Zickzack durch ein Gatter zu den Allmendwiesen, auf denen Ziegen oder Rinder weiden. Die friedlichen Zeitgenossen sind an Wanderer gewöhnt, und wenn ihr nicht gerade mitten in sie hineinrennt, sollten sie von euch nicht einmal Notiz nehmen.
Am Köpfle habt ihr die Wahl: Geht ihr den 200-Meter-Umweg zum Gipfelkreuz (tolle Aussicht) oder den direkten Weg zum Läger? An der Schutzhütte oberhalb haben schon diverse Liebespärchen der Region Zeugnisse ihrer Zusammenkünfte eingeritzt. Ein Beweisfoto wird also für heitere Erinnerungen (oder schamhaftes Erröten) sorgen. So oder so: Das steilste Stück liegt nun bereits hinter euch. Ab jetzt geht es gemäßigter bergan, und der Weg befindet sich für die

nächste starke Stunde im Schatten. Links hat sich mitsamt seinen mächtigen Brüdern bereits der imposante Belchen ins Bild geschoben, der bis zum Ende der Tour auf euch herabblicken wird.
Läuft man anfangs auf Stein und feinem Geröll, so werden es später Tannennadeln, die für angenehm weichen Untergrund sorgen. Ihr passiert mal dichte, mal lichte Mischwälder, es duftet nach Harz und Fichtenaufguss aus der Vita Classica. Rechts auf dem Kamm markieren Grenzsteine den Übergang nach Sulzburg. Entsprechend viele Wege – aus Staufen, Sulzburg und dem hinteren Münstertal – treffen an den nächsten beiden Stationen zusammen. Für eine Rast empfiehlt sich eher als der Hintere Kreuzgrund das etwas weiter liegende GABLER ECK 2 (797 Meter) mitsamt seiner Schutzhütte und gemütlichem Vespertisch. Winkt einmal hinüber zum Blauen – vielleicht standet ihr ja bereits dort auf dem Aussichtsturm?

Selbst um die Mittagszeit dringt die Sonne kaum durch die Laubwälder unterhalb vom Gabler Eck

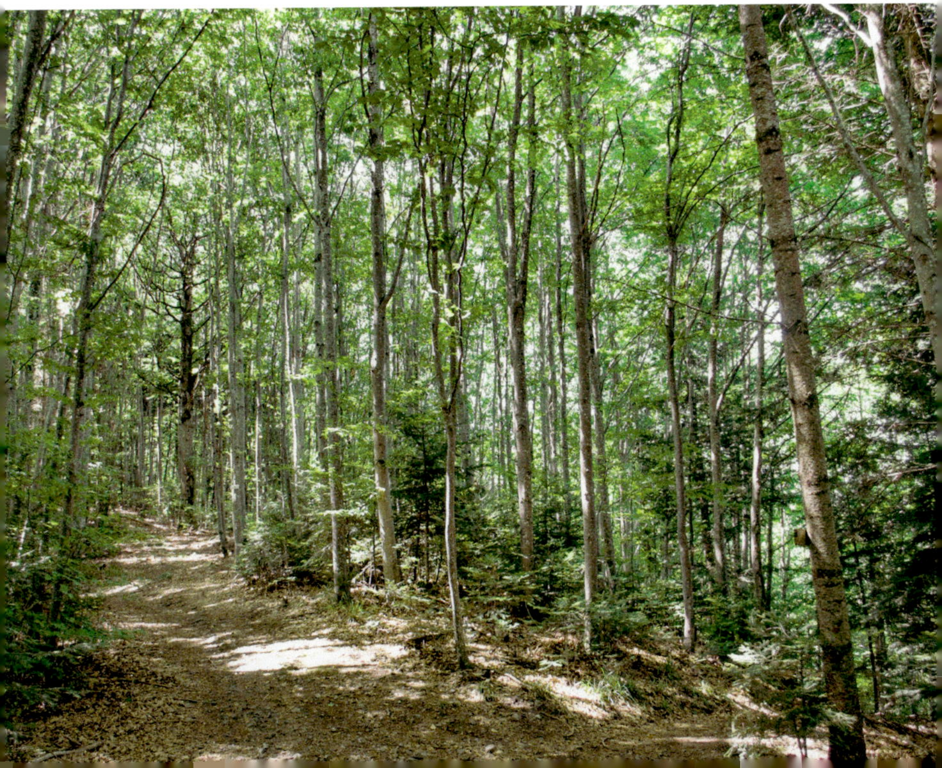

Das Schild Gablereck-Weg lehnt nach alter Tradition schräg im Hang, unsichtbar für Wanderer, die von oben kommen, und, eh sie sich versehen, mit fragenden Mienen ungewollt durch Bad Sulzburg tappen. Eine kleine Welle im Gelände führt auf einem breiten Forstweg zum Gutmännerspass, den man je nach Betonung auch als eine Gaudi des starken Geschlechts verstehen kann. Wer ins Münstertal zurückmuss, könnte schon hier über Otter nach Münsterhalden abbiegen, um den einzigen Bus des Tages (ebenfalls am späteren Nachmittag) zu erreichen. (Es gibt auch weiter oben noch Abzweige, der Bogen wird dann entsprechend größer.)

Aber die letzten drei Kilometer lohnen sich. Und wer die Orientierung verliert, kann bequem im französischen Netz surfen, das hierher wie andernorts herüberstrahlt. Bis zum Gipfel kommt man durch dunkle und dunkelste Wälder: eng stehende, rostbraune Armeen von Tannen-

Phantastischer Ausblick ins Oberrheintal und bis zu den Vogesen

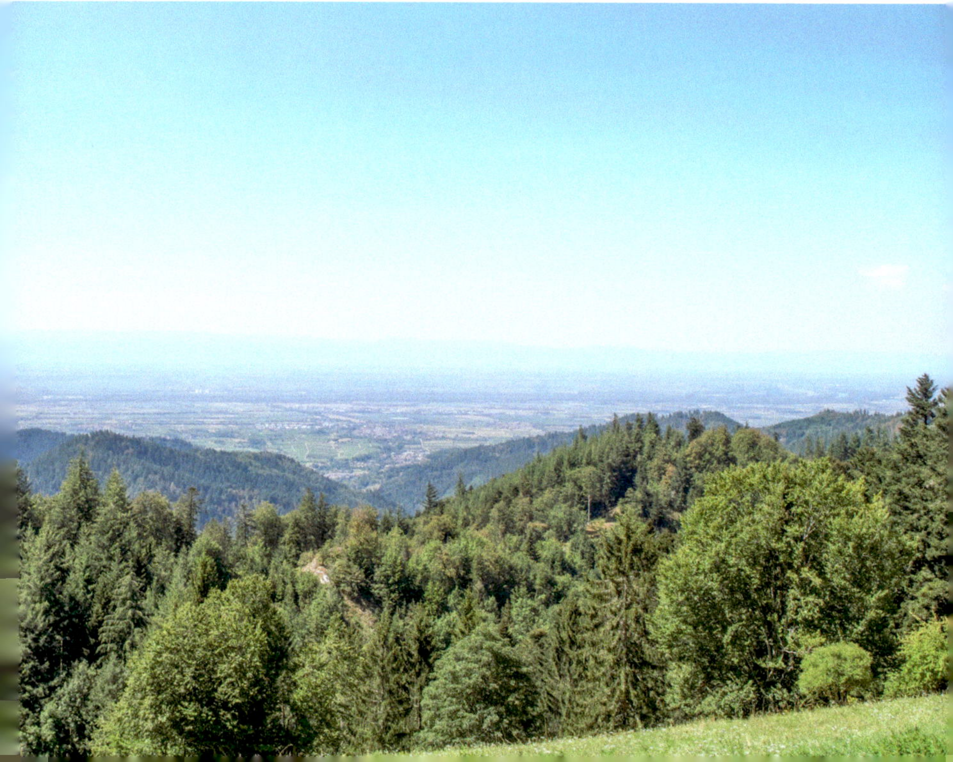

stämmen, die sich aneinanderlehnen und einen überwölben wie ein düsterer Eisenbahntunnel, der alles Licht verschluckt. Unter den Stiefeln knackt derweil das trockene Geäst.

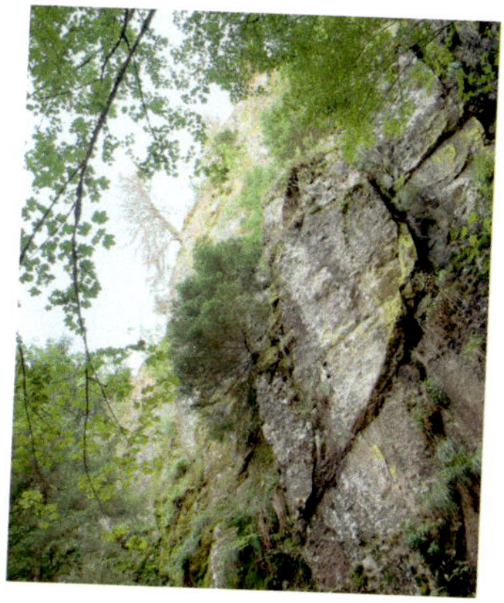

FELSWAND ÜBER DEM SIRNITZ

Vor dem Sirnitzgrund (wiederum Abzweig gen Münsterhalden) kreuzt man kurz die Teerstraße. Es erscheinen merkwürdige Bänke mit Aussicht in dichtes Dornengestrüpp. Noch 600 Meter und ihr streckt die Nasen in die Höhensonne, in den frischen Duft von Blumenwiesen und Farnkraut. Und erblickt rechts über euch die KÄLBELESCHEUER 3 (976 Meter). Der Sattel unterhalb des Sirnitzkopfes ist der äußerste Zipfel der weitläufigen Gemeinde Münstertal.

VIELE JAHRHUNDERTE WAR DAS LAND HIER KLOSTERBESITZ. DOCH ABT COLUMBAN, DER LETZTE PRIOR VON ST. TRUDPERT, HATTE 1793 DER GEMEINDE GROSSE GEBIETE ÜBEREIGNET – »IN WEISER VORAHNUNG AUF GRUNDLEGENDE VERÄNDERUNGEN IN DER EUROPÄISCHEN GESELLSCHAFTSORDNUNG«. SO ENTGINGEN DIESE DER SÄKULARISATION UND WURDEN ZUM WEIDELAND FÜR DIE »KALBELEN«.

Seit den 1930er Jahren hat die Kälbelescheuer eine Schankerlaubnis. Die Gaststätte ist schlicht und nett eingerichtet. Und man kann sich leicht vorstellen, dass sie erst 1966 an das Stromnetz angeschlossen wurde. Draußen hat man einen überragenden Blick in die Weiten der Oberrheinebene. Ausflügler von nah und fern drängen sich hier auf der Sonnenterrasse – zu einem erfrischenden Schluck oder der

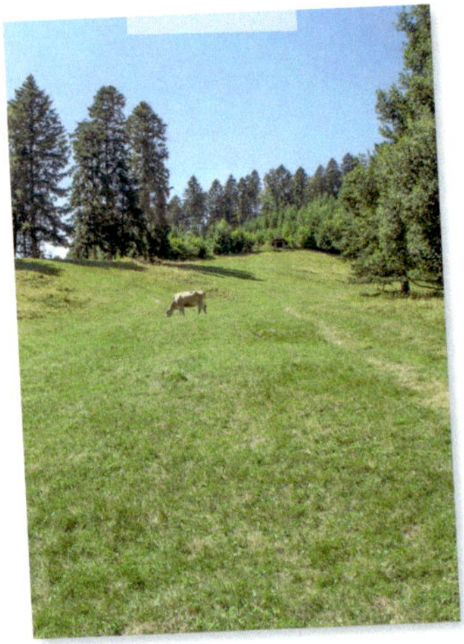

Küche wegen, die an guten Tagen wirklich etwas zu bieten hat. Hoch im Kurs stehen krosse Schnitzel, wahlweise mit Kartoffelsalat; die vegetarischen Maultaschen sind eine echte Alternative. Der »Russe« (Weizenradler) ist seltsamerweise nur in der alkoholfreien Version erhältlich, wohltemperiert erfrischt er aber trotzdem. Ein Prosit auf Abt Columban, dem wir dieses Beisammensein hier zu verdanken haben.
Nach der Einkehr geht es zurück auf die Pirsch. Bis zum Finale, dem HALDENHOF 4, folgt ihr jetzt der blauen Raute: ein zweieinhalb Kilometer langer ebener Querweg, der nach den ersten Kurven mit Wurzeln und Geröll durchsetzt ist. Immer wieder ragt von rechts schroffes, moosbewaldetes Gestein in den Tritt hinein und schafft eine mystische Atmosphäre. Nach etwa zwei Dritteln lichtet sich der Wald an einem Felsvorsprung, der noch einmal einen Blick auf den zum Greifen nahen Belchen freigibt. Wenn ihr mögt, setzt euch und lasst die letzten Stunden Revue passieren. Der schönste Ausblick, die netteste Begegnung, das größte Tier des Tages?
In der letzten Kurve wartet noch ein Highlight: eine steil aufragende Felswand, die sich über den Sirnitz erhebt. Ein monumentaler Wächter über den hereinbrechenden Abend, der euch an den Haldenhof geleitet.
Hier, am Knotenpunkt von Münstertal, Sulzburg und Kleinem Wiesental, knüpfen bekannte Wanderwege an. Allen voran der Westweg, der hier in einer Variante Belchen und Blauen verbindet. Wenn noch Zeit ist, könnt ihr auch einkehren (geht später auch noch beim Umstieg in Badenweiler), einen Sprung in den Nonnenmattweiher wagen oder auf die nächste Tour warten, bei der dieser sowieso eine Station ist (siehe Tour 13). Gute Heimfahrt!

Alles, was ihr wissen müsst

keine Rundtour: kann nach einer Übernachtung an Tour 13 angehängt werden // Anfangs ist man viel in der Sonne, auf den ersten zehn Kilometern gibt es keine Einkehrmöglichkeiten oder Brunnen // **nicht kinderwagentauglich**

Markierung: gelbe Raute bis Kälbelescheuer // dann blaue Raute bis Haldenhof

Entfernung von Freiburg: 25 Kilometer
ÖPNV: ab Freiburg Hbf. mit der Regionalbahn nach Münstertal/Schwarzwald, Rückfahrt: Bus 111 Richtung Badenweiler und Müllheim/Baden, dann DB nach Freiburg
Auto: nicht empfehlenswert

Einkehr: Almgaststätte Kälbelescheuer, Kälbelescheuer 1, 79244 Münstertal, kaelbelescheuer.de // **Berggasthof Haldenhof,** Haldenhof 1, 79692 Kleines Wiesental, haldenhof-schwarzwald.de

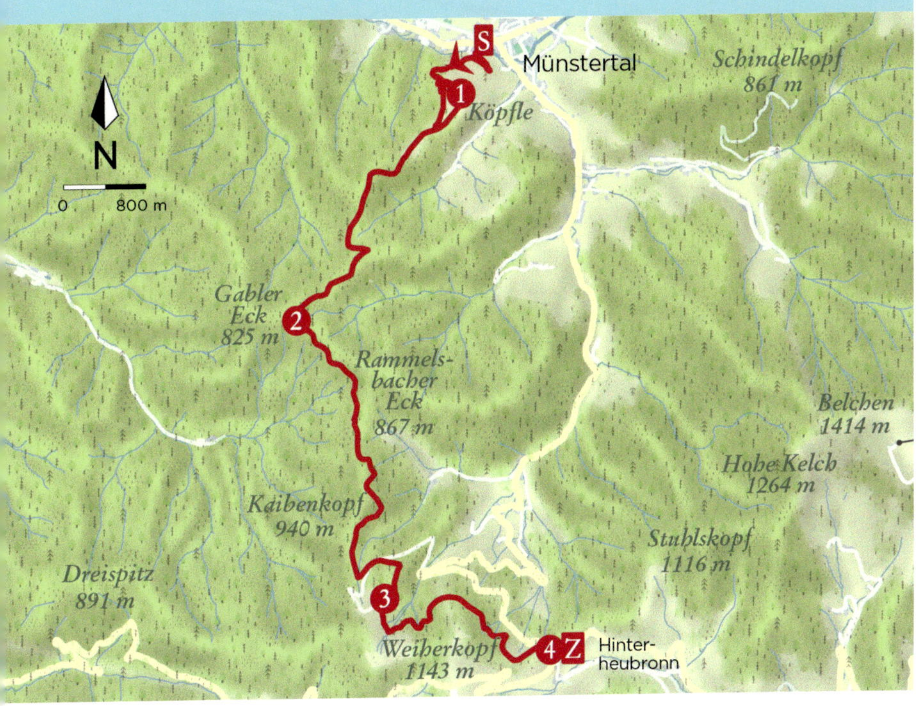

Rund um den Belchen

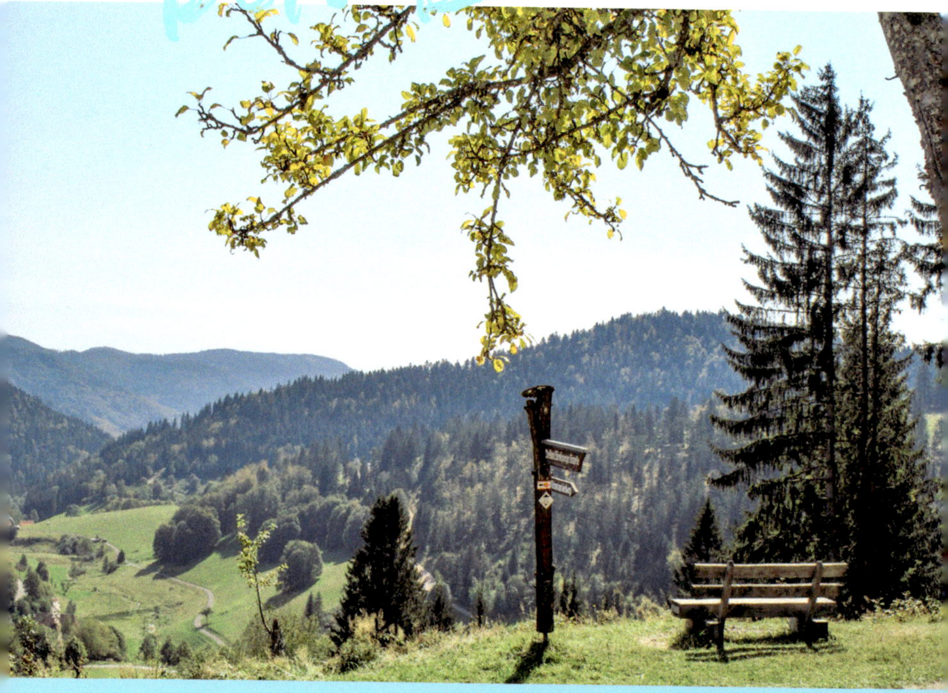

Schwierigkeit: schwer // 16,9 Kilometer // 830 Höhenmeter

Für Familien mit älteren Kindern geeignet

DER KOLOSS DER KELTEN –
DAS WEITHIN SICHTBARE WAHRZEICHEN
DES SÜDLICHEN SCHWARZWALDS

Der Belchen ist das weithin sichtbare Wahrzeichen des südlichen Schwarzwalds. Zusammen mit seinen legendären Aufstiegen, Krinne und Hoher Kelch, thront der Koloss auf 1.414 Metern. Die Tour nimmt alles mit, was man südlich des Gipfels gesehen haben muss. Sie führt über schroffen Fels und sanfte Hochwiesen, öffnet den Blick in die Schweizer Alpen und endet an einem idyllischen Bergweiher in einem Hochmoor. Die Abkühlung nach warmen Stunden ist nur eines von vielen Highlights. Belohnungsfaktor 100!
Der Haldenhof liegt an der Kreuzung dreier Täler und eignet sich bestens als Startpunkt für Fernwanderungen. Schön in diesem Fall: Den Höhepunkt des Tages, den Belchengipfel, sieht man schon von Anfang an. Und die sechs Kilometer bis dorthin klingen doch wirklich nicht so abschreckend, wie es der Aufstieg vielleicht am Ende doch sein wird. Auf jeden Fall geht es gemächlich los, auf einem Panoramaweg, so reich an Bänken wie der Schwarzwald an Tannen. Fernsicht in Reinkultur. Ein lauschiges Plätzchen gibt es schon früh. Die DEKAN-STROHMEYER-KAPELLE (1) dürft ihr euch ruhig genauer an- und hinter ihr ins malerische Münstertal hinunterschauen.

SO IDYLLISCH DER ORT, SO TRAURIG DIE GESCHICHTE. DIE KAPELLE WURDE GENAU DORT ERRICHTET, WO WILLIBALD STROHMEYER IN DEN LETZTEN KRIEGSTAGEN DES JAHRES 1945 VON DER SS ERMORDET WURDE. DEN DEKAN, VON 1910 AN PFARRER VON ST. TRUDPERT, KENNT IM MÜNSTERTAL JEDES KIND. STROHMEYER SAMMELTE UND SCHRIEB AUSGIEBIG ZUR REGIONALGESCHICHTE UND WIRD INZWISCHEN SOGAR ALS MÄRTYRER DER KATHOLISCHEN KIRCHE VEREHRT.

Mit der nächsten Kurve lasst ihr das Heubronner Eck hinter euch. Der Schotter knirscht unter den Schuhen, und groß ist die Vorfreude auf das, was noch kommt. Mit Erleichterung werdet ihr den Schatten spüren, den die ersten größeren Waldstücke auf eure Häupter

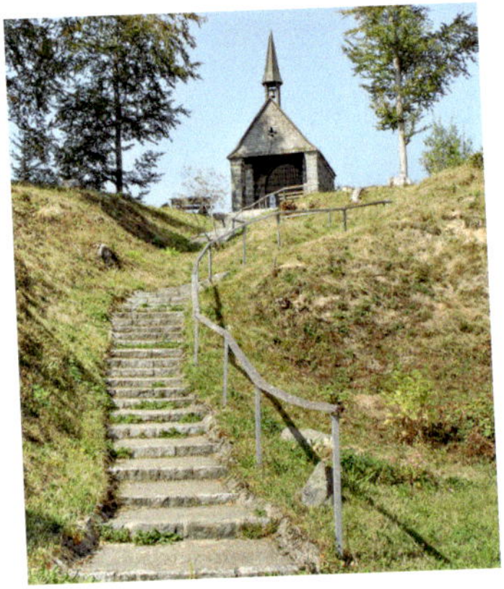

Dekan-Strohmeyer-Kapelle

werfen. Auch von der Richtstatt kann man noch mal weit ins Rheintal blicken. Weniger ermutigend hingegen ist, was sich rechts oben zusammenbraut. Der HOHE KELCH 2 heißt also bestimmt nicht so, weil er niedrig ist!

Die alte Grenzmauer ist ein Augenschmaus für Wappenkundler. Hier oben verlief vor mehr als 200 Jahren die historische Landesgrenze zwischen dem katholischen Breisgau, das einst zu Vorderösterreich gehörte, und der protestantischen Markgrafschaft Baden-Durlach. Heute ist es die gemeinsame Grenze der Landkreise Breisgau-Hochschwarzwald und Lörrach.

Übertreten habt ihr euch beim Übertritt hoffentlich nicht. Und falls doch, werdet ihr vielleicht darin Trost finden, dass hier oben im Naturschutzgebiet die Wege jetzt weicher werden. Trockene Wiesenreste schmiegen sich an Felshänge. Da und dort ragt eine vom Wind zerzauste Baumgestalt vom Hang. Schon von Weitem hört man die Ziegen und Schafe meckern. Wie es ihnen gelingt, auf diesem steilen Gelände Fuß zu fassen, wird für immer ihr Geheimnis bleiben. Sie laben sich an den würzigen Bergkräutern.

Der Hohe Kelch ist mit 1.265 Metern ein Meilenstein der heutigen Tour. Von der Oberrheinebene aus ist er als markanter Vorsprung rechts des Gipfels weithin zu sehen. Und nun steht ihr selbst oben, auf dem Felsenkranz, der mit hellgrünem weichem Gras überzogen ist, in dem farbige Grenzsteine versteckt sind. Der eine Ruhebank zu bieten hat und einen Blick ins Kleine Wiesental. Ein Prosit auf den Hohen Kelch! Und wenn ihr eh schon den Rucksack öffnet: Legt ruhig etwas Sonnenmilch nach! Der Gipfel ist gar kahl.

Stufe um Stufe geht es weiter, den felsigen Pfad empor. Der Blickwinkel auf die Täler verschiebt sich. Von Weitem grüßt bereits die Rheinschleife, dahinter die Vogesen. Ihr seht das Frauenhemd und könnt Freiburg erahnen. Und auf einmal blickt man von oben auf die Hohe-Kelch-Wiese herab. Dahinter wölbt sich der Blauen auf. Unerschrocken lassen sich die Gleitschirmflieger ins Tal fallen. Dort, wo es keinen Baum mehr gibt, wo mehr Leute unterwegs sind, wo die süße Höhenluft um eure Nasen weht und ihr es kaum noch erwarten könnt, biegt ihr in den Gipfelrundweg ein und steht kurz darauf auf dem Belchen. Die Belohnung für all euer Mühen: ein Panorama par excellence am Höhepunkt von »Deutschlands schönstem Wanderweg 2020« (Wandermagazin). Ein in alle Richtungen freier Rundblick, der an guten Tagen von Straßburg bis zum Montblanc reicht, zu den Schweizer Alpen, der Zugspitze und – zum

Postkartenidyll oberhalb von Neuenweg:
Schafe weiden im Abendlicht

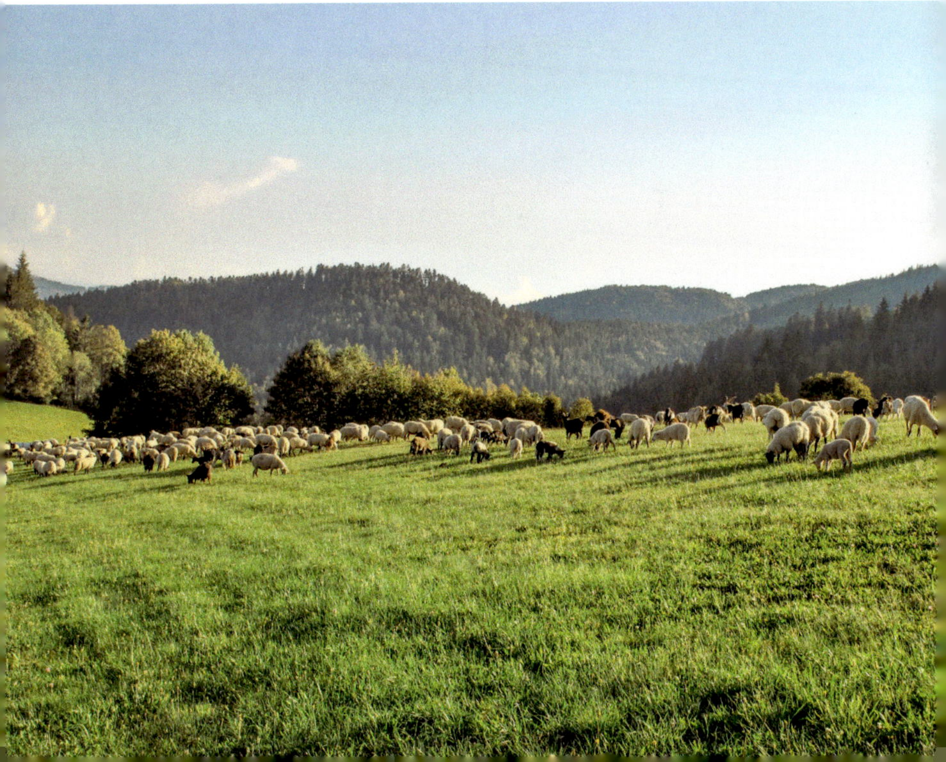

Greifen nah! – dem Feldberg. Einfach mal sattsehen! Oder hinlegen: Wo findet man schon auf 1.400 Metern eine riesige Liegewiese? »Ist es wahr, da{ss} die erste Station von der Erde zum Himmel auf dem Belchen ist {…}?« , fragte schon Heimatdichter Johann Peter Hebel voller Ergriffenheit.

Belchen meint entweder »Ein Berg mit Kuppe« (alemannische Mundart) oder »Berg des keltischen Gottes Belenus«, der hier in längst vergangenen Zeiten angebetet wurde. Es gibt noch vier weitere Belchen im Elsass und der Schweiz, die zusammen das sogenannte Belchen-System ergeben. Mit dem Sonnenstand in diesem lassen sich alle vier astronomischen Jahreszeiten bestimmen, was traditionell von Interessierten links und rechts des Rheins praktiziert wird.

Es geht weiter mit den Superlativen: Das BELCHENHAUS 3 (1.360 Meter) ist das höchstgelegene Gasthaus im Schwarzwald.

Seit der Eiszeit: Der Nonnenmattweiher lädt zum erfrischenden Bad

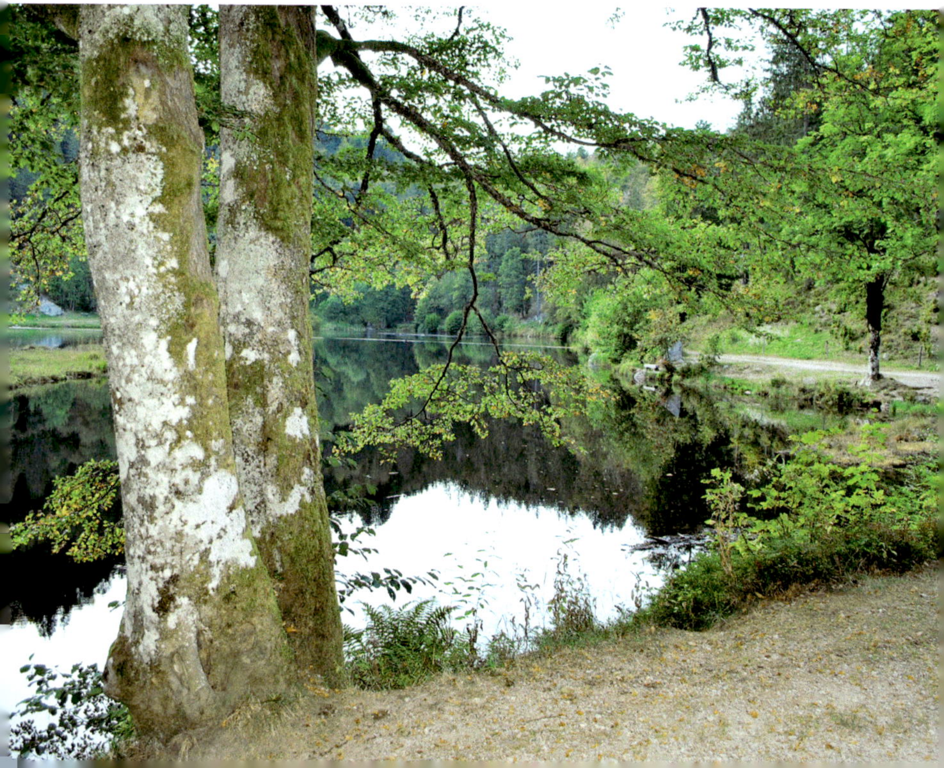

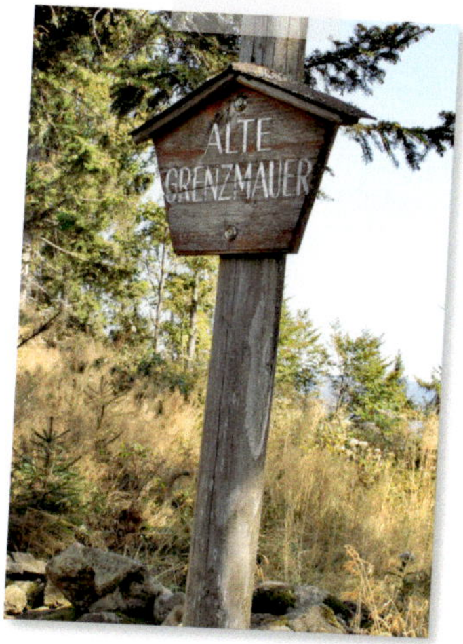

Schlicht und frugal, mit einem Herrgottswinkel, bietet es feine Kost und alles, was Wanderer begehren. Ein Weizenradler auf der Südterrasse und in die fernen Alpen schauen – kann es nicht immer so sein? Ein besonderes Plus: Hier oben ist es totenstill. Seit 2001 ist der Belchen nämlich autofrei – als einer der wenigen Berge im Schwarzwald. Stattdessen wurde die Belchenbahn gebaut, die Besucher von Multen in etwa fünf Minuten bis hinauf zur Bergstation (und retour) bringt. Aktuelle Pläne zur Erweiterung des hiesigen Skigebiets werden von vielen Naturfreunden skeptisch gesehen, und das nicht nur wegen der hohen Kosten bei immer schneeärmeren Wintern. Doch über die Politik könnt ihr ein anderes Mal sinnieren – jetzt beginnt erst einmal der Abstieg in Richtung Neuenweg. In schmalen, felsigen Serpentinen geht es durch knisterndes Laub. Schroff ragt der Hohfelsen in die endlosen Weiten des Wiesentals hinaus. Der mächtige Koloss bleibt in eurem Rücken.

Dann die Belchenhöfe. Kaum zu glauben, dass hier oben jemand wohnt. Pferde stehen in weitläufigem Grün und wiehern zum himmelhohen Gipfel hinauf – das pure Idyll in orangenem Nachmittagslicht. Damit ihr vor lauter Träumen auf dem Weg bleibt, noch ein Tipp: Wenn ihr euch den Abstieg nach Neuenweg sparen wollt, haltet euch an den Panoramaweg Richtung Schloßboden. So geht es auf breiter Spur der schon tiefer stehenden Sonne entgegen. Die alte Glocke der Kirche zu Neuenweg läutet den Weg.

Schloßboden – welch ein Name für einen Grillplatz! Und wenn man genau hinschaut, ist er irgendwie verdient. Eigentlich darf man hier nicht so einfach weiterziehen. Einziges Argument: Es wartet noch mindestens ein Highlight! Noch drei Viertelstunden, und ihr planscht im NONNENMATTWEIHER (4).

DAS GEBIET DES NONNENMATTWEIHERS STEHT SEIT 1987 UNTER NATURSCHUTZ UND IST HEIMAT VIELER SELTENER TIER- UND PFLANZENARTEN. DER WEIHER SELBST IST EIN ÜBERBLEIBSEL DER LETZTEN EISZEIT. EIN SELTENES PHÄNOMEN IST DIE IN DER MITTE DES SEES SCHWIMMENDE TORFINSEL, DIE ENTSTAND, ALS SICH EIN TEIL DES KARBODENS LÖSTE. NUR IN EINEM, VON EUCH AUS GESEHEN DEM HINTEREN, TEIL DES WEIHERS DARF GEBADET WERDEN.

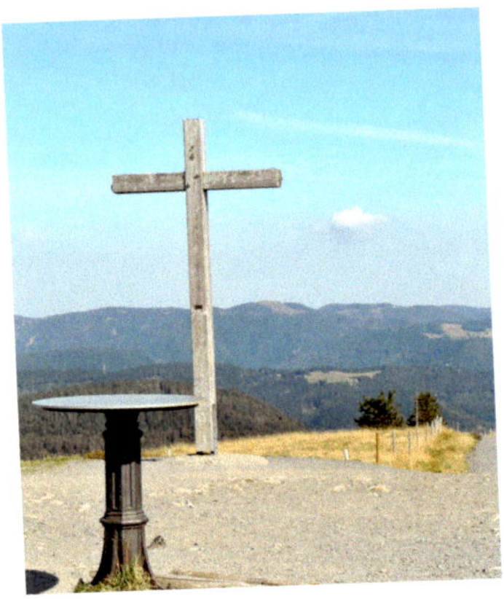

Gipfelkreuz auf dem Belchen

Sein Wasser ist auch im Hochsommer erfrischend kühl. Aber nicht nur das macht den Nonnenmattweiher zu einem besonderen Ort. Hinter den umgebenden Hängen geht die Sonne bereits früh unter, sodass hier eine ganz eigene mystische Atmosphäre entsteht. Ein plätscherndes Rinnsal, ein sanftes Blubbern im Moor, sonst herrscht Stille hier oben zwischen den Tannen. Wer einmal an einem nebligen Novembertag hier war, hat sich vielleicht schon gefürchtet, wenn dichte Schwaden aus dem schwarzen Wasser aufstiegen. Doch das kommt dann ein anderes Mal. Heuer spendet der Weiher Erfrischung für die müden Glieder.

Beim Weggehen ein Blick zurück: Auf die glatte Wasserfläche fällt ein Blatt und zieht weite Kreise.

Noch ein Anstieg und ein letzter Blick auf den Belchen! Er sieht von allen Seiten erhaben aus. Friedlich grasen die Kühe in Heubronn. Die Sonne steht tief über dem Sirnitz. Es war ein guter Tag!

Alles, was ihr wissen müsst

Rundtour: kann mit Tour 12 als Übernachtungstour verbunden werden // Teile der Strecke sind sonnenlastig, der Gipfel ist baumfrei // Abstieg steil und felsig // **nicht kinderwagentauglich**

Markierung: Westweg (rote Raute) zum Belchen // dann blaue Raute bis Neuenweg, Nonnenmattweiher und zurück

Entfernung von Freiburg: 39 Kilometer
ÖPNV: ab Freiburg Hbf. mit der Regionalbahn nach Müllheim (Baden), dann Bus 111, Haltestelle (Neuenweg) Haldenhof
Auto: Parkplatz am Haldenhof

Einkehr: Berggasthof Haldenhof, Haldenhof 1, 79692 Kleines Wiesental haldenhof-schwarzwald.de // **Belchenhaus,** Belchen 1, 79677 Schönberg, belchen-seilbahn.de // **Fischerhütte Nonnenmattweiher,** Vorderheubronn 3, 79692 Kleines Wiesental, fischerhuette-nonnenmattweiher.de

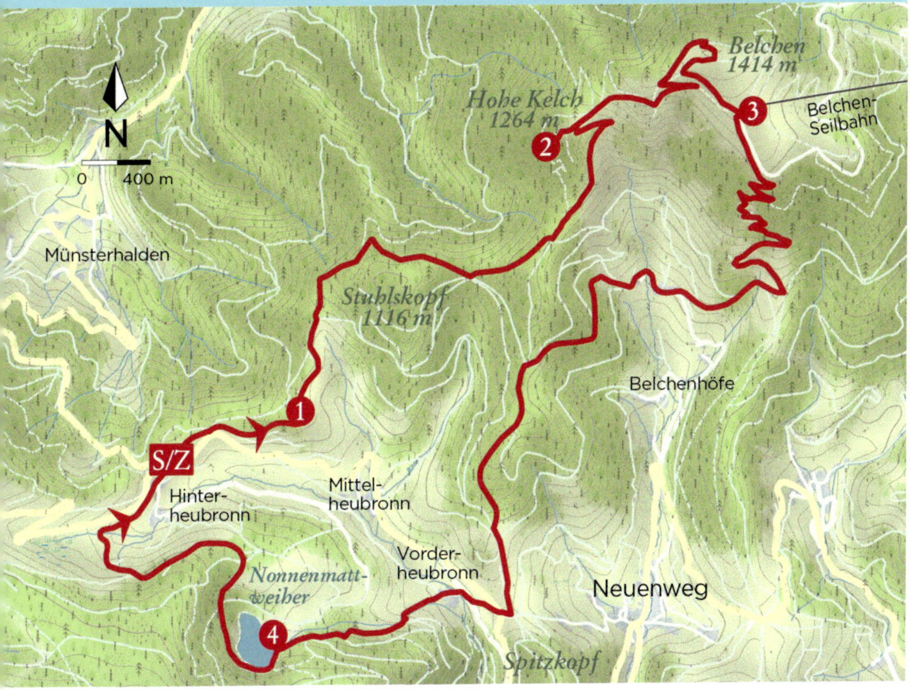

Feldberg. Die große Hüttengaudi-Tour

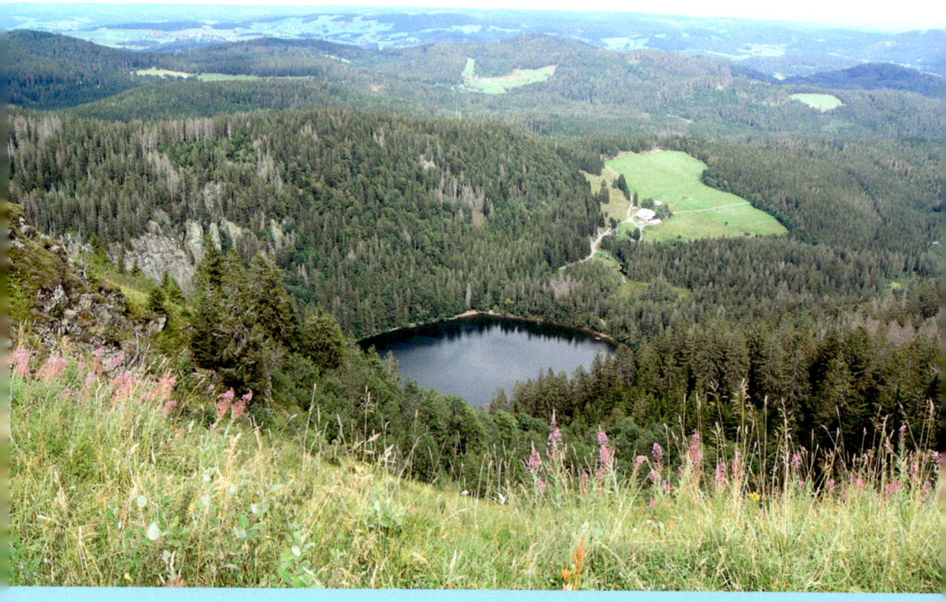

Schwierigkeit: mittel // 13,5 Kilometer // 500 Höhenmeter
Für Familien mit älteren Kindern geeignet

GROSSARTIGER RUNDUMBLICK
VOM HÖCHSTEN GIPFEL DES SCHWARZWALDS
FERNAB DES MASSENTOURISMUS

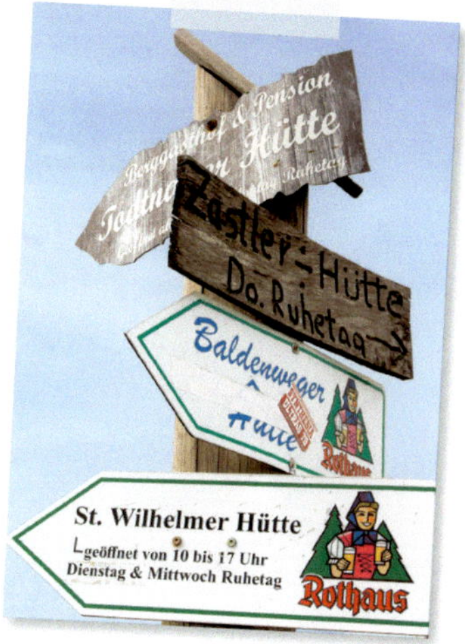

Auf verschlungenen Wegen passiert man auf dieser Wanderung nicht nur den Feldsee – ein Relikt aus der Eiszeit –, sondern auch zahlreiche Hütten, die zum Beisammensein und zum Plausch mit anderen Wanderfreunden einladen. Dazwischen eröffnen sich immer wieder 360-Grad-Ausblicke vom Schwarzwald bis zu den Alpen.

Der Feldberg darf natürlich in keinem Schwarzwald-Wanderführer fehlen, denn er stellt den Superlativ aller Superlative dar! Mit seinen 1.493 Metern ist er nicht nur der höchste Gipfel des Schwarzwalds, sondern zugleich auch von Baden-Württemberg. Und als wäre dies nicht genug: ja, sogar der höchste Berg aller deutschen Mittelgebirge! Kein Wunder also, dass sich Touristen von nah und fern zu ihm begeben, um in den Genuss seines Glamours und seiner Prominenz zu kommen. Leider spiegelt sich dieses Bild auch sogleich bei der Ankunft an der Talstation Seebuck wider. Große Hotelanlagen stehen dort neben noch größeren Parkhäusern, und lange Menschenschlangen warten nur darauf, mit dem Sessellift bequem auf den Berg chauffiert zu werden. Für viele Naturliebhaber ein wahrer Albtraum – doch dies ist nur ein Gesicht des Feldbergs, das andere soll diese Wanderung zum Vorschein bringen.

Die Tour beginnt am Haus der Natur. Von hier folgt man der roten Raute, der sogenannten Westweg-Variante, zum FELDSEE 1. Nachdem ihr den Sessellift passiert und den allgemeinen Trubel an der Talstation hinter euch gelassen habt, erreicht ihr auch schon den Wald, und mit ihm kehrt sogleich eine wunderbare Ruhe ein. Der zunächst breite Weg wird schnell zu einem teils steilen und felsigen Pfad und führt immer weiter hinab ins Tal. Trittsicherheit und gutes Schuhwerk sind hier von Vorteil. Der Feldsee taucht schließlich in der Tiefe auf – und ach, was ist der schön! Geheimnisvoll und dunkel liegt er da … Und doch wirkt er eingebettet zwischen den bis zu

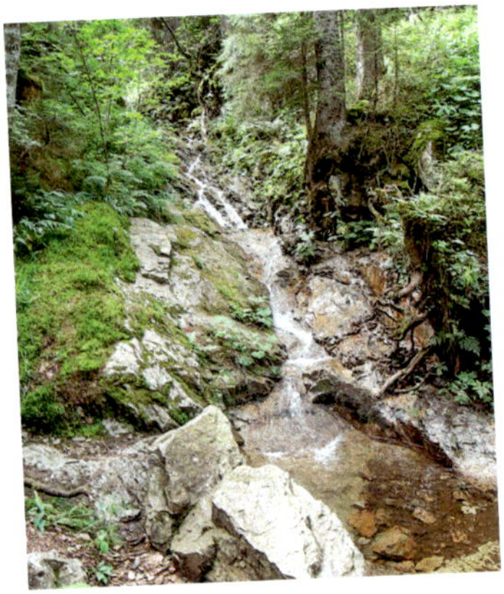

Entlang des Sägenbachs

300 Meter hohen Steilwänden irgendwie spektakulär. Eine kleine Runde um den See lohnt sich, denn sie eröffnet verschiedene Perspektiven auf die Nordost-Flanke des Feldbergs und die gesamte Seeszenerie. Gut zu wissen: Der Feldsee ist ein Relikt aus der letzten Eiszeit und ein für den Schwarzwald typischer Karsee. Mit seinen knapp 100.000 Quadratmetern und 32 Meter Tiefe reiht er sich ein in die Superlative rund um den Feldberg, nämlich als größter Karsee des Schwarzwalds. Sein klares, kühles und nährstoffarmes Wasser bietet seltenen Pflanzen einen wichtigen Lebensraum. Zum Schutz dieser Unterwasservegetation ist das Baden im See strengstens verboten.

Vom Feldsee geht es auf einem gut ausgebauten Wanderweg weiter zum Raimartihof, dem ersten Gasthaus dieser Wanderung. Ob man mit einer heißen Schoki in der urigen Stube sitzt oder sich mit einem kühlen Radler auf der sonnigen Terrasse erfrischt, ist ganz egal, denn schmecken tut's hier sowieso! Für Kinder gibt es außerdem einen schönen Spielplatz zum Herumtoben.

Die Tour geht vom Raimartihof weiter über die Raimartihöhe in den Seewald. Ab hier verlässt man die Westweg-Variante und folgt nun der gelben Raute durch den Bannwald in Richtung Rinken. Der Weg ist breit und gut begehbar, doch noch vor dem Rinken zweigt ein schmaler Pfad links ab und führt den Feldbergsteig hinauf zur BALDENWEGERHÜTTE 2. Mit Wurzeln überwucherte Wege und vor sich hinplätschernde Bächlein im Wald zeigen, dass es auch am Feldberg noch diese kleinen und verwunschenen Ecken gibt, die den Zauber des Wanderns ausmachen.

Schließlich lichtet sich der Wald, und über einen schmalen Wiesenweg gelangt ihr zur Baldenwegerhütte. Dieses Gasthaus, das einst für seinen »heißen Stein« bekannt war, ist aktuell leider geschlossen. Ein neuer Pächter wird jedoch gesucht, und mit etwas Glück kann man dort bald wieder einkehren. Wenig später passiert ihr das Naturfreundehaus und steuert als Nächstes die Zastler Hütte an. Zwischen den Bäumen bieten sich dabei immer wieder sagenhafte Ausblicke auf Hinterwaldkopf, Roteck und Kandel. Der Weg führt schließlich hinab zur ZASTLER HÜTTE 3 und damit zur Endmoräne des früheren Feldberg-Gletschers. Dort, wo sich heute eine große Moorlichtung befindet, haben sich einst die Eismassen ins Tal geschoben. Richtet man seinen Blick ein bisschen weiter nach oben, sieht man außerdem die steilen Hänge zwischen Feldberggipfel und Seebuck. Hier donnern im Winter regelmäßig große Lawinen ins Tal, die schon

Der Raimartihof heißt mit symbadischer Gastfreundschaft Groß und Klein willkommen

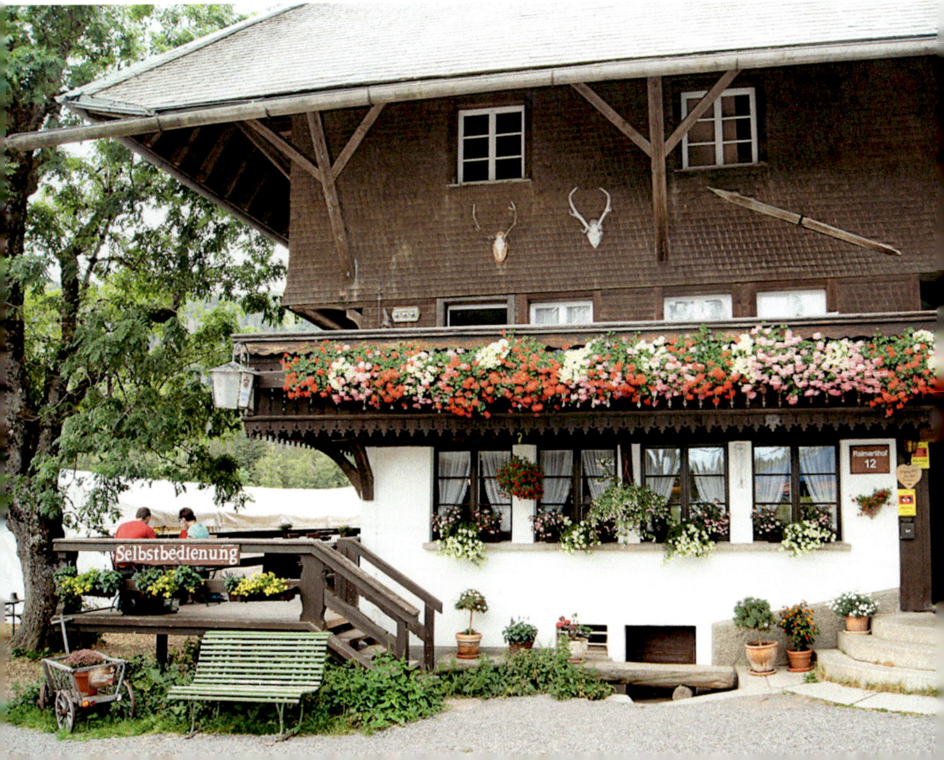

einigen Schneeschuhwanderern und Skifahrern zum Verhängnis wurden. Ein paar Meter weiter steht ihr nun vor der Zastler Hütte, und hier ist einiges los! Wanderer, Mountainbiker und sogar Reisende mit Eseln sind hier anzutreffen, und zwischen einem Hellen und ein paar Bratwürsten sind schnell neue Bande mit den Banknachbarn geknüpft. Doch dieses lebhafte Treiben ist noch nichts verglichen mit dem Laurentius-Fest, das alljährlich auf den Feldberg-Hütten stattfindet.

DAS LAURENTIUS-FEST IST ZWEIFELLOS EINES DER BEDEUTENDSTEN VOLKSFESTE DER GESAMTEN REGION. ES WIRD ALLJÄHRLICH AM 10. AUGUST ZU EHREN DES HEILIGEN LAURENTIUS GEFEIERT, WELCHER AN EBENDIESEM TAG IM JAHRE 258 DEN MÄRTYRERTOD STARB. DER SAGE NACH HABE DER HEILIGGESPROCHENE

Auch wenn er nicht so aussieht: Dieser Steg hat schon tausende Wanderer sicher über den Graben gebracht

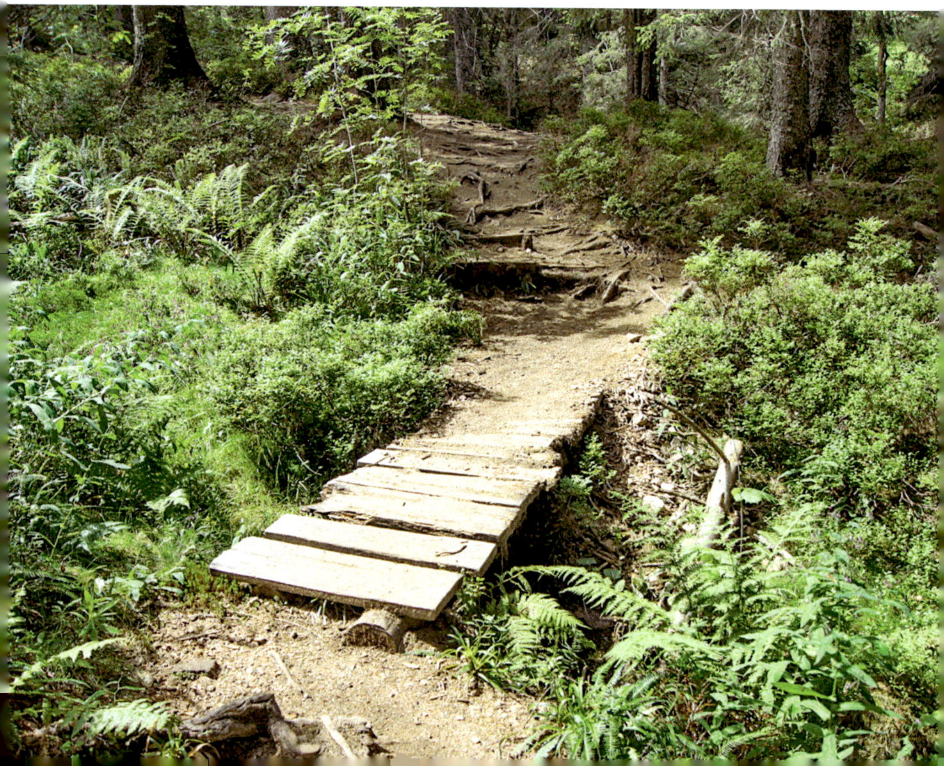

DEN KIRCHENSCHATZ NICHT WIE BEFOHLEN DEM KAISER VALERIAN, SONDERN SEINER KIRCHENGEMEINDE AUSGEHÄNDIGT. WIR SPRECHEN HIER FOLGLICH VON EINEM ANTIKEN ROBIN HOOD!

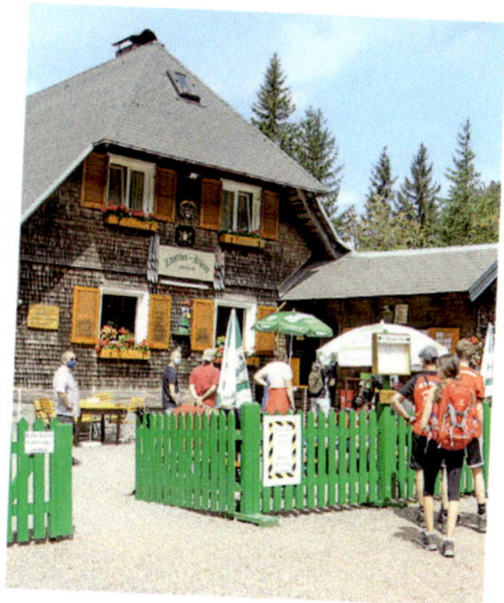

Tipp zur Einkehr: die Zastler Hütte

Von der Zastler Hütte geht es wieder in steile Höhen in Richtung ST. WILHELMER HÜTTE 4. Hier gelangt man zu den hochalpinen Weiden des Feldbergmassivs, und eine frische Brise weht einem ins Gesicht. Bei klarer Sicht kann man in der Ferne sogar die Alpen sehen – ein einfach atemberaubendes Panorama! Die St. Wilhelmer Hütte ist die letzte Einkehrmöglichkeit, bevor man die Talstation Seebuck erreicht, eine kurze Rast ist daher unbedingt zu empfehlen.

Noch schnell die letzte Steigung absolviert, und schon ist es geschafft: Der gelben Raute folgend habt ihr den Feldberggipfel erreicht! Da der höchste Punkt des Schwarzwalds unbewaldet ist, bietet sich euch eine sagenhafte Aussicht. Dieser Tatsache verdankt der Feldberg übrigens auch seinen Namen, denn dieser deutet nicht etwa auf ein Feld hin, sondern leitet sich vom mittelhochdeutschen »Velt« ab, was so viel wie »unbewaldete Fläche« bedeutet.

Über allen anderen Giganten des Schwarzwalds thronend fühlt man sich an diesem Ort doch ein bisschen stolz, und nie schienen Leonardo DiCaprios Worte »Wir sind die Könige der Welt« wahrer als in diesem Augenblick! Sicher, diesen Ort muss man mit einigen anderen Schaulustigen teilen, doch spektakulär ist die Perspektive allemal! Der Rückweg führt im Anschluss zum Bismarck-Denkmal

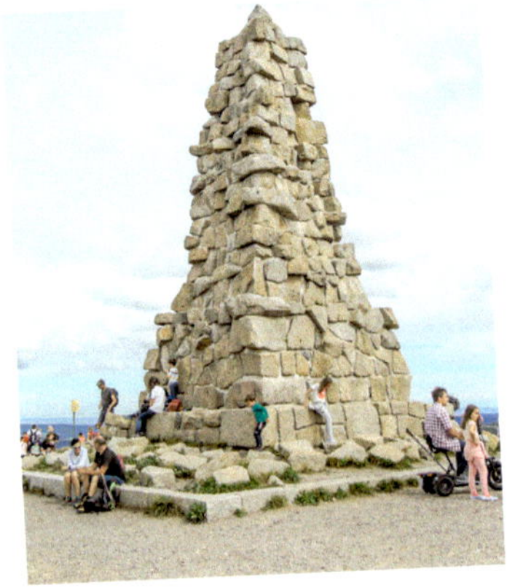

DENKMAL FÜR OTTO VON BISMARCK

am Seebuck (rote Raute), es ist neben dem Feldbergturm eines der Wahrzeichen des 1.493 Meter hohen Bergs. Wie der Name schon besagt, wurde es zu Ehren des Reichskanzlers errichtet.

Vom Denkmal aus kann man noch einmal den Feldsee aus der Vogelperspektive bestaunen. Danach könnt ihr wählen, ob ihr den Pfad entlang des Waldes oder den weniger steilen Franz-Klarmeyer-Weg zum Ausgangspunkt dieser Tour zurückgeht. Wer nach diesem langen Outdoortag noch Energie und Muße hat, dem sei außerdem ein Besuch im Haus der Natur empfohlen.

DAS HAUS DER NATUR WURDE 2001 ERÖFFNET UND IST SEITHER DAS NATURSCHUTZZENTRUM DES FELDBERGS. DIE BESUCHER ERWARTEN HIER IMMER WIEDER SPANNENDE UND INTERAKTIVE AUSSTELLUNGEN ZU DEN LEBENSWELTEN IM NATURSCHUTZGEBIET FELDBERG. EBENSO WERDEN FÜHRUNGEN, SCHNEESCHUHTOUREN UND EIN SPEZIELL FÜR KINDER EINGERICHTETER WICHTELPFAD ANGEBOTEN. EIN BESUCH IST ABSOLUT EMPFEHLENSWERT.

Irgendwann nimmt auch der schönste Tag ein Ende, und nun heißt es nur noch, den Heimweg zurück ins Tal anzutreten. Doch seid nicht wehmütig – die Hüttengaudi-Tour ist zwar vorüber, aber vielleicht trifft man sich ja nächstes Jahr wieder hier oben auf einer der Hütten? Oder gar beim Laurentius-Fest ...?

Alles, was ihr wissen müsst

Rundtour: Wege zum Teil steil und felsig // gutes Schuhwerk empfohlen // **nicht kinderwagentauglich**

Markierung: wechseln mehrfach, eine bessere Orientierung bieten daher die einzelnen Wegpunkte // siehe Text oder GPS

Entfernung von Freiburg: 45 Kilometer
ÖPNV: ab Freiburg Hbf. mit der Regionalbahn bis Titisee, weiter mit dem Bus 7300 bis zur Haltestelle Feldbergerhof
Auto: kostenloser Parkplatz »Passhöhe« kurz vor der Abzweigung zum Feldberg

Einkehr: Seebuck Hütte, Dr.-Pilet-Spur 8, 79868 Feldberg, feldbergbahn.de // **Raimartihof,** Raimartihofweg 12, 79868 Feldberg, raimartihof.de // **Zastler Hütte**, Zastlerhüttenweg 1, 79868 Feldberg, zastler-hütte.de // **St. Wilhelmer Hütte**, 79868 Feldberg, sankt-wilhelmerhuette.de

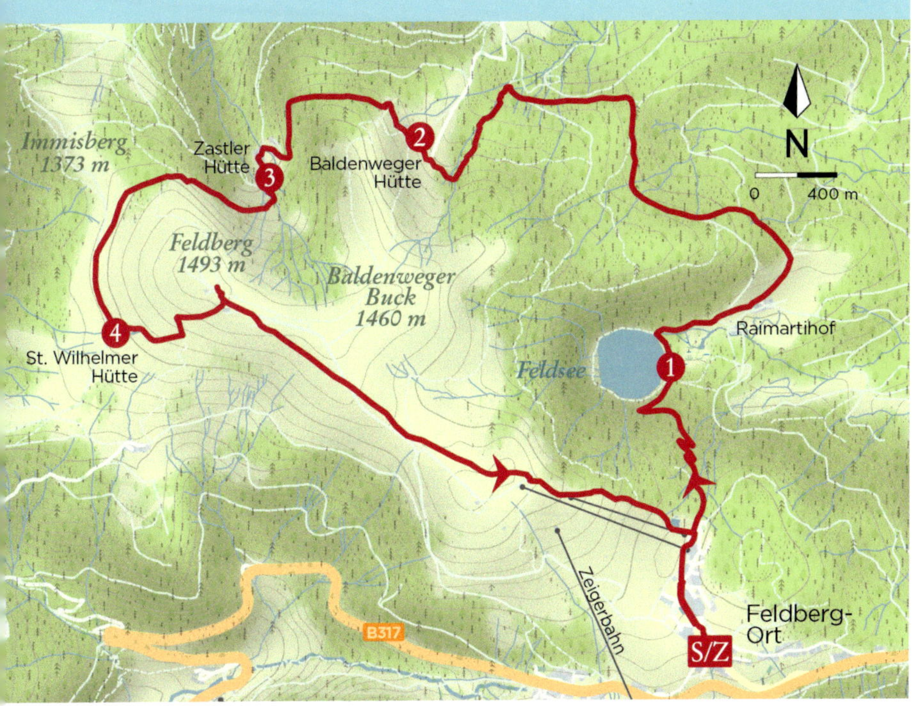

Einmal um den Titisee

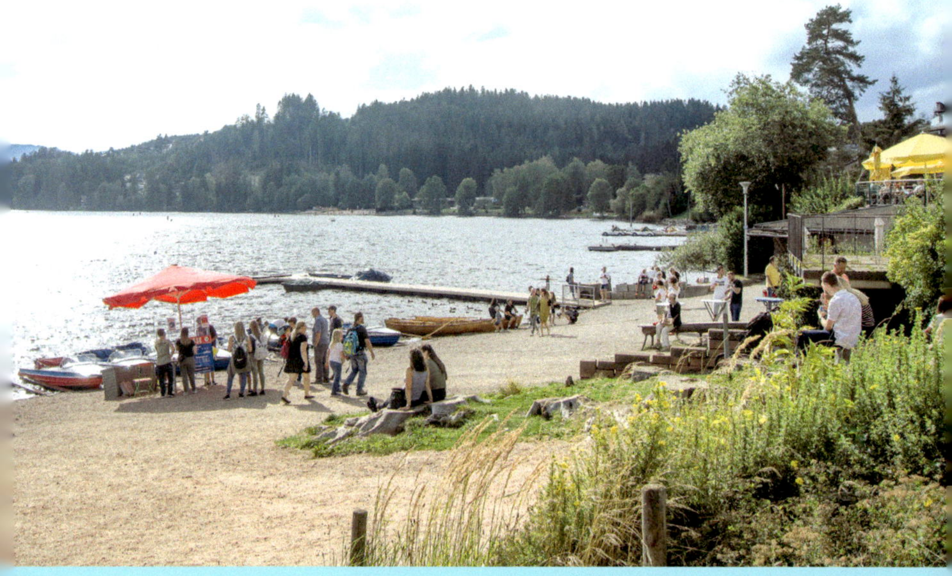

Schwierigkeit: leicht // 8,4 Kilometer // 250 Höhenmeter
Für Familien mit Kindern geeignet

RAUS AUS DEM TRUBEL UND RAUF AUF DEN BERG – DEN SEE UND SEIN UMLAND NEU ENTDECKEN

In keinem Wanderführer darf er fehlen, und zu den Must-sees des Schwarzwalds gehört er schon lange – die Rede ist natürlich vom Titisee! Wer hier unmittelbar an Menschenmassen, überteuerten Souvenir-Schnickschnack und Kuckucksuhren denkt, hat jedoch nur bedingt recht. Denn neben all dem Getümmel und Gewusel entlang der ortsnahen Uferseite besitzt der See auch ein durchaus bedächtigeres und ursprünglicheres Gesicht.
Am Bahnhof Titisee startet die Tour. Erst weist euch die gelbe, dann wenig später die rote Raute den Weg durch die Ortsmitte zum See. Trotz der eigentlich kurzen Strecke über die Seestraße zum Ufer erscheint der Weg dorthin wesentlich länger. Denn hier gibt es allerhand zu sehen! Zwischen Postkartenständern und Bollenhut-Schnäppchen flanieren Massen an Ausflüglern von nah und fern, die Gemeinde Titisee zählte bis zuletzt knapp zwei Millionen Besucher jährlich. Gerne lassen sie sich dabei in einem der zahlreichen Cafés die traditionelle Schwarzwälder Kirschtorte schmecken – mit einer gehörigen Portion Kirschwasser, versteht sich! Ja, selten erscheint das Schwarzwaldklischee so bestätigt wie an diesem Ort. Am Seeufer angekommen, wird es nicht wesentlich ruhiger, denn auch hier versprechen zahlreiche Attraktionen eine Menge Spaß und Spannung. Von der gemütlichen Titisee-Rundfahrt über die weniger luxuriöse Tretboot-Variante bis hin zum Riesenrad ist wirklich für jeden etwas dabei. Sogar Schlittschuhläufer finden hier ihr Vergnügen, wenn in besonders kalten Wintern mal wieder die Oberfläche des großen Schwarzwaldsees zu Eis erstarrt. So kam es auch, dass im Februar 1925 niemand Geringeres als Werner Rittberger Meister bei den Deutschen Eiskunstlaufmeisterschaften auf dem Titisee wurde. Angeblich musste dieser auf der Eisfläche des gefrorenen Sees so viel Schwung holen, dass er sich gleich doppelt drehte – eine Premiere. Denn bis dato konnte er seinen berühmten, 1909 in Berlin entstandenen »Rittberger« nur einfach springen. Tief in Gedanken an Glanz und Gloria dieses Ortes hat man schnell das andere Ende des nördlichen Seeufers erreicht. Hier kehrt nun endlich etwas Ruhe ein, und

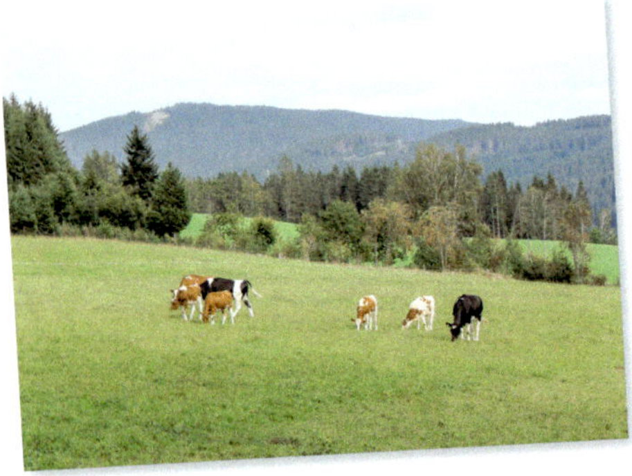

die Seeszenerie kann ihre gesamte Wirkung entfalten. Fast schon mystisch wirkt das dunkelblaue Gewässer an manchen Tagen, und wüsste man es nicht besser, könnte man schwören, eine Stimme aus seiner Tiefe zu vernehmen.

Wie im Schwarzwald üblich, ranken sich auch um den Titisee zahlreiche Mythen und Sagen. So soll an der Stelle des Sees einst eine reiche Stadt gestanden haben, deren Bewohner, vom Reichtum übermütig geworden, Brotlaibe als Schuhe trugen. Um diese Freveltat zu bestrafen, überflutete der See Häuser und Türme. Ein anderes Mal soll er bei der Messung seiner Tiefe gedroht haben: »Willst du mich messen, so will ich dich fressen.«

Das Wanderschild vor dem HOTEL SEEHOF AM SEE 1 führt euch entlang des Ufers weiter zur Seebachmündung. Entspannt kann man auf einem breiten Weg durch den kühlen Fichtenwald immer wieder schöne Ausblicke auf das Wasser und die gegenüberliegende Seeseite genießen. Trotz des großen Gewimmels um und auf dem See strahlt er, umrahmt von der malerischen Schwarzwaldlandschaft, eine tiefe Ruhe aus.

DER TITISEE VERDANKT SEINE ENTSTEHUNG DER LETZTEN EISZEIT. NOCH BIS VOR 10.000 JAHREN ERSTRECKTE SICH EIN GLETSCHER VOM FELDBERG BIS AN DIE STELLE DES HEUTIGEN TITISEES. DAS VOM GLETSCHER AUSGEHOBELTE BECKEN UND DIE ENDMORÄNE GABEN IHM SEINE FORM. MIT SEINEN 1,8 KILOMETERN LÄNGE UND 750 METERN BREITE IST ER HEUTZUTAGE DER GRÖSSTE NATURSEE DES SCHWARZWALDS UND LIEGT DABEI 845 METER ÜBER DEM MEERESSPIEGEL.

Ihr erreicht den CAMPINGPLATZ SANDBANK 2 mit zugehörigem Restaurant. Hier bietet sich euch noch einmal die Möglichkeit, ein Bad im kühlen Nass zu nehmen, nur wenig später verlässt man nämlich das Seeufer in Richtung Bankenhöhe (weiß-rote Raute). Ein breiter Kiesweg führt euch gemächlich den Berg hinauf, und ihr gelangt zu dem am Wegesrand gelegenen BANKENHOF 3. Das über 400 Jahre alte Gebäude vermittelt ein gutes Bild der traditionellen Schwarzwaldhöfe und beherbergt in seiner Scheune das Museum für alte Landtechnik. Wer Zeit hat, sollte einen kleinen Abstecher dorthin wagen. Im urigen Ambiente wird dem Besucher eine eindrucksvolle Sammlung historischer landwirtschaftlicher Geräte und Maschinen präsentiert, die bis ins 19. Jahrhundert zurückgeht. Unmittelbar nach dem Hof geht es über die Kreisstraße zum Feuerwehrheim St. Florian; immer noch folgt man hier dem Weg-

Das Museum für alte Landtechnik präsentiert in historischem Ambiente eine eindrucksvolle Sammlung

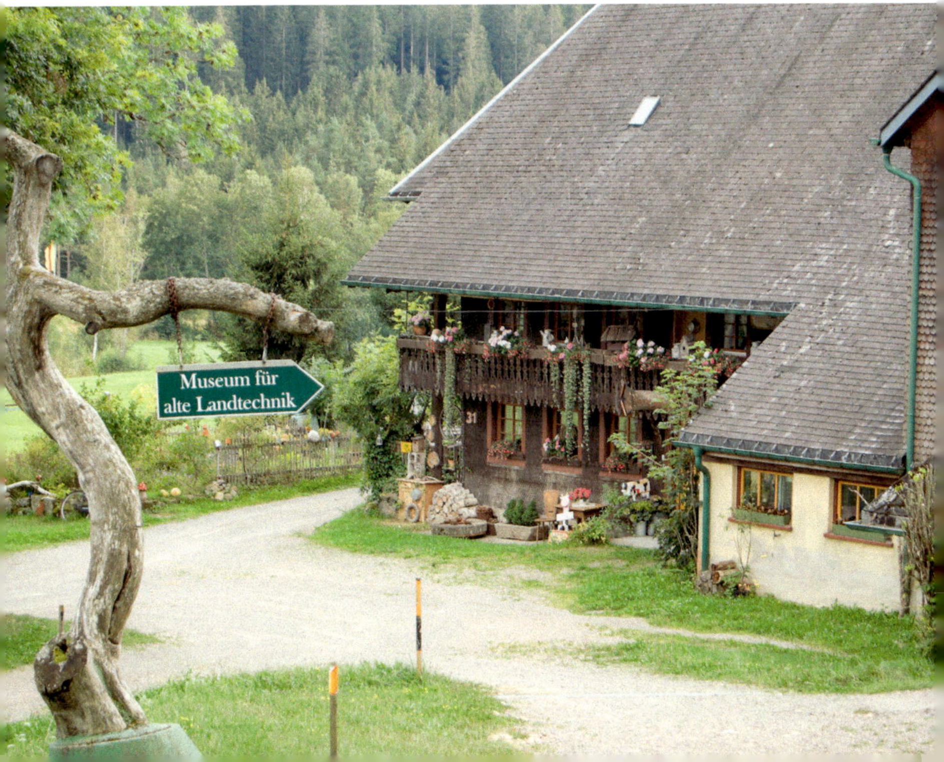

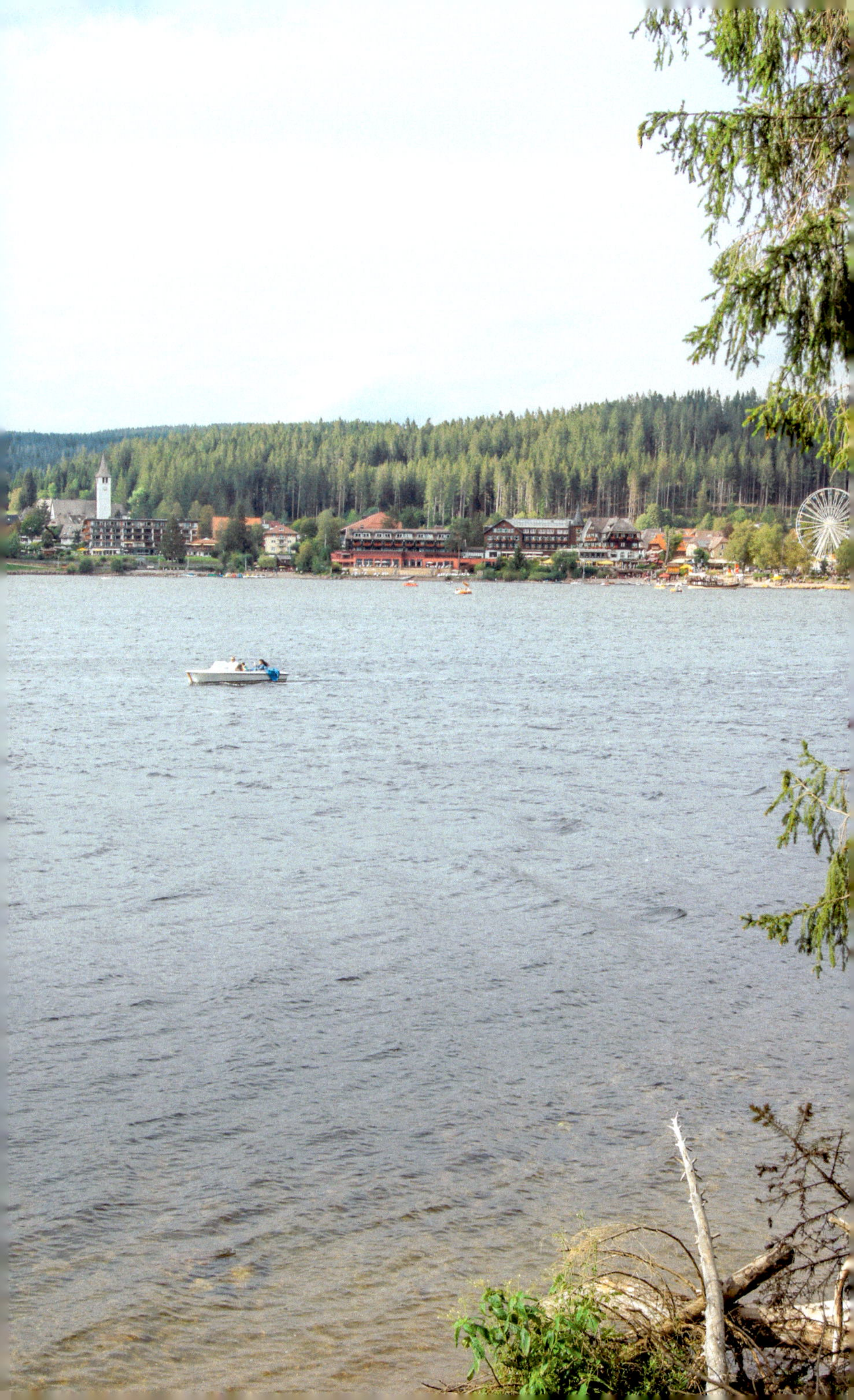

punkt Bankenhöhe. Ein steiler Pfad führt nach rechts entlang eines kleinen Moors und von Weiden schließlich in einen Wald hinein – alle Geräusche verstummen um euch herum. Hier ist er nun wieder: der ganz ursprüngliche und wunderschöne Schwarzwald! Ohne viel Tamtam ist er einfach am bezauberndsten. Haltet kurz inne und genießt den schweren Duft von Harz und Nadeln. Wieder wechselt die Wegmarkierung, und die gelbe Raute führt euch nun zum Bankenhansenkreuz. Kühe weiden gemächlich auf saftigen Weiden, und immer wieder kann man wunderschöne Ausblicke auf das große Schwarzwaldgehöft, den Bankenhansenhof, und den weniger bekannten Hochfirst genießen.

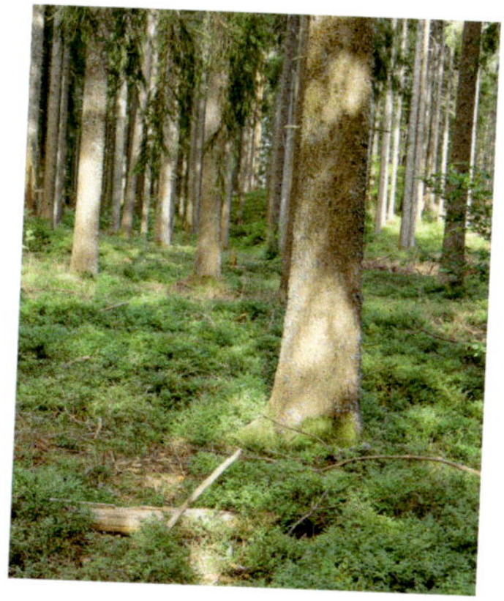

Wald beim Bankenhansenkreuz

WÄHREND FELDBERG, SCHAUINSLAND UND BELCHEN WEIT ÜBER DIE GRENZEN DES BREISGAUS GROSSE BEKANNTHEIT ERLANGT HABEN, FRISTET DER BEACHTLICHE 1.196 METER HOHE HOCHFIRST IMMER NOCH EIN MAUERBLÜMCHEN-DASEIN. DIES MAG WOHL AUCH DARAN LIEGEN, DASS ER KOMPLETT BEWALDET IST UND DAHER RECHT WENIG MÖGLICHKEITEN ZU FREIEN AUSBLICKEN GEWÄHRT. NUR VON SEINEM 25 METER HOHEN AUSSICHTSTURM KANN MAN TITISEE, FELDBERG UND BEI KLAREM WETTER BIS ZU DEN ALPEN SEHEN.

Dem Wegpunkt Titisee-Ort folgend, geht es schließlich auf einem idyllischen Waldweg den Berg hinab, hier gibt nun wieder die rote Raute den Ton an. Der Pfad wird wieder schmaler, doch zwischen den hohen Stämmen der Bäume fühlt man sich gut aufgehoben. Wer

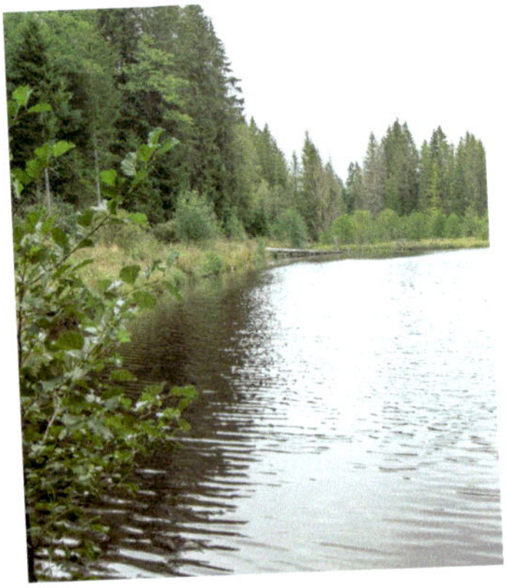

Der erfrischende Eisweiher

sich unten in der Ebene an der Weggabelung links hält, passiert noch den idyllisch gelegenen EISWEIHER 4, der seinem Namen wahrlich alle Ehre macht. Denn schon auf dem Weg hinab zu dem kleinen Gewässer wird es spürbar frischer.

DER EISWEIHER IST DAS IM WINTER AM FRÜHESTEN UND AM LÄNGSTEN ZUGEFRORENE GEWÄSSER RUND UM DEN TITISEE. BEREITS IM JAHR 1902/1903 WURDE HIER EIS ZUR KÜHLUNG DER GETRÄNKE DER BRAUEREI GANTER IN DER BIERNIEDERLASSUNG TITISEE GEWONNEN. DOCH AUCH IM SPORTLICHEN BEREICH NAHM ER EINE WICHTIGE ROLLE EIN. SO WURDE AUF IHM 1926 DIE ERSTE DEUTSCHE MEISTERSCHAFT IN DEN DISZIPLINEN EISSCHNELLLAUF, EISHOCKEY UND EISSTOCKSCHIESSEN DURCHGEFÜHRT.

Auf dem breiten Waldweg wird es langsam wieder lebendiger, ihr nähert euch schon bald den ersten Häusern Titisees. Das Wohngebiet ist schnell passiert, und schon bald steht ihr wieder im Zentrum des kleinen Schwarzwaldortes. Nach all der Ruhe scheint das geschäftige Treiben hier nun gar nicht mehr störend. Flaniert durch die Straßen und gebt euch der unbeschwerten Atmosphäre hin. Ja, und was gäbe es nun Schöneres, als diese Wanderung mit einem leckeren Stück Schwarzwälder Kirschtorte zu beenden?! Mit einer gehörigen Portion Kirschwasser, versteht sich natürlich!

Alles, was ihr wissen müsst

Rundtour: Entspannte Wanderung ohne größere Schwierigkeiten // Bademöglichkeiten am Titisee // **nicht kinderwagentauglich**

Markierung: Da die Wegmarkierungen häufiger wechseln, sollte man sich besser an den einzelnen Wegpunkten orientieren // siehe Text oder GPS

Entfernung von Freiburg: 34 Kilometer
ÖPNV: ab Freiburg Hbf. mit der Regionalbahn nach Titisee
Auto: Parkplatz am Bahnhof Titisee

Einkehr: Restaurant Bergsee, Seestraße 33, 79822 Titisee, bergsee-titisee.de // **Café und Brauhaus Zur Mühle,** Seestraße 41, 79822 Titisee, muehle.drubba.com // **Gaststätte Sandbank,** Seerundweg 9, 79822 Titisee, camping-sandbank.de // **Restaurant & Café Seewaldstube,** Bruderhalde 31a, 79856 Hinterzarten, seewaldstube.de

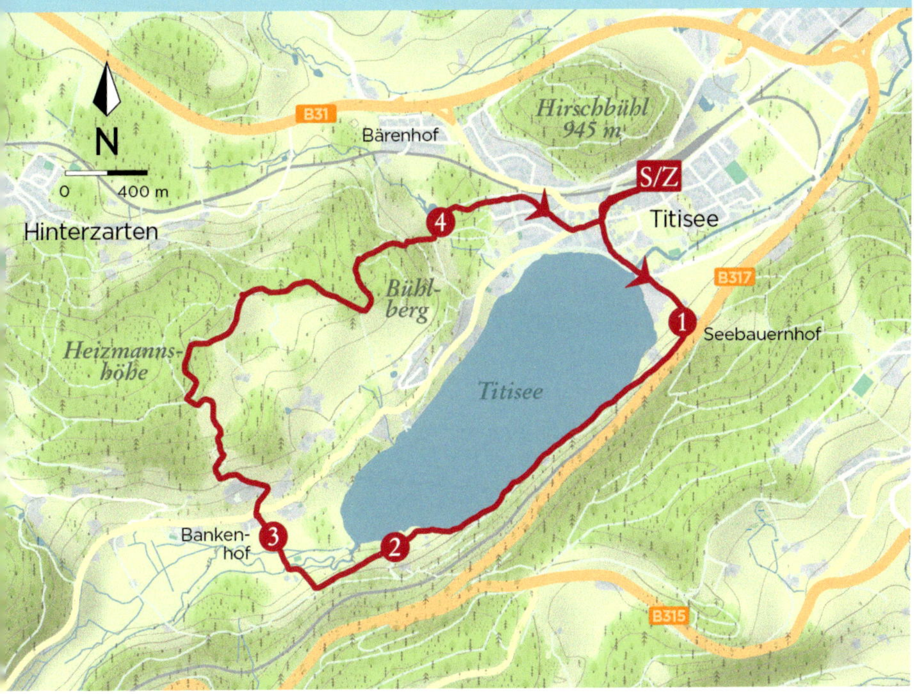

Vom Schluchsee zum Titisee

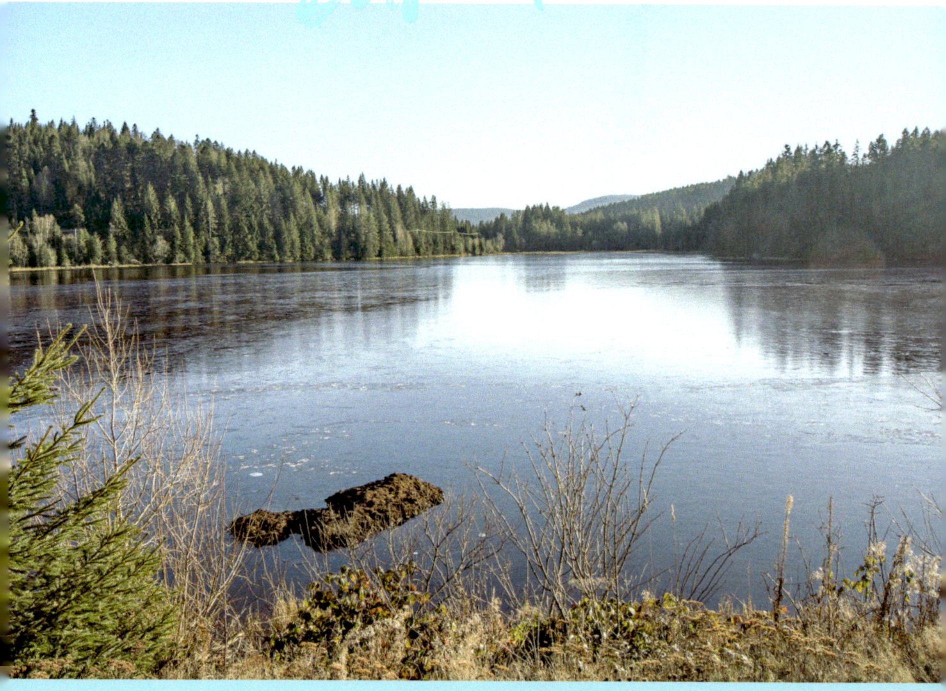

Schwierigkeit: mittel // 25 Kilometer // 320 Höhenmeter
Für Familien mit Kindern geeignet

SEE HOCH DREI – EINE TOUR ZU DREI TIEFBLAUEN NATURSPEKTAKELN

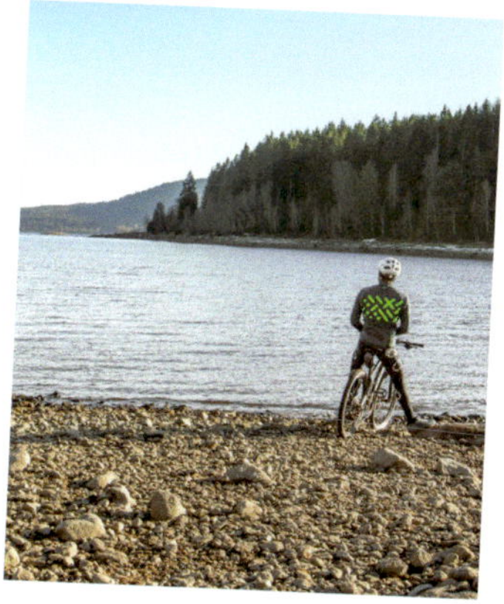

Westliches Schluchseeufer

Wer beim Schwarzwald ausschließlich an hohe Gipfel denkt, hat offenbar noch keine Bekanntschaft mit den wunderschönen Seen in dieser Gegend gemacht. Glasklar und erfrischend kühl liegen sie eingebettet zwischen dichten Wäldern und blühenden Weiden. Bei warmen Temperaturen ist ein Sprung ins kühle Nass natürlich ein absolutes Muss!

Los geht es am Bahnhof Seebrugg, der malerisch am südöstlichen Ende des Schluchsees liegt. Dass es sich bei dieser Station einst um einen Umschlagplatz der nahe gelegenen Staatsbrauerei Rothaus sowie um eine Verladestelle für Holz und Uranerz handelte, sieht man dem Bahnhof heutzutage nicht mehr an. Etwas verlassen erscheint die im 50er-Jahre-Stil erhaltene Anlage, auf deren Gleisen nur noch einmal stündlich die Dreiseenbahn hält.

Mit dem größten (Stau-)See des Schwarzwalds im Rücken geht es zunächst etwa 200 Meter in Richtung Jugendherberge. Am ersten Wegweiser biegt ihr rechts ab auf einen kleinen Pfad und folgt dem Wegpunkt Unterkrummen. Schon nach etwa 50 Metern erreicht man hier die stark befahrene B 500, entlang derer man zur etwa ein Kilometer entfernten Staumauer gelangt, die das Schwarzatal nach Westen hin abgrenzt. Während ihr über die Stauanlage in Richtung Norden schreitet, macht sich langsam eine genüssliche Stille breit. Der Schluchsee liegt rechts zu euren Füßen, die weiten Tannen- und Fichtenwälder umrahmen ihn wie ein von Göttern erschaffenes Gemälde. Im Sommer tummeln sich kleine Segel- und Tretboote auf dem Wasser, Kajakfahrer paddeln um die Wette, und junge Familien picknicken auf den Wiesen der gegenüberliegenden Seeseite. Idylle pur. Doch so gesittet wie heute ging es hier nicht immer zu. Es gab nämlich eine

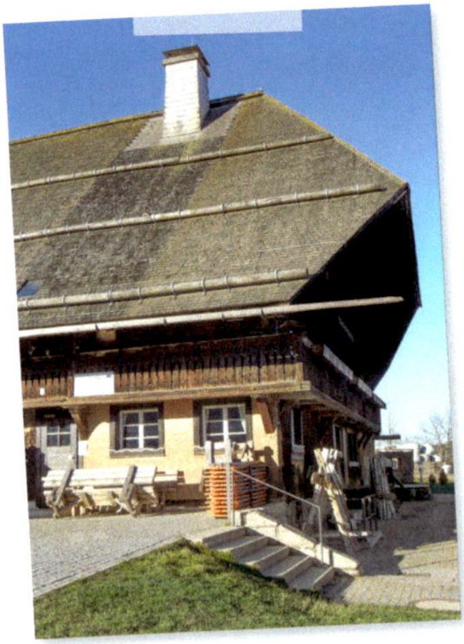

Arä, da war der Schluchsee deutschlandweit nur noch als »Schlucksee« in aller Munde. Diesen unrühmlichen Namen verdankte er niemand Geringerem als der deutschen Nationalelf.

Im Sommer 1982 bereiteten sich die Schützlinge des damaligen Bundestrainers Jupp Derwall am Schluchsee auf die bevorstehende WM in Spanien vor. Derwall (oder auch »Häuptling ondulierte Silberlocke«) setzte bei den Kickern auf Vernunft anstatt auf Drill. Dies hatte Alkohol, Kartenspiele und ausufernde Eskapaden zur Folge. Dennoch wurde Derwalls Team am Ende Zweiter – ob dies der entspannten Vorbereitung »am Schlucksee« zu verdanken war?

Weiter geht es entlang des Seeufers in Richtung Unterkrummen. Hier handelt es sich um einen der schönsten Streckenabschnitte dieser Tour. Das dichte Blätterdach des Waldes schützt die Wanderer vor Regen oder Sonne, und ständig bieten sich neue Perspektiven auf den See und seine bergige Umgebung. Obwohl der Schluchsee längst kein Geheimtipp mehr ist, kann man hier, im Gegensatz zu manch anderen Schwarzwaldseen, noch ganz für sich sein. Dies ist wohl vor allem seiner beachtlichen Größe geschuldet, denn mit seinen 7,3 Kilometern Länge und 1,4 Kilometern Breite bietet er genug Rückzugsflächen für seine Besucher. Das macht ihn insbesondere bei den Einheimischen zum absoluten Favoriten unter den Schwarzwaldseen.

DER SCHLUCHSEE WAR URSPRÜNGLICH EIN GLETSCHERSEE, DESSEN WASSERSPIEGEL RUND 30 METER UNTER DEM DES HEUTIGEN LAG. MIT DEM BAU DER 63,5 METER HOHEN STAUMAUER IN DEN 1930ER JAHREN WURDE DAS DAMALIGE TAL ÜBERSCHWEMMT UND DAMIT AUCH DER FRÜHERE SCHLUCHSEE-ORT. ALS DER WASSER-

SPIEGEL 2014 VORÜBERGEHEND ABGESENKT WURDE, STAUNTEN DIE SCHWARZWALDBESUCHER NICHT SCHLECHT, ALS SIE PLÖTZLICH LÄNGST VERSUNKENE GEMÄUER AUS DEM WASSER AUFRAGEN SAHEN.

Weiter geht es entlang des Seeufers, bald lässt man den Wald hinter sich und tritt auf eine freie Wiesenfläche hinaus. Der aus dem 17. Jahrhundert stammende UNTERKRUMMENHOF 1 ist schon von Weitem sichtbar, etwas oberhalb des Schluchsees lädt er Ausflügler zur erholsamen Rast ein. Auf der großen Außenterrasse kann man es sich an warmen Tagen gut gehen lassen, ansonsten verspricht die urige Stube wohlige Wärme. Dank des großen Anlegestegs kann man sich seit 2013 von Mai bis Oktober übrigens auch mit einer Fähre von Schluchsee aus gemütlich hierher übersetzen lassen.

Eine Premiumaussicht auf den See bietet das Seehotel Hubertus

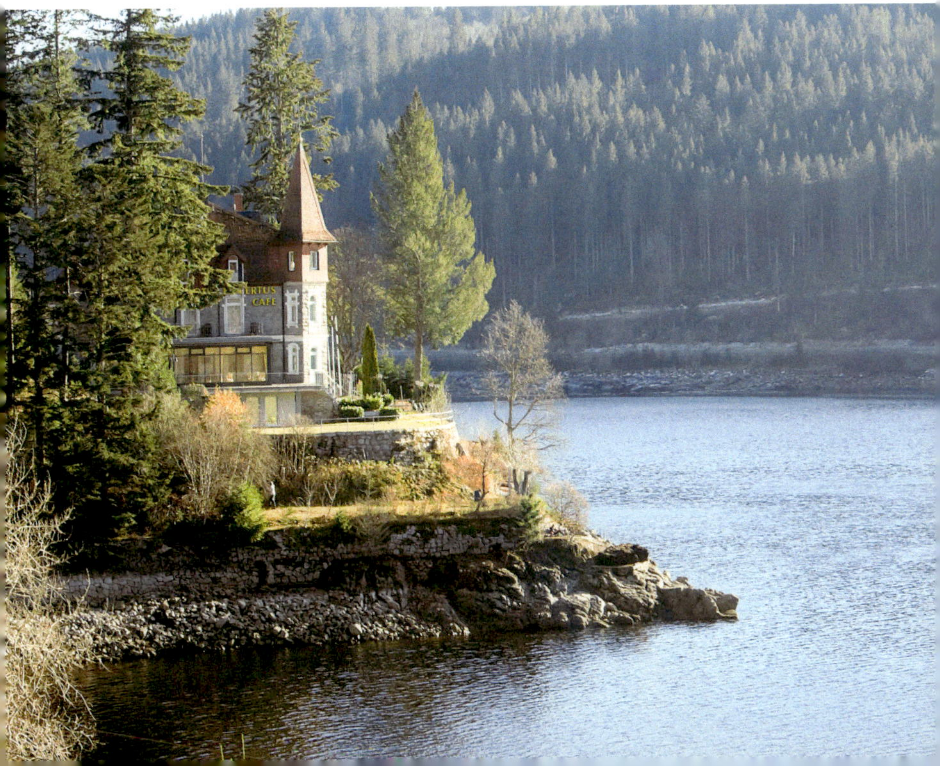

Auf dem Seeuferweg geht es weiter zum überschaubaren BAHNHOF VON AHA ②. Die Badeplätze werden nun wieder belebter, je näher man dem Ort und den Parkplätzen kommt. Wer eine Badepause einlegen will, kann hier vom Kiesstrand aus problemlos ins kühle Nass stapfen. Der Weg führt weiter entlang des Ufers, bis er schließlich links abzweigt und man durch einen Fußgängertunnel unter der B 500 zum Gasthof Auerhahn gelangt. Dem neuen Wegpunkt Windgfällweiher folgend, geht es nach dem Tunnel auf einem Holzabfuhrweg auf eine kleine Bahnunterführung zu. Diese muss unterquert werden, direkt danach folgt man nach links den Gleisen in Richtung Windgfällweiher.

Der breite Weg durch den sonnendurchfluteten Fichtenwald verläuft mal näher an der Bahnlinie zwischen Titisee und Seebrugg, mal weiter von ihr entfernt. Schließlich taucht links von euch der mystische

Der Schluchsee ist einer der wenigen Wassersport-Hotspots des Schwarzwalds

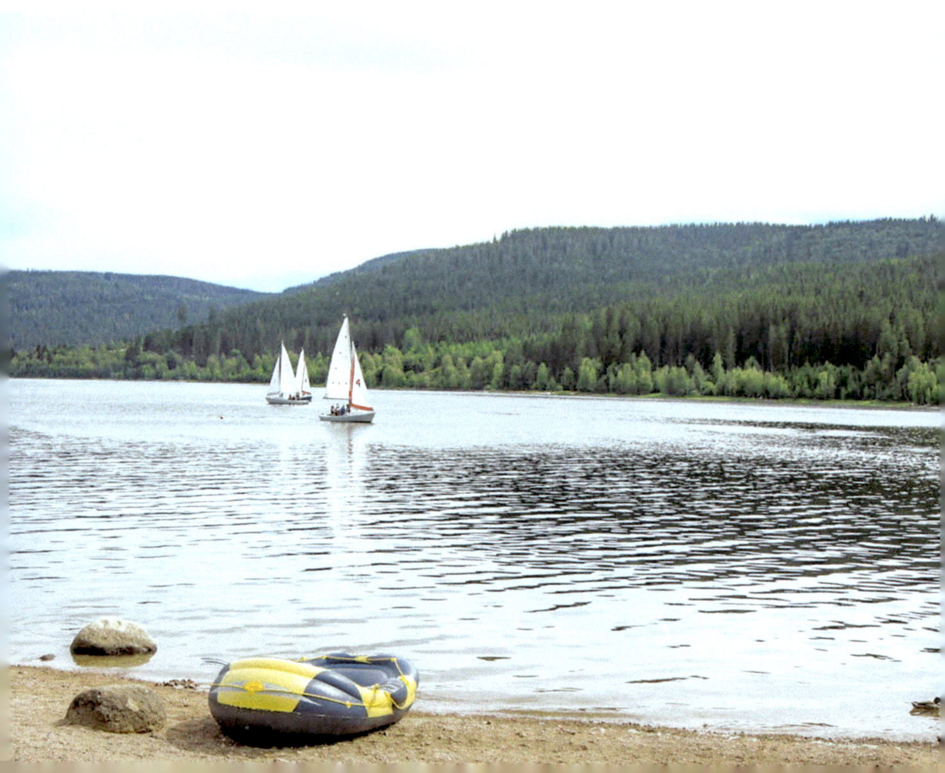

Windgfällweiher auf. Der kleine Stausee war ursprünglich ein Moorsee, seit 1950 steht er unter Landschaftsschutz. Wer abseits von Touristenströmen die Natur genießen möchte, ist hier genau richtig, denn er ist mit Sicherheit der unbekannteste See dieser Tour. Eine Pause im angrenzenden HOTEL SEEHOF 3 oder auf der kleinen Uferwiese ist absolut empfehlenswert.

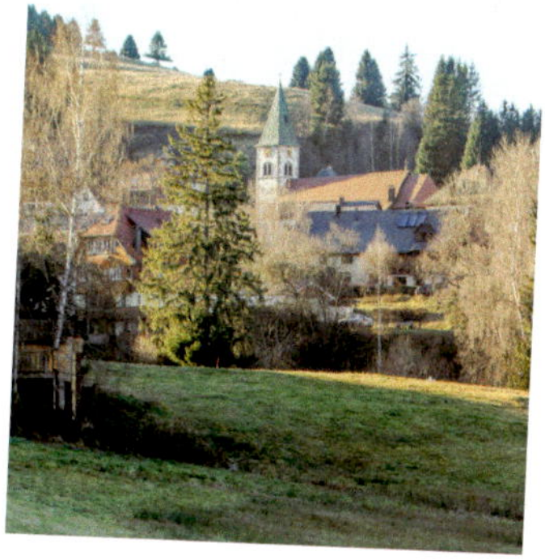

KIRCHE BEI ALTGLASHÜTTEN

Auf der Kreisstraße 4990 angekommen, geht es ein kurzes Stück die Straße links zum Weiher hinab, bis man an einem kleinen Parkplatz auf der seeabgewandten Seite ankommt. Hier zweigt etwa von der Mitte des Parkstreifens ein schmaler Wanderweg rechts in den Wald ab. Die blaue Raute mit dem Wegpunkt Altglashütten weist die Richtung. Durch einen hochstämmigen Wald in der Nähe der Bahnlinie erreicht ihr schon bald den Ort Altglashütten. Wanderschilder sucht man hier leider vergebens. Von der breiten Wiese aus kommend, führt diese Route durch den Ortskern, vorbei an der Kirche über die Kirchgasse zum Hasleweg. Auf dem asphaltierten, aber kaum befahrenen Sträßchen kann man gut die moorigen dichten Wälder des Hochschwarzwalds und die urigen Bauernhöfe Neuglashüttens überschauen. Nachdem man den Haslachbach überquert hat, geht es den asphaltierten Schrofenweg weiter entlang bis nach Bärental. Hier trifft nun auch der Westweg (rote Raute) auf diese Wanderstrecke. Er markiert den letzten Abschnitt dieser Tour.

Der Westweg ist der Klassiker und der bekannteste Fernwanderweg im Schwarzwald. Bereits 1900 wurde er vom Schwarzwaldverein als erster Fernwanderweg angelegt und führt auf 285 Kilometern von Pforzheim im Norden bis nach Basel im Süden. Besonders attraktiv

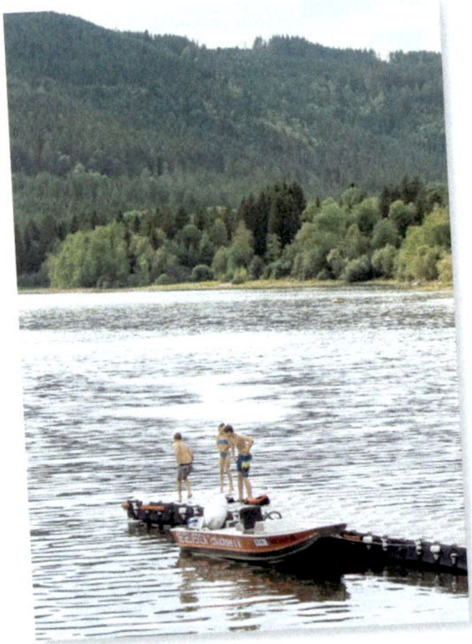

für Wanderer macht ihn die Tatsache, dass er durch alle geografischen und geomorphologischen Gebiete des Schwarzwalds führt. Nicht ohne Grund zählt er zu den 14 »Top Trails of Germany«.

Nachdem man die Bundesstraße 117 unterquert hat, steht man fast direkt vor dem SCHNAPSBRENNEREI-MUSEUM 4, das in unmittelbarer Nähe des Bahnhofs Bärental liegt. Hinter dem schmucken Bahnhofsgebäude geht es den Westweg nun weiter in Richtung Titisee. Durch den dichten Wald gelangt ihr langsam den Berg hinab. Die Geräusche der Straße verstummen allmählich, und bald schon erblickt man den tiefblauen Titisee in der Ferne. Ruhig wirkt er von hier, doch wer bereits einmal durch die Gassen des angrenzenden Örtchens gelaufen ist, weiß, dass hier stets große Betriebsamkeit herrscht. In der Ebene angekommen, folgt ihr dem malerischen Seeufer in Richtung Titisee-Ort. Nach und nach wird der Weg belebter, auf dem größten Natursee des Schwarzwalds tummeln sich zahlreiche Tretbootfahrer, in kalten Wintern kommen hier hin und wieder auch Schlittschuhfahrer auf ihre Kosten. Nach den Anlegestellen und der kleinen Promenade seid ihr im Herzen des Schwarzwaldtourismus angekommen. Andenkenläden findet man hier nämlich, so weit das Auge reicht. Mit Regalen voller Bollenhüte, Kuckucksuhren und Postkarten mit Bauernhof-Motiven setzen die Ladeninhaber alles daran, das Schwarzwaldklischee am Leben zu erhalten. Wer sich vom regen Treiben dieses Ortes nicht abschrecken lässt, kann in einem der zahlreichen Restaurants einkehren und die Tour kulinarisch ausklingen lassen. Die Wanderschilder führen euch schließlich zum Bahnhof Titisee, von wo ihr problemlos sowohl nach Freiburg als auch nach Seebrugg (zum Ausgangspunkt dieser Tour) gelangt. Ein Tag mit drei Seen und einer Menge Eindrücken neigt sich langsam dem Ende zu.

Alles, was ihr wissen müsst

keine Rundtour: Teile der Strecke können im Sommer mit der Fähre auf dem Schluchsee zurückgelegt werden // der letzte Abschnitt zum Titisee führt durch teils steiles Gelände // **nicht kinderwagentauglich**

Markierung: bitte am Text oder GPS orientieren

Entfernung von Freiburg: 52 Kilometer
ÖPNV: ab Freiburg Hbf. mit der Regionalbahn nach Schluchsee, Haltestelle Seebrugg, Rückfahrt: von Titisee Bahnhof nach Freiburg
Auto: Parkplatz am Bahnhof Seebrugg, alternativ kann am Bahnhof Titisee geparkt werden, von dort mit dem Zug zum Ausgangspunkt

Einkehr: Vesperstube Unterkrummenhof, Unterkrummen 3, 79859 Schluchsee, unterkrummenhof.info // **Hotel Schlehdorns Seehof am Windgfällweiher,** Raitenbucherstraße 36, 79853 Lenzkirch, schlehdorns-seehof.de

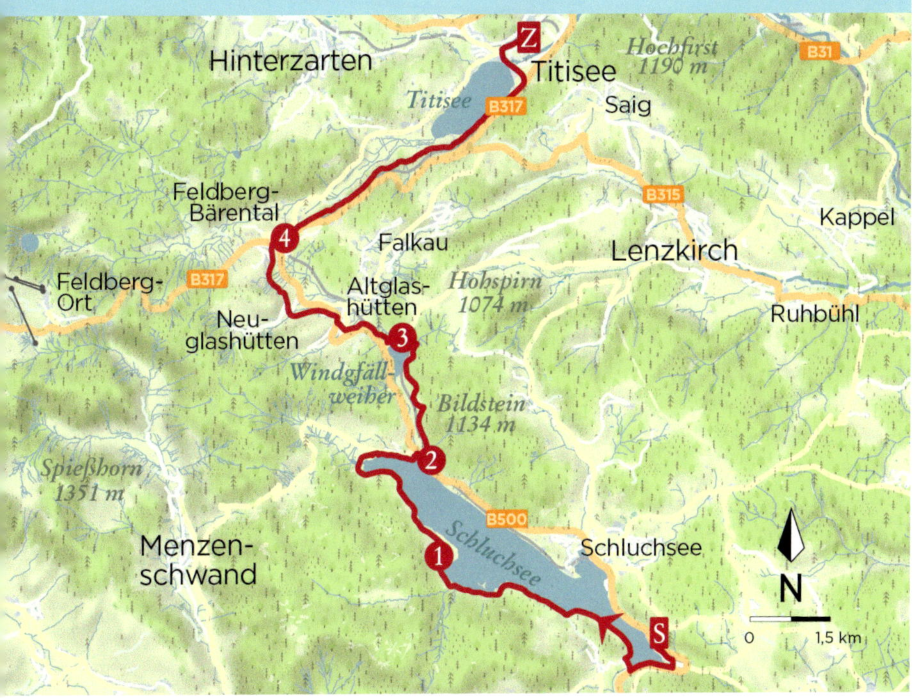

Zu den Zweribach-Wasserfällen

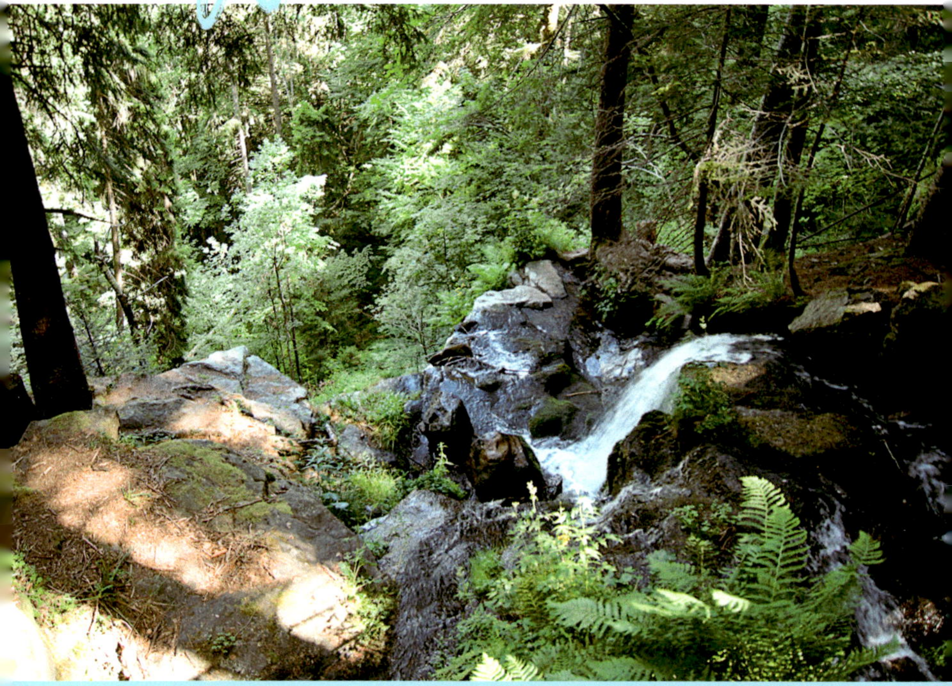

Schwierigkeit: schwer // 11,7 Kilometer // 350 Höhenmeter
Für Familien mit älteren Kindern geeignet

*AN HEISSEN SOMMERTAGEN
EIN WUNDERBAR
ERFRISCHENDES AUSFLUGSZIEL*

Idyllische Wasserfälle abseits des Touristentrubels … gibt es die im Schwarzwald überhaupt noch? Na klar! Die Zweribach-Wasserfälle beweisen, dass der Schwarzwald immer noch wunderschöne Ecken vorzuweisen hat, die sich ihre Ursprünglichkeit bewahren konnten. Einzigartige Ausblicke und Wegabschnitte, die direkt aus einem Heimatfilm stammen könnten, machen diese Wanderung zu einem ganz besonderen Erlebnis.

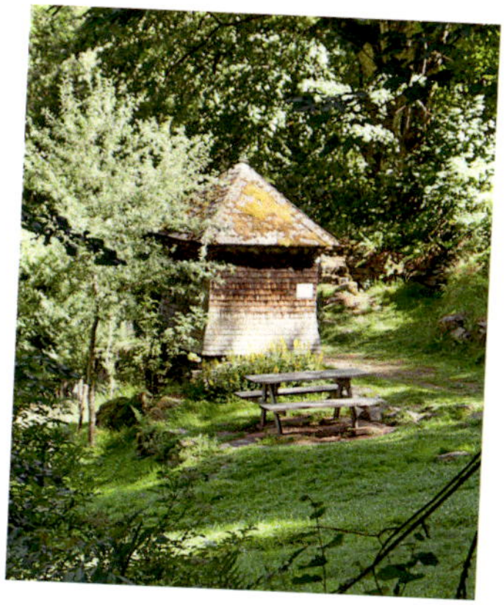

LICHTUNG AM EHEMALIGEN BRUNNENHOF

Schon die Autofahrt zum Ausgangspunkt der Tour bietet einen Vorgeschmack auf das atemberaubende Panorama, das einen auf dieser Wanderung erwartet. Wie ein massiver grüner Teppich breitet sich der Südschwarzwald mit zunehmender Höhe hinter einem aus – in dessen Mitte thront das kleine Örtchen St. Peter wie das i-Tüpfelchen auf der gesamten Szenerie. Am Wanderparkplatz angekommen (Achtung: bei dem Schild »Hochwald 1« rechts abbiegen), führt der Weg zunächst auf der kleinen Waldstraße 200 Meter zurück bis zum Wegpunkt Vorderwillmen. Von dort folgt man der gelben Raute links in den Wald zur Vogesenkapelle. Auf dem Weg dorthin erreicht ihr schon bald eine große Wiese mit einem tollen Ausblick, die zum allseits bekannten Quiz »Welche Berge sehen wir hier eigentlich?« einlädt. Über allem erhaben präsentieren sich natürlich Feldberg und Seebuck mit dem markanten Bismarck-Denkmal. Davor reckt der Hinterwaldkopf sein Antlitz empor, und auch der Schauinsland lässt rechts aus der Ferne grüßen. Diese Perspektive auf den Schwarzwald ist wirklich einzigartig! Wenig später erreicht ihr bereits die VOGESENKAPELLE 1. Die Beschreibung »klein, aber fein« trifft auf dieses Bauwerk wohl am besten zu, doch für eine Andacht genügen die Räumlichkeiten allemal.

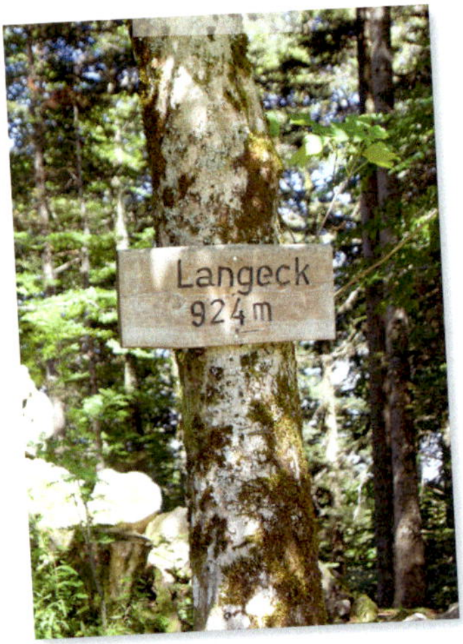

Die Vogesenkapelle geht auf ein Versprechen des Soldaten Leopold Hättich zurück, der im Ersten Weltkrieg gegen die Franzosen kämpfte. Im Januar 1915 stieg der junge Mann kurz vor Sonnenuntergang auf eine Anhöhe bei Nieder-Asbach und konnte von dort die Schwarzwaldberge und sogar sein Elternhaus am Horizont ausmachen. Er gelobte, diese Kapelle zu erbauen, wenn nur der Schwarzwald und seine Bewohner vom Krieg verschont blieben.
Auf der großen Lichtung hinter der Kapelle werden übrigens nicht nur des Öfteren Vatertagshocks von der freiwilligen Feuerwehr St. Peter veranstaltet, sondern auch zahlreiche Jugendliche konnten hier ihre ersten Zeltlagererfahrungen sammeln. Nach der Vogesenkapelle führt der Weg mal entlang des Waldes, mal durch ihn hindurch bis zum Roten Kreuz. Nein, an diesem Ort erwartet euch keine medizinische Hilfsorganisation, stattdessen findet man hier ein rot angemaltes Kreuz mit einem ebenso roten Jesus vor. Welche Geschichte sich hinter diesem außergewöhnlichen Sinnbild christlichen Glaubens verbirgt, ist leider nicht bekannt. Ihr könnt vom Wegpunkt Rotes Kreuz zwar auch direkt weiter in Richtung Hirschbachfälle, doch ein kurzer Abstecher zur 400 Meter entfernten Kapfenkapelle lohnt sich. Wie die Vogesenkapelle geht auch sie auf ein Versprechen aus einer früheren Zeit zurück. 1848 versprach der damalige Bauer des Kapfenhofs nach seinem Schlaganfall, eine Kapelle auf der Höhe oberhalb seines Hofs zu errichten, wenn er es nur noch einmal »ohne Stock oder Krücke« dorthin schaffe, um den wunderbaren Ausblick über den Schwarzwald zu genießen. Steht man heute an der Kapelle und überschaut die malerische Schwarzwaldlandschaft mit dem kleinen Örtchen St. Märgen zur Linken, kann man den Kapfenbauern nur zu gut verstehen. Zurück am Weg-

punkt Rotes Kreuz folgt man zunächst der blauen, später der gelben Raute zu den Hirschbachfällen. Der Weg verengt sich zu einem steilen, abschüssigen Pfad hinab durch den Wald. Am HOHWARTSFELSEN 2 – nein, dieser hat nichts mit J. K. Rowlings Bestseller zu tun – ist Vorsicht geboten, denn von hier geht es fast 100 Meter senkrecht nach unten. Die zauberhafte Aussicht auf das Wildgutachtal lohnt das Risiko jedoch allemal. Zugegeben, die Hirschbachfälle beeindrucken nicht durch gewaltige Wassermassen, dennoch sind sie mit ihren kleinen Kaskaden und bemoosten Steinen ein echter Hingucker und bieten eine gute Möglichkeit, sich auf die nachfolgenden Zweribach-Wasserfälle einzustimmen. Der kleine Pfad führt weiter in den Bannwald hinab bis zu einer lieblichen Lichtung. Hier stand einst der Brunnenhof, welcher 1984 leider einem verheerenden Feuer zum Opfer fiel. Nur ein kleines Gebetshaus am Wegesrand

Ausblick auf das Kapfenhäusle bei Abendsonne vor einladendem Schwarwaldpanorama

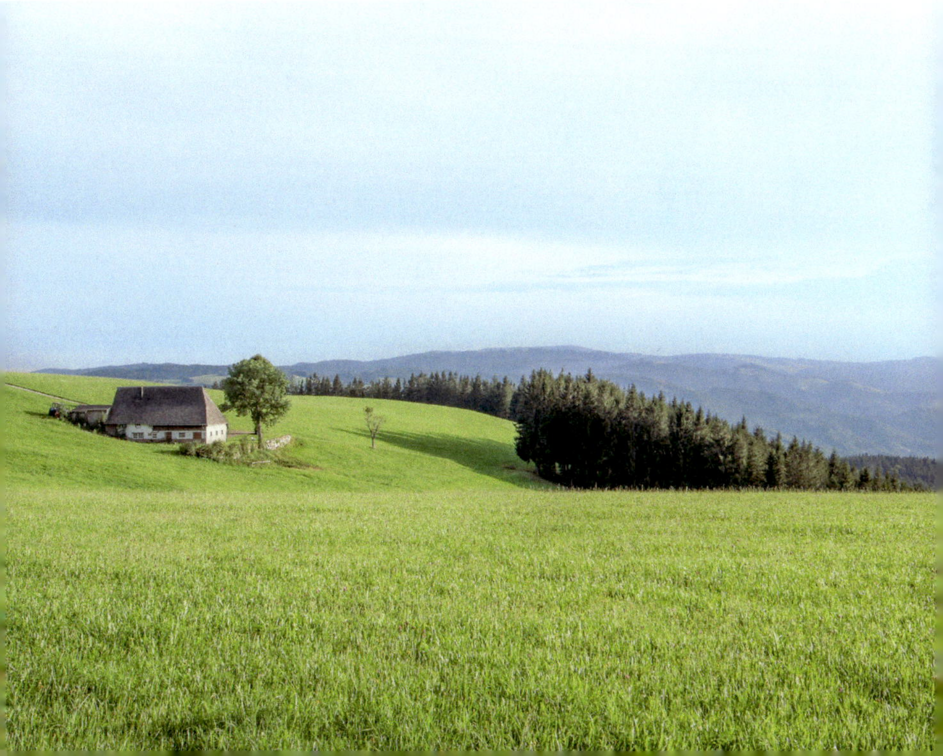

erinnert heute noch an seine Existenz. Ihr solltet unbedingt einen Blick in dieses unscheinbare Häuschen rechts auf der Wiese werfen! Denn neben dem christlichen Kreuz warten hier weitere Zeugnisse der großen Weltreligionen. Neben der Menora, auch bekannt als siebenarmiger Leuchter und wichtiges religiöses Symbol der Juden, sind auch tibetische Gebetsfahnen und ein islamischer Gebetsteppich zu finden. Wer hätte gedacht, dass interreligiöse Akzeptanz so einfach sein kann und zudem mitten im Schwarzwald praktiziert wird? Außer dem kleinen Häuschen befindet sich hier ein schöner Grillplatz mit Schutzhütte und Panoramabank. Dank der Familie Schuler vom Haldenschwarzhof kann man (aus einem als Regal umfunktionierten Baumstamm) Bier, Erfrischungsgetränke und sogar Schnaps zu moderaten Preisen erstehen, alles auf Vertrauensbasis versteht sich – einfach großartig! Eine kurze Rast auf der Lich-

Das Wasser des Zweribachwassserfalls stürzt glitzernd in die Tiefe

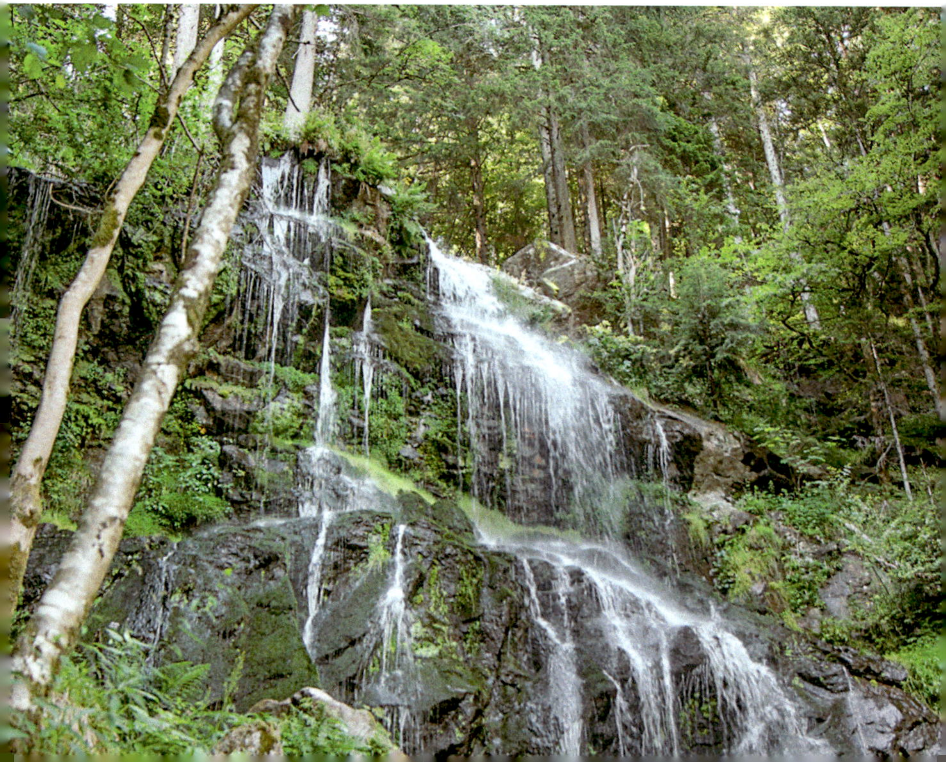

tung ist zu empfehlen, denn es folgt nun das anstrengendste, aber zugleich auch beeindruckendste Stück der gesamten Strecke. Auf steilem und zum Teil felsigem Untergrund führt der Zweitälersteig hoch zu den ZWERIBACH-WASSERFÄLLEN 3. Doch ihr Anblick lohnt die Anstrengung auf jeden Fall.

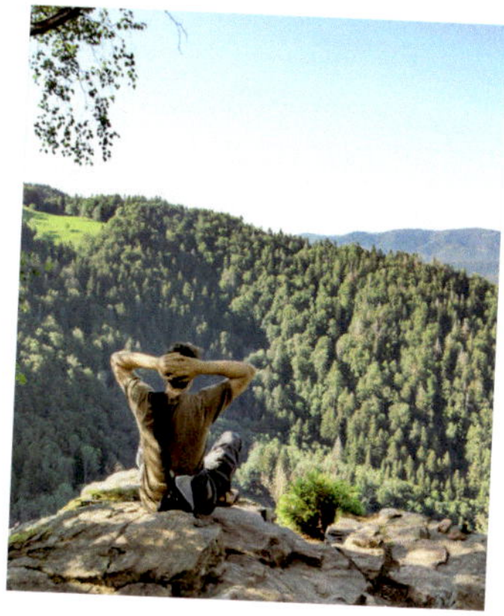

Pause auf dem Hohwartsfelsen

DIE ZWERIBACH-WASSERFÄLLE VERDANKEN (ÜBRIGENS EBENSO WIE DIE HIRSCHBACHFÄLLE) IHRE EXISTENZ DER LETZTEN EISZEIT. STARKE VERGLETSCHERUNGEN HABEN AN DER WESTLICHEN TALFLANKE DES SIMONSWÄLDERTALS STEILE KARWÄNDE ENTSTEHEN LASSEN, AN WELCHEN DIE BÄCHE HEUTZUTAGE TIEF INS TAL HINABSTÜRZEN. DIE ZWERIBACH-WASSERFÄLLE LIEGEN AUF ETWA 800 METER HÖHE INMITTEN DES NATURSCHUTZGEBIETES BANNWALD ZWERIBACH.

Nachdem ihr die kleine Brücke am oberen Wasserfall überquert habt, geht es weiter den Wald hinauf in Richtung Plattenhof. Achtung, dieses Wegstück ist besonders tückisch, denn der felsige Untergrund ist oft sehr rutschig, das Gelände zudem steil. Der Bannwald verzückt seine Besucher dennoch mit seinen mächtigen am Wegesrand liegenden Baumstämmen und seiner puren Ursprünglichkeit. Am Bergrücken angekommen, haltet ihr euch links und geht entlang der kleinen, zum Glück nur wenig befahrenen Straße in Richtung Plattensee. Selbiger wurde 1924 aufgestaut, um ein 485 Meter tiefer gelegenes Wasserkraftwerk im oberen Simonswäldertal anzutreiben. Zum Baden ist der See leider nicht geeignet, zu schlecht sei die Was-

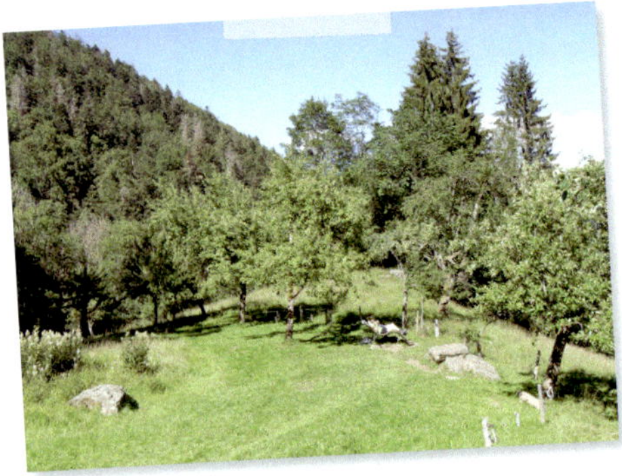

serqualität. Mutige – oder vielleicht auch unwissende – Touristen wagen trotzdem hin und wieder einen Sprung ins kühle Nass. Die »Platte«, wie das Gebiet rund um den gleichnamigen See genannt wird, ist übrigens ein besonders beliebtes Ausflugsziel vieler Ortsansässiger, denn nicht an vielen Orten im Schwarzwald ist man noch so »unter sich« wie hier. Wem übrigens das sogenannte »Plattenwieble« ein Begriff ist, der wird zu Recht eine Verbindung zu dieser Gegend vermuten.

Josefa Schuler, das »Plattenwieble«, wurde 1854 in St. Peter geboren. Ihren Namen verdankt sie gleichnamigen Gebiet, wo sie oft anzutreffen war. Die nur 1,40 Meter große Frau verkraftete wohl den frühen Tod ihrer unehelichen Tochter nicht und wurde bald sonderlich. Sie trug drei Röcke übereinander, auf dem Kopf saß ein ausgebeulter Hut, sie fing Frösche und rauchte Zigarettenstumpen in ihrer Pfeife. Dies machte sie zum bekannten Postkartenmotiv.

Kurz nach dem Plattensee wartet an der rechten Straßenseite auch schon das GASTHAUS PLATTENHOF 4 darauf, ausgehungerte Wanderer mit deftigen und regionalen Speisen und Getränken zu verwöhnen; ein kleiner Spielplatz und eine große Wiese bieten Kindern außerdem die Möglichkeit, sich auszutoben.

Entspannt geht es weiter die kleine Straße entlang, vorbei an weiten saftigen Wiesen und dem Gschwinghof. Kurz nach dem Waldstück am Potsdamer Platz gibt es außerdem eine schöne kostenlose Feuerstelle an der linken Straßenseite. Wer sich Grillgut mitgebracht hat, kann sich hier darüber hermachen und noch einmal die Stille der Berge um sich herum genießen. Nur noch wenige Hundert Meter sind es zurück bis zum Wanderparkplatz, dem Ausgangspunkt dieser Wanderung. Lockert eure strapazierten Glieder und freut euch über diesen wunderbaren, abenteuerlichen Tag!

Alles, was ihr wissen müsst

Rundtour: Etwas längere Bergwanderung // Gelände zum Teil sehr felsig und steil, vor allem bei Regen ist Vorsicht geboten // **nicht kinderwagentauglich**

Markierung: zuerst gelbe, dann blaue Raute

Entfernung von Freiburg: 24 Kilometer
ÖPNV: ab Freiburg Hbf. mit der Regionalbahn bis Kirchzarten, weiter mit dem Bus 7216 bis zur Haltestelle Zähringer Eck, bis zum Ausgangspunkt der Wanderung sind es von dort ca. 3 Kilometer zu Fuß, nicht empfehlenswert
Auto: Parken am Wanderparkplatz, im Navi Schmittenbach eingeben, Parkplatz befindet sich rechts beim Schild »Hochwald 1, Hochrüttihof 300 m«

Einkehr: Plattenhof, Platte 3, 79271 St. Peter, plattenhof-ferienwohnung.de

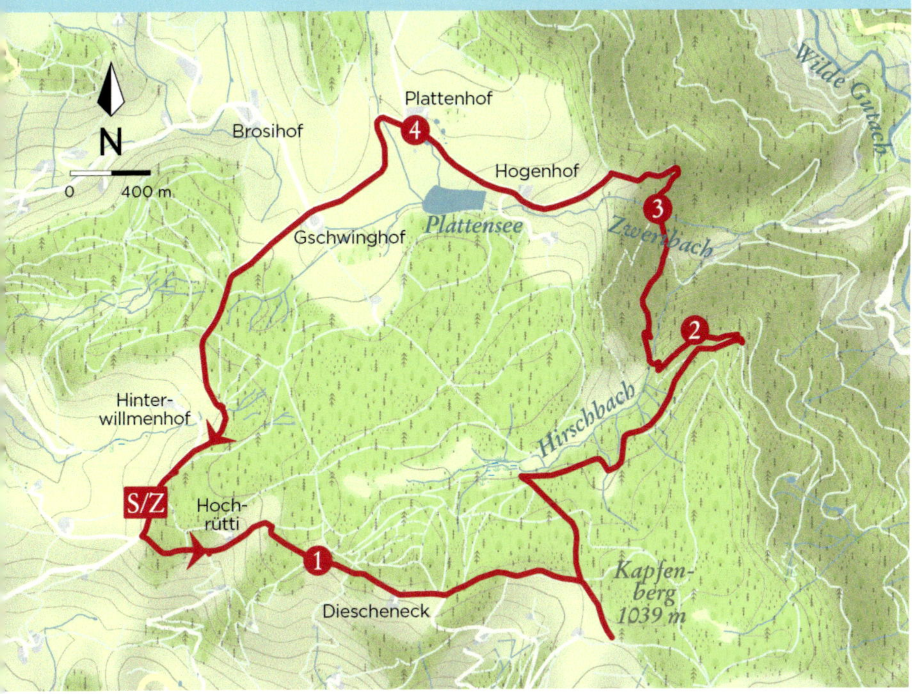

Durch die berauschende Ravennaschlucht

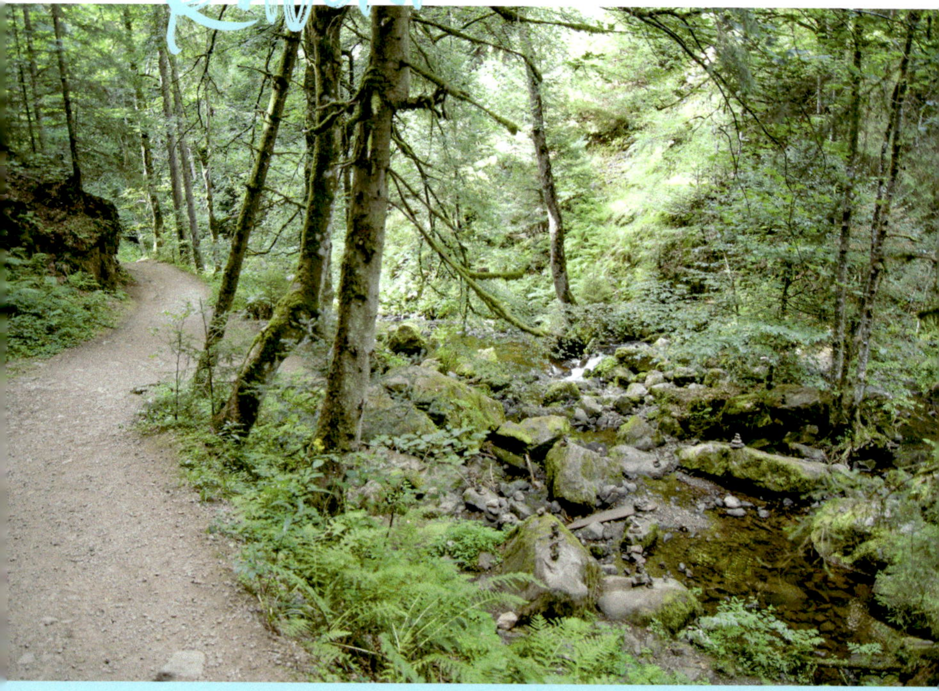

Schwierigkeit: mittel // 18,8 Kilometer // 130 Höhenmeter
Für Familien mit älteren Kindern geeignet

VERSCHLUNGENE PFADE ENTLANG
LIEBLICHER KASKADEN UND WASSERFÄLLE
LASSEN EUER HERZ HÖHERSCHLAGEN

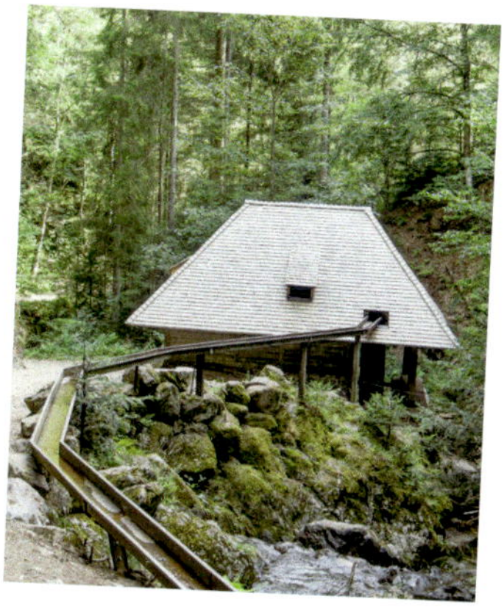

Die urige Großjockenhofmühle

Welch himmlische Wanderung! Und das, obwohl die Tour durch das sagenumwobene Höllental führt. Neben dem landschaftlichen Reiz besticht die Route durch beeindruckende Architektonik (der Ravennabrücke) und eine interessante Historie. Zu dieser gehören unter anderem Goethe und die spätere französische Königin Marie-Antoinette. Nicht zuletzt ermöglicht diese Wanderung einen ganz neuen Blickwinkel auf eine Wegstrecke, welche die meisten bisher nur aus dem Auto oder dem Zug kennen dürften. Also Wanderschuhe schnüren und raus in den Schwarzwald!

Am Bahnhof Hinterzarten geht's los! Der kleine Schwarzwaldort ist nicht nur aufgrund seiner optimalen Lage für Wander- und Biketouren bekannt, sondern insbesondere auch wegen des alljährlichen Sommerskispringens, das an der Adlerschanze ausgetragen wird. Wenn die Crème de la Crème des internationalen Skispringens hier wieder einmal um die Wette fliegt, ja, dann weht fast etwas kosmopolitischer Wind durch Hinterzartens Gassen. Auf Touristen ist man daher bestens eingestellt, was nicht nur die gute Verkehrsanbindung an Freiburg, sondern auch die zahlreichen Unterkünfte, Restaurants und Cafés im Ort beweisen. Wer sich also bereits vor der Tour stärken möchte, kann dies hier problemlos tun – für alle anderen startet die Wanderung genau jetzt!

Vor dem Kurhaus, gegenüber dem Bahnhof, weist euch das erste Wanderschild den Weg, und ihr folgt der rot-weißen Raute zum Wegpunkt Mittlere Ravenna. Gemächlich geht es durch den kleinen Ort, doch schon bald zweigt der Weg nach links ab und führt einige Stufen hinab zu einer Bahnunterführung. Ihr folgt weiter der rot-

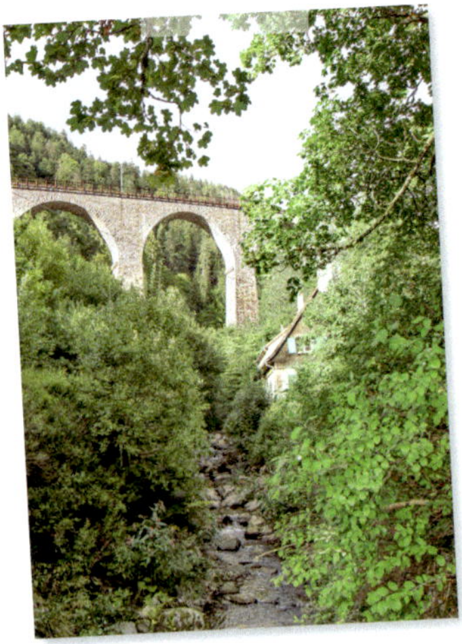

weißen Raute, und nach kurzer Zeit erreicht ihr den Birklehof. Dieses reformpädagogische Internat liegt auf einer kleinen Anhöhe, ein kurzer Blick auf das ansehnliche Schulgebäude lohnt sich. Nachdem ihr wenig später die Unterführung der B 31 passiert habt, erreicht ihr auch schon den Ortsrand Hinterzartens, und langsam kehrt Ruhe ein. Zwischen grünen Feldern hindurch und entlang kleiner Höfe und Wälder gelangt man zur MITTLEREN RAVENNA 1. Ab hier folgt ihr nun der gelben Raute hinab in die Ravennaschlucht. Der breite Weg wird schnell zu einem schmalen Pfad, und schon nach kürzester Zeit ist man ganz in die ursprüngliche Natur des Höllentäler Seitentals eingetaucht. Ja, hier ist es einfach zauberhaft. Durch das Blätterdach scheinen die Sonnenstrahlen auf das kristallklare Wasser der Ravenna, das sich seinen Weg zwischen moosbewachsenen Steinen und morschen Baumstämmen sucht. Hin und wieder nimmt der kleine Bergbach Fahrt auf, dann rauscht er in Kaskaden und Wasserfällen ins Tal hinab.

Nicht nur die Schlucht, sondern auch der Weg selbst sind sehr abwechslungsreich. Man kann sich außerdem ganz auf seine Umgebung konzentrieren, denn sich hier zu verlaufen erscheint fast unmöglich – Abzweigungen oder weitere Wege gibt es kaum. Mal führt der Pfad über kleine Brücken und Treppen, mal entlang hoher Felswände, immer wieder präsentiert sich dabei die Schlucht aus einem völlig neuen Blickwinkel.

Weiter unten kommt ihr an der urigen Großjockenhofmühle vorbei, gut zu erkennen an der Wasserzufuhr über das Dach. Sie sieht nicht nur urig aus, sondern war bis 1956 auch noch voll in Betrieb. Es lässt sich nur erahnen, wie mühsam einst der Transport von Getreide in dieses Tal gewesen sein muss.

DIE GROSSJOCKENHOFMÜHLE WURDE 1883 VON JOSEF BÖHRINGER ERRICHTET. SIE HAT SOWOHL DAS MEHL FÜR DEN KÜCHENBEDARF ALS AUCH SCHROT UND FUTTERKLEIE FÜR DIE TIERE GEMAHLEN. DIE MÜHLE DIENTE DABEI ALS MEHRZWECKKRAFTWERK, DENN EIN SEILANTRIEB SETZTE AUF DEM 200 METER ENTFERNTEN GROSSJOCKENHOF BIS 1941 DIE MASCHINEN IN GANG. SIE IST IMMER NOCH FUNKTIONSFÄHIG; WÄHREND EINIGER SONN- UND FEIERTAGE IM SOMMER WIRD DIE ALTE TRADITION ZUM LEBEN ERWECKT.

Weiter geht es durch die teils schmale Schlucht immer der gelben Raute folgend hinab ins Tal. Auch hier zeigt sich die Ravenna in all ihren atemberaubenden Facetten. Schließlich flacht der Weg langsam

Die schmalen Stege und Brücken ermöglichen immer wieder neue Perspektiven auf die Schlucht

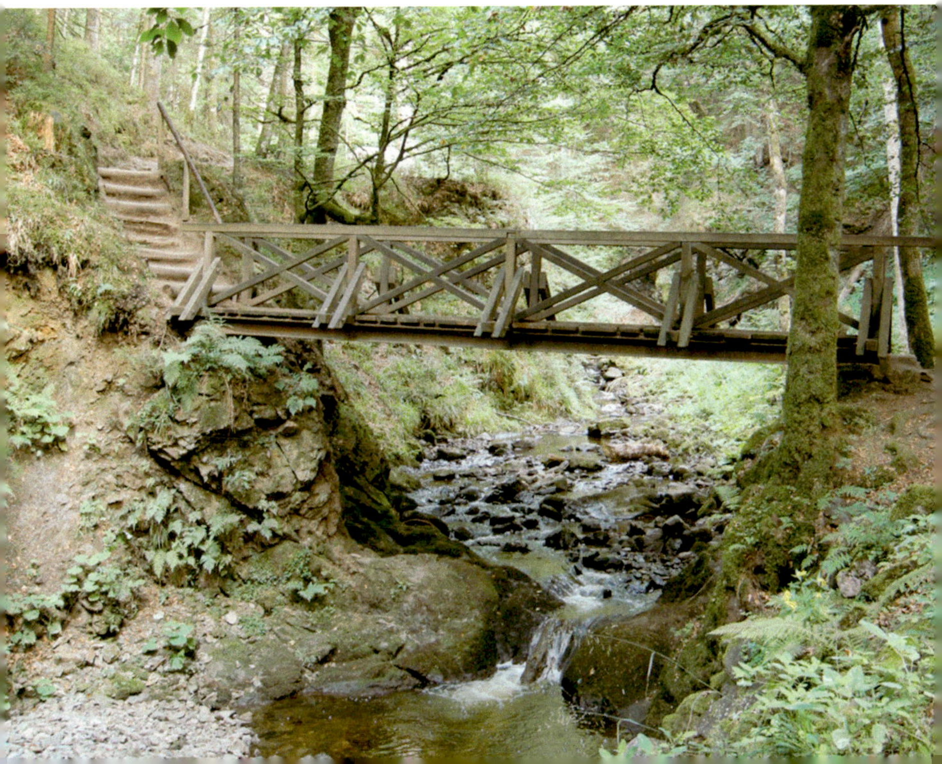

ab, und der Wald lichtet sich … Wer nun den Blick nach oben richtet, wird begeistert sein! Hier steht sie, erhaben und wie aus dem Nichts taucht sie vor euch auf: die Ravennabrücke! Mächtig, etwa 40 Meter über dem Grund, ist sie die direkteste Zugverbindung vom Rheintal in den Hochschwarzwald. Kein Wunder also, dass der alljährliche Weihnachtsmarkt, der hier wochenends stattfindet, Besucher von nah und fern anzieht. Einmal einen wärmenden Glühwein unter dem Eisenbahnviadukt schlürfen – herrlich! Deshalb ist diese Wanderung auch in den kälteren Monaten ein Highlight.

DIE URSPRÜNGLICHE RAVENNABRÜCKE STAMMTE AUS DEM JAHR 1885. DIE MODERNISIERUNG DES ZUGVERKEHRS ANFANG DES 20. JAHRHUNDERTS MACHTE DEN BAU EINER NEUEN BRÜCKE

Das Hofgut Sternen lockt nicht nur heutzutage viele Besucher an – schon Goethe nächtigte hier

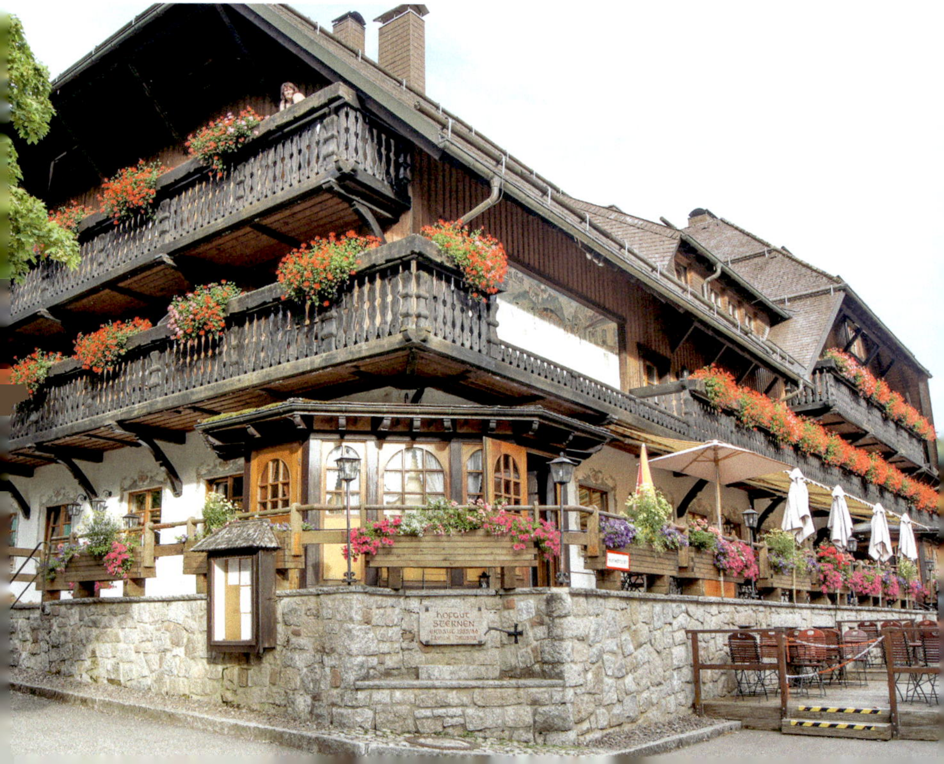

ERFORDERLICH. 1926/1927 ERRICHTETE MAN DEN NEUEN STEINBOGEN, DESSEN DREI MITTELPFEILER KURZ VOR KRIEGSENDE 1945 VON DEUTSCHEN TRUPPEN GESPRENGT WURDEN. MUSSTEN DIE REISENDEN NACH DEM KRIEG ZUNÄCHST DIE STRECKE DURCHS HÖLLENTAL ZU FUSS BEWÄLTIGEN, ERFOLGTE DER WIEDERAUFBAU DER BRÜCKE 1947/1948.

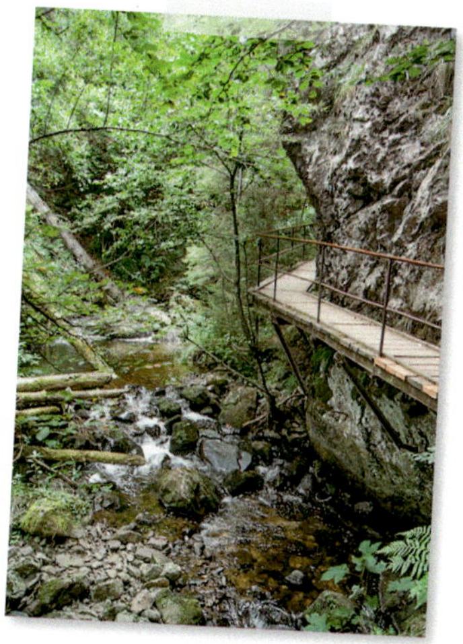

Nachdem ihr die Ravennabrücke hinter euch gelassen habt, lauft ihr direkt auf das GASTHAUS HOFGUT STERNEN (2) im Höllsteig zu, das seine Gäste mit Klassikern der Schwarzwälder und der badischen Küche verwöhnt. Eine Rast bietet sich hier an. Nicht nur, weil die weitere Wegstrecke fast keine Einkehrmöglichkeiten mehr bietet, sondern auch, weil das Gasthaus, das einst als Wirtshaus unter der Steig bekannt war, bedeutende Persönlichkeiten der Weltgeschichte beherbergte. Marie-Antoinette soll hier auf ihrem Brautzug nach Frankreich Halt gemacht haben, Goethe logierte gleich zweimal dort, und sogar Napoleon III. wollte es sich nicht nehmen lassen, in besagter Unterkunft Quartier zu nehmen. (Dank der Erstgenannten soll übrigens die Straße durch das Höllental eigens für die Durchfahrt ihres Wagenzugs ausgebaut worden sein.) Wem das alles nicht reicht, der kann hier außerdem den Glasbläsern bei der Arbeit über die Schulter schauen oder sich vor einer der größten Kuckucksuhren der Welt ablichten lassen.

Die gelbe Raute weist den weiteren Weg in Richtung Kirchzarten. Nachdem ihr das kleine Zollhaus passiert habt, geht es bald kurz vor der Kapelle St. Oswald auf einem unscheinbaren Wiesenpfad durch

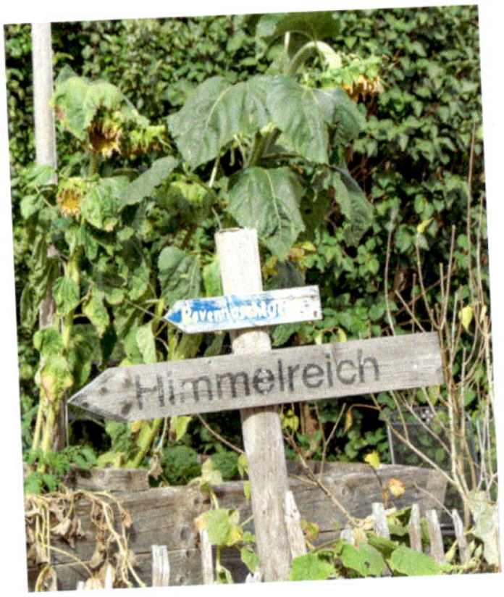

DA GEHT'S NACH HIMMELREICH

eine kleine Unterführung unter der B31 hindurch. Hier dem Hinweis »Höllental Jägerpfad« folgen. Zugegeben, der Weg ist hier längst nicht mehr so spektakulär wie in der Ravennaschlucht, dennoch hat er seinen Reiz. Denn mal führt er über schmale, nicht immer vertrauenerweckende Holzstege, mal durch den Wald oder über Wiesen – das Höllental zeigt hier plötzlich ein ganz anderes, fast zartes Gesicht. Die gelbe Raute schickt euch wieder den Berg hinauf, immer weiter und weiter, der breite Forstweg macht es den müden Wandererbeinen jedoch einfach. Die nächste Wegmarkierung lässt hier etwas auf sich warten, erst nach ca. zwei Kilometern taucht die gelbe Raute wieder am Wegesrand auf. Schließlich lichtet sich der Wald und gibt den Ausblick auf die Umgebung frei. Zwischen den Bäumen sieht man die gewaltigen Felsen auf der anderen Bergseite des Höllentals, und wenn ihr Richtung Freiburg blickt, kann man sogar den Rosskopf mit seinen vier Windrädern in der Ferne ausmachen. Über den Weber-Peter-Weg erreicht man endlich das Örtchen FALKENSTEIG 3. Ein schmaler Pfad führt von hier zwischen Wiesen und Wohngebieten hindurch in das Örtchen mit dem vielversprechenden Namen Himmelreich. Immer noch weist euch die gelbe Raute den Weg. Wer für heute genug gelaufen ist, kann bereits am BAHNHOF HIMMELREICH 4 in den Zug nach Freiburg steigen, ansonsten führt der letzte Teil der Wegstrecke durch Burg-Höfen bis an den Kirchzartener Bahnhof. Setzt euch in eines der Restaurants, und lasst den Tag bei einem kühlen Gerstensaft noch einmal Revue passieren. Es ist geschafft, ihr habt es euch verdient!

Alles, was ihr wissen müsst

keine Rundtour: Lange, herausfordernde Tour // kann am Bahnhof Himmelreich beendet werden // Weg durch die Ravennaschlucht kann teilweise rutschig sein // **nicht kinderwagentauglich**

Markierung: rot-weiße Raute »Querweg Freiburg – Bodensee« bis Mittlere Ravenna // danach gelbe Raute bis Kirchzarten

Entfernung von Freiburg: 28 Kilometer
ÖPNV: ab Freiburg mit der Regionalbahn nach Hinterzarten, Rückfahrt: ab Himmelreich/Kirchzarten zurück nach Freiburg
Auto: am Bahnhof Kirchzarten parken, dann in den Zug nach Hinterzarten steigen

Einkehr: Gästehaus Ketterer, Windeck 26, 79856 Hinterzarten, gaestehaus-ketterer.de // **Ristorante Il Leonardo Da Vinci,** Rathausstraße 1, 79856 Hinterzarten // **Hofgut Sternen,** Höllsteig 76, 79874 Breitnau, hofgut-sternen.de

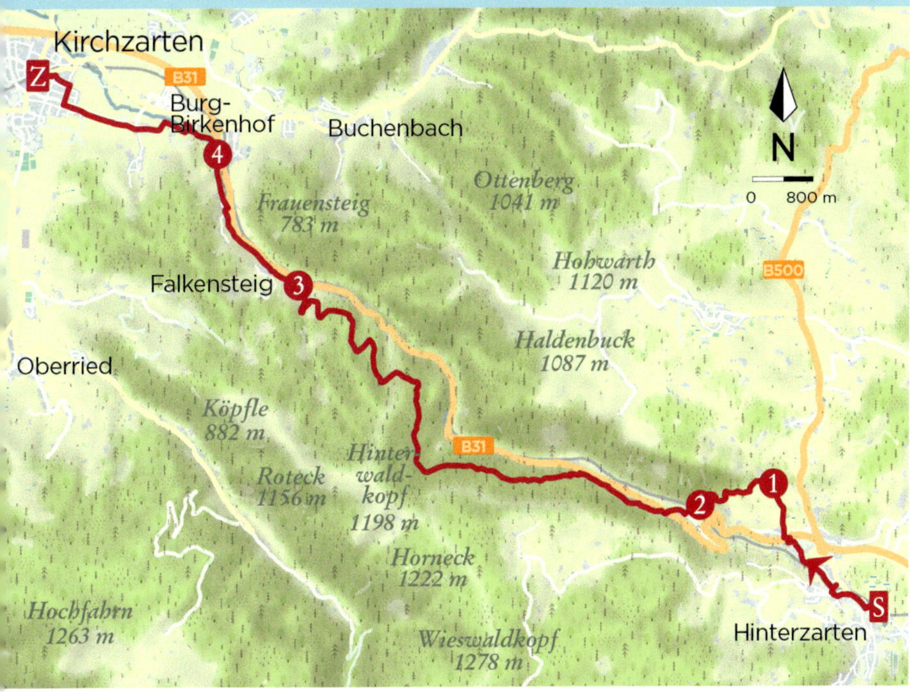

Durch die Gauchachschlucht

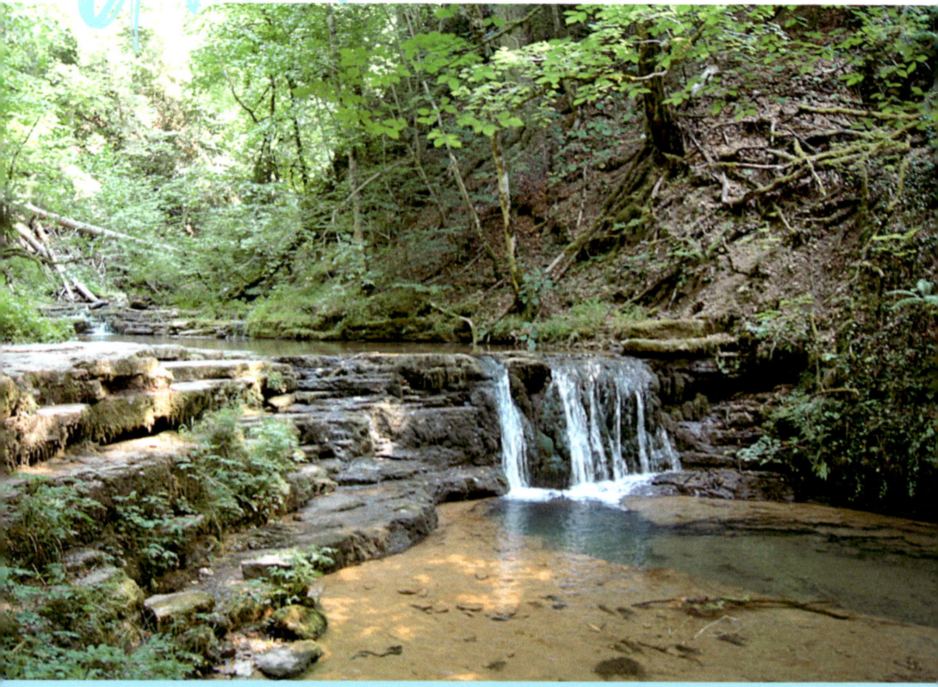

Schwierigkeit: mittel // 10,1 Kilometer // 159 Höhenmeter

Für Familien mit älteren Kindern geeignet

UNBERÜHRTE ÜPPIGE NATUR,
KRISTALLKLARES WASSER
UND EIN WEG, DER ÜBERRASCHT

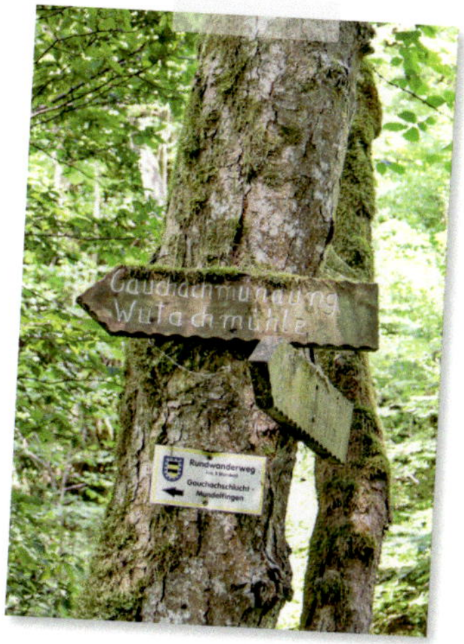

Ach, Gauchach, du bist so schön ... Diese Tour lässt das Wandererherz garantiert vor Freude hüpfen, denn sie ist an Abwechslung und Einzigartigkeit kaum zu übertreffen! Die Gauchachschlucht gehört zu den ältesten Naturschutzgebieten Baden-Württembergs (seit 1939) und zugleich zu den absoluten Touren-Highlights in diesem Buch. Und das Beste: Man ist trotzdem weitestgehend für sich!

Die Tour startet am Wanderparkplatz Burgmühlenweg Mundelfingen. Bereits bei der Ankunft tun sich unwillkürlich die existenziellen Fragen des Lebens auf. Wie zum Beispiel: Leben hier wohl dieser Fuchs und der Hase, die sich zuweilen Gute Nacht sagen? Grund für diese Vermutung ist wohl die weite Natur um einen herum, welche jedoch noch nicht auf wildromantische Schluchten schließen lässt. Der breite Weg in Richtung Nordwesten führt nämlich zunächst vorbei an den ausgedehnten Wiesen und Wäldern der Baar und bietet ein ganz eigenes Flair von Weite und Lieblichkeit. Am Waldrand angekommen, geht es links ab, der Beschilderung des Genießerpfads nach. Schon bald verjüngt sich der Weg und führt hinab Richtung Talgrund. Eine angenehme Kühle macht sich breit, und nach und nach verschluckt die Natur alle Geräusche der Zivilisation. Ihr erreicht schließlich einen kleinen Steg, der über das lauschig vor sich hinplätschernde Balgenbächle führt. Nach dessen Überquerung geht es weiter bis zum WEGPUNKT LOCHMÜHLE 1, an welchem Balgenbächle und Gauchach aufeinandertreffen. Aufmerksame Beobachter werden hier ein paar bemooste Mauerreste am Wegesrand erblicken – sie sind die letzten Zeugen des Unglücks, welches sich am 20. Juli 1804 ereignete. Neben der Zerstörung einiger Gebäude sind an diesem Tag außerdem drei Menschen und zahlreiche Tiere in der damaligen Lochmühle den Fluten der Gauchach zum Opfer gefallen. Grund

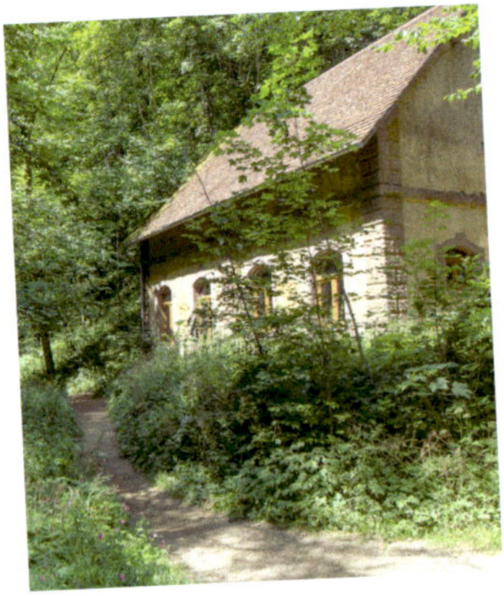

Turbinenhaus bei der Burgmühle

dafür war ein verheerendes Unwetter, wodurch sich das sonst so beschauliche Flüsschen zu einem reißenden Strom entwickelte. Das Lochmühlen-Ehepaar soll laut Überlieferung nur deshalb vom sicheren Tod verschont geblieben sein, weil es sich an diesem Unglückstag auf einer Wallfahrt in Löffingen befand. Zum Andenken haben sie die Nothelferkapelle oberhalb des Berghangs erbaut und die Gauchach seitdem sich selbst überlassen. Diese kleine Geschichte veranschaulicht, weshalb die Gauchach nicht nur als die kleinere, sondern auch als die impulsivere Schwester der Wutach gilt. Dies liegt wohl vor allem an dem starken Gefälle und der Enge der Schlucht, durch welche der Bergbach sommers wie winters hinabströmt.

DAS EINZUGSGEBIET DER GAUCHACH BEGINNT MIT DEN OBERLÄUFEN SCHWARZLACHENBÄCHLE UND KRÄHENBACH IN DEN WÄLDERN ZWISCHEN BRÄUNLINGEN UND EISENBACH. SEINEN ZUNÄCHST GEMÄCHLICHEN CHARAKTER VERÄNDERT DAS GEWÄSSER UNTERHALB VON DÖGGINGEN, WO SICH DER BACH TIEF IN DAS MUSCHELKALKGESTEIN GEGRABEN HAT. HOHE SCHWEMMHOLZANTEILE UND BAUMLEICHEN IM FLUSSBETT VERMITTELN EINEN GUTEN EINDRUCK VON DEN UNBERECHENBAREN HOCHWASSERABFLÜSSEN IN DIESEM GEBIET.

Weiter geht es hinab in die Gauchachschlucht. Hier beginnt der mit Abstand spektakulärste Abschnitt der Wanderung. Dies ist vor allem der abwechslungsreichen und vielfältigen Natur geschuldet, die ihr Möglichstes aufzufahren scheint, als wollte sie beweisen, dass sie der Wutach in nichts nachsteht. Das glasklare Wasser der Gauchach bietet Sicht bis auf den Grund und sucht mal sprudelnd in kleinen Wasserfällen und Kaskaden, mal genüsslich langsam in breiten Becken seinen Weg zur Mündung. Daneben erheben sich inmitten des grünen Dickichts immer wieder steil emporragende Muschelkalkfelsen, die dem lauschenden Wanderer von der geologischen Geschichte dieses Ortes berichten.

Ja, langweilig wird es auf diesem Abschnitt wirklich nie, denn hinter jeder Biegung wartet ein neues Naturschmankerl, und tatsächlich weiß man gar nicht so recht, wohin man eigentlich zuerst schauen soll. Das Entdecker-Feeling, das einen hier unweigerlich überkommt, rührt, neben der wilden Natur, letztlich wohl auch daher, dass man

Dieser schmale Steg bringt die Gauchachschlucht-Wanderer sicher auf die andere Uferseite

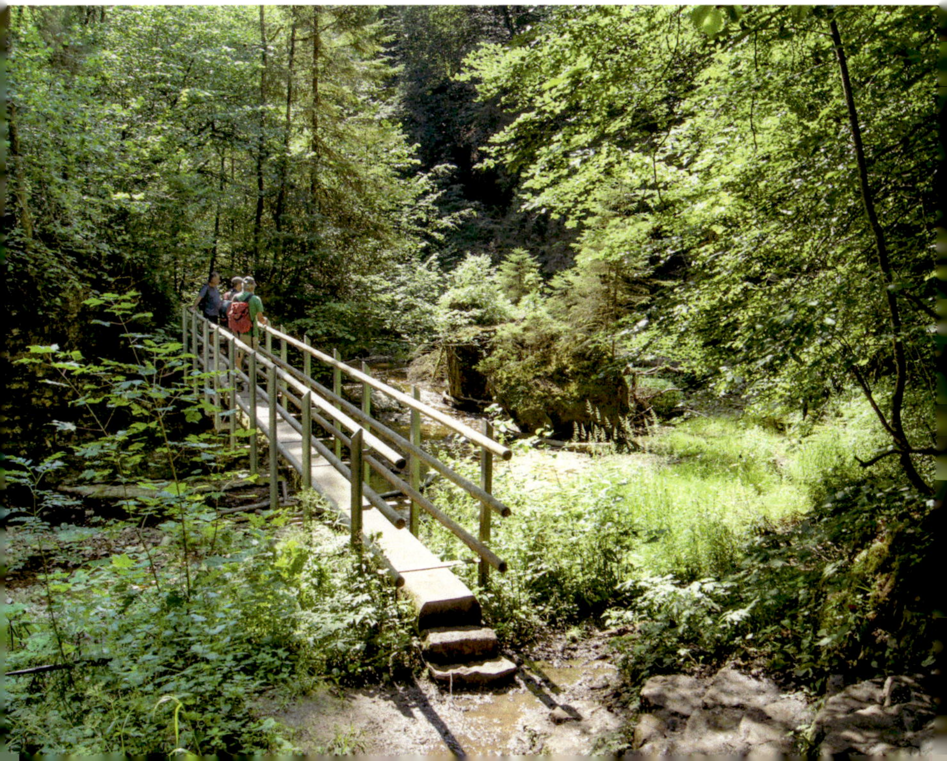

dieses Gebiet ausschließlich zu Fuß erreichen kann. Selbst das Mobilfunknetz stößt hier an seine Grenzen. Einmal Digital Detox – ob man will oder nicht … Doch glaubt mir: Fernab vom Alltag lässt sich der einmalige Weg durch die Gauchachschlucht noch viel mehr genießen. Und während man so durch die tiefe Schlucht stapft, dankt man in Gedanken dem damaligen Landesbeauftragten für Naturschutz in Baden, Hermann Schurhammer, der sich Ende der 1920er Jahre für die Schaffung des Naturschutzgebietes Wutach-Gauchachtal eingesetzt hat.

Naturschutzgebiete haben eine lange Tradition in Deutschland, eine rechtliche Grundlage wurde für sie jedoch erst 1919 geschaffen. Generell dienen Schutzgebiete der Bewahrung natürlicher Lebensräume und dem Erhalt von Pflanzen- und Tierarten. Um dies zu gewährleisten, werden Eingriffe des Menschen in die Natur ver-

Der Kanadiersteg verspricht auch bei Regen trockenes Übersetzen

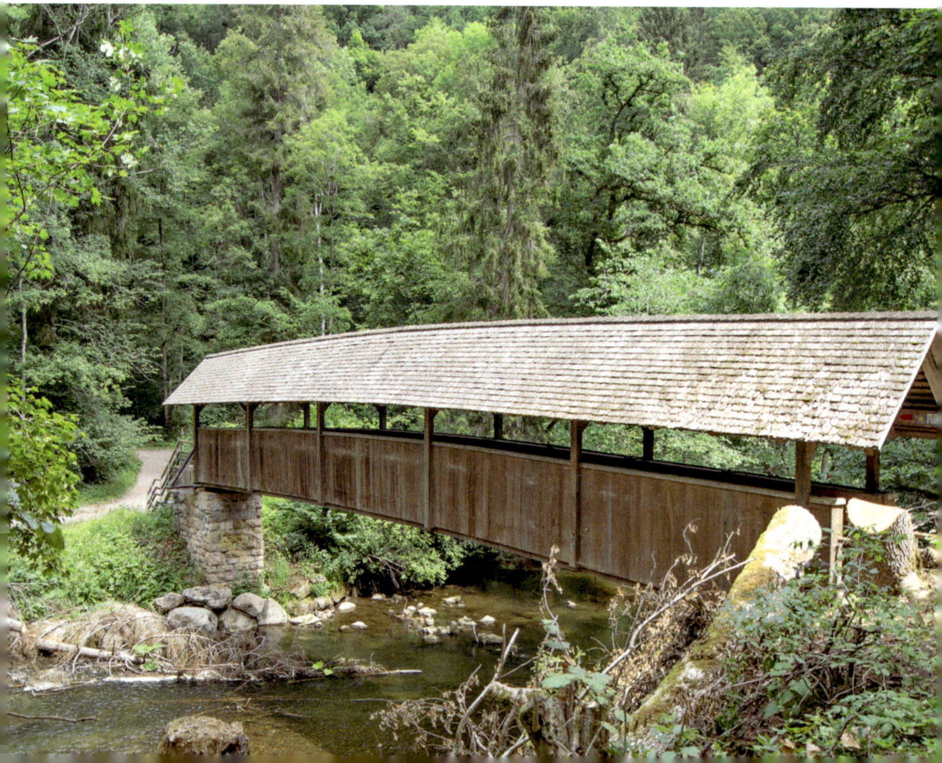

hindert. Auch den Interessen von Industrie, Landwirtschaft oder Tourismus werden dadurch klare Grenzen gesetzt.
Weiter geht es am Ufer des bezaubernden Bergbachs entlang. Bei all der Faszination gilt es einzig, den Weg nicht komplett aus den Augen zu verlieren. Hans Guck-in-die-Luft aufgepasst! Denn die Pfade der Gauchachschlucht führen zum Teil über blankes Gestein, wodurch der Untergrund immer wieder rutschig sein kann. Für trittsichere Wanderer mit angemessenem Schuhwerk sollte die Strecke jedoch generell kein Problem darstellen.

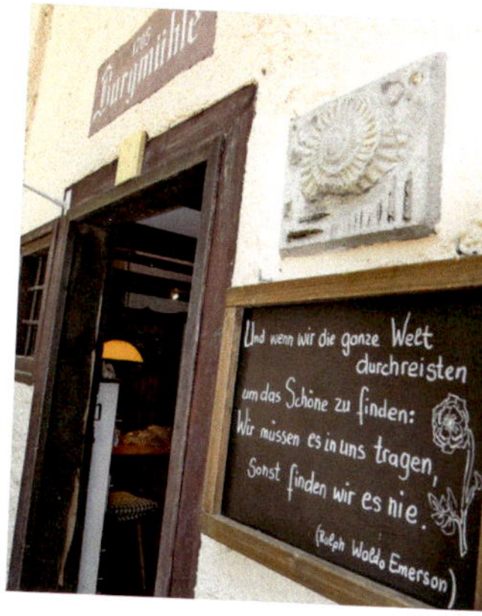

Vespern an der Burgmühle

Schließlich öffnet sich die Landschaft wieder etwas, und ihr erreicht das WANDERHEIM BURGMÜHLE 2. Sie gilt als eine der ältesten Mühlen Löffingens und wurde bereits 1475 schriftlich erwähnt. Die ehemalige Mühle dient heute als eine der wenigen Gaststätten für Wanderer und Ausflügler in der Schluchtengegend. Ein Stopp lohnt sich! Denn hier erwarten euch selbst gebackene Kuchen und feinste badische Spezialitäten – regional und fair gehandelt, versteht sich! Draußen auf der sonnigen Wiese inmitten von bunten Schmetterlingsscharen schmecken die Speisen und Getränke besonders gut, doch auch die gemütliche Stube verspricht beste Erholung. Ruht euch etwas aus und lasst die Eindrücke der bisherigen Tour auf euch wirken. Schließlich (nun der blauen Raute folgend) geht es nach der Burgmühle über eine kleine Holzbrücke weiter in Richtung Gauchachmündung. Alternativ kann man hier auch auf dem Genießerpfad bleiben und den nach links abzweigenden Burgmühlenweg zurück zum Ausgangspunkt der Wanderung nehmen.
Der Steg wirkt stabil, doch Hinweisschilder verweisen darauf, dass sich maximal drei Personen gleichzeitig auf ihm befinden dürfen. Von

einer Überprüfung dieser Vorgabe sei an dieser Stelle abgeraten. Obwohl das Landschaftsbild seinen schluchtartigen Charakter allmählich verliert, ist die Natur auch hier einmalig. Mannshohe moosbewachsene Felsen am Wegesrand strotzen nur so von Imposanz.

DIE UFER DER GAUCHACH UND DAS GESAMTE UMLIEGENDE SCHLUCHTENGEBIET BIETEN ZAHLREICHEN PFLANZENARTEN EINEN WICHTIGEN LEBENSRAUM. HIER GEDEIHEN RUND 40 PROZENT ALLER IN SÜDDEUTSCHLAND ERFASSTEN FARN- UND BLÜTENPFLANZEN. UM DEN ERHALT DIESER EINMALIGEN VEGETATION KÜMMERN SICH SEIT VIELEN JAHREN EHRENAMTLICHE NATURSCHUTZWARTE DES SCHWARZWALDVEREINS, DIE SEIT 1994 VON EINEM HAUPTAMTLICHEN »WUTACH-RANGER« UNTERSTÜTZT WERDEN.

Auf einem breiten, gut begehbaren Pfad geht es weiter in Richtung KANADIERSTEG 3. Wer auf diesem Streckenabschnitt aufmerksam ist, wird linker Hand eine im Fels eingefasste Gedenktafel von Wilhelm Baur entdecken. Sie wurde ihm zu Ehren dort angebracht, denn der ehemalige Apotheker und Botaniker war maßgeblich an der Schaffung des Fußwegs durch die Gauchachschlucht beteiligt.
Jedes Flüsschen findet irgendwann sein Ziel, und ihr seid nun an der Gauchachmündung angelangt. Hier vereinigt sie sich mit der Wutach, um eines Tages gemeinsam mit dieser in die Nordsee zu strömen. Über den Kanadiersteg könnt ihr den (nun deutlich breiteren Fluss) überqueren, um eure Wanderung auf der anderen Uferseite fortzusetzen.
Es geht an der Wutach entlang weiter flussabwärts bis zur WUTACHMÜHLE 4. Bei diesem Schnellimbiss könnt ihr noch einmal die letzten Kraftreserven auftanken, bis ihr wieder durch die Weiten der Baar zurück nach Mundelfingen und damit den Ausgangspunkt dieser Wanderung gelangt.

Alles, was ihr wissen müsst

Rundtour: Schöne Schluchtenwanderung // Die Wege in der Gauchachschlucht können rutschig sein // Die Wegbeschaffenheit kann bei der Touristeninformation Hüfingen angefragt werden // **nicht kinderwagentauglich**

Markierung: wechseln häufiger, besser an den einzelnen Wegpunkten orientieren // siehe Text oder GPS

Entfernung von Freiburg: 59 Kilometer
ÖPNV: ab Freiburg Hbf. mit der Regionalbahn nach Döggingen, weiter mit dem Bus 950 bis zur Haltestelle Mundelfingen Aussiedlerhöfe Hüfingen, von dort 850 Meter auf dem Burgmühlenweg bis zum Ausgangspunkt der Tour
Auto: Wanderparkplatz Burgmühlenweg, 78183 Hüfingen

Einkehr: Burgmühle, Burgmühle 4, 79843 Löffingen, gauchachschlucht.de

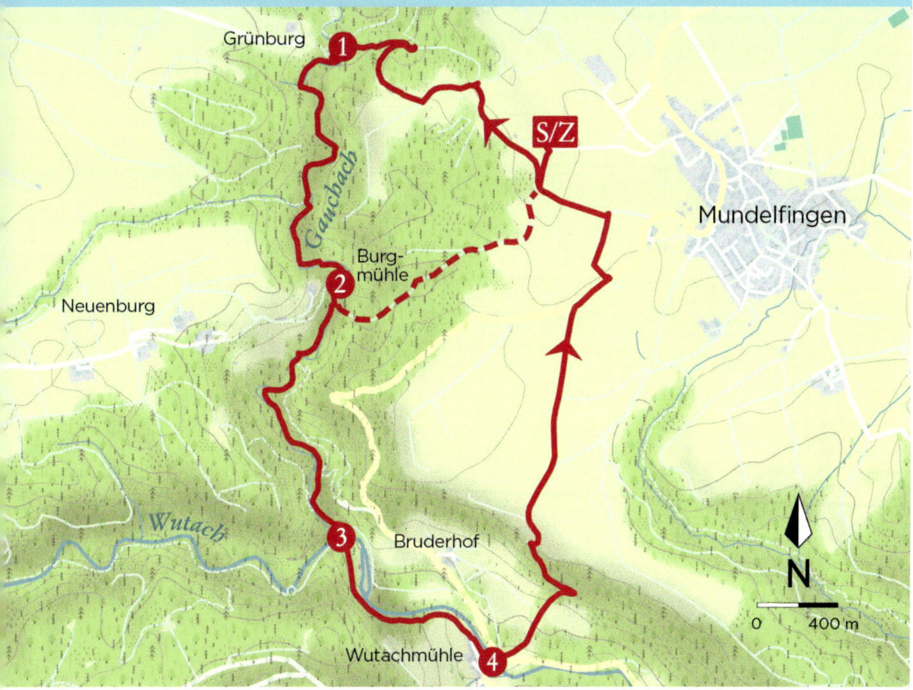

Entlang der schönen Wutach

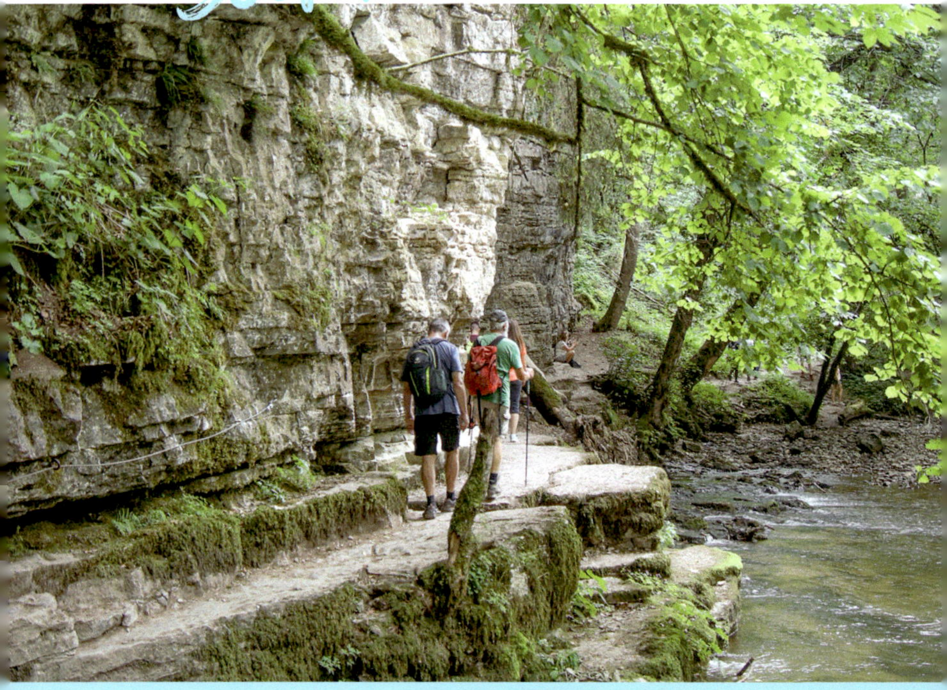

Schwierigkeit: schwer // 13 Kilometer // 310 Höhenmeter

Für Familien mit älteren Kindern geeignet

IMPOSANTE FELSGALERIEN, WILDROMANTISCHE WEGPASSAGEN UND SPRUDELNDE WASSERFÄLLE

Die Schönheit der Wutachschlucht ist längst kein Geheimtipp mehr. Ihre spektakulären Wegpassagen und ihre Naturvielfalt haben sich weit über die Grenzen des Schwarzwalds hinaus herumgesprochen und ihr den Namen »Grand Canyon Deutschlands« eingebracht. Trotz dieser Popularität hat sich die Gegend ihren Charme und ihre Ursprünglichkeit bewahren können, weshalb diese Wanderung auch zu den Touren-Highlights in diesem Buch gehört. Ja, die Wutach ist wahrlich 'ne Wucht! Wandert und staunt!

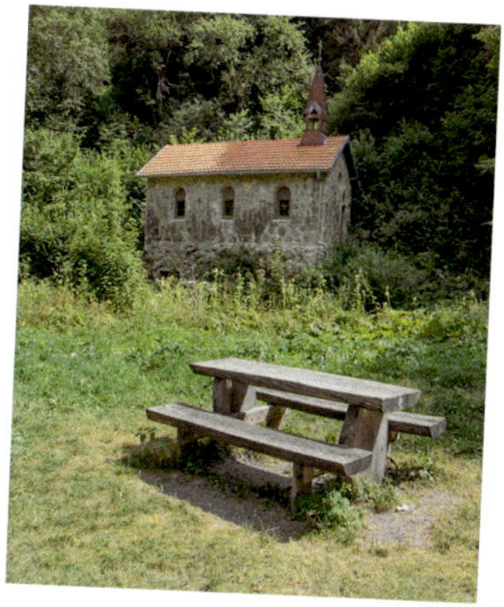

Beim ehemaligen Bad Boll

Die Tour durch die Mittlere Wutachschlucht startet an der Schattenmühle. Hier befindet sich ein großer Wanderparkplatz mit Informationstafeln zur Flora, Fauna und Geologie dieses außergewöhnlichen Gebietes. Die nahe gelegene Gaststätte (mit gleichem Namen) ist heute eine der wenigen Einkehr- und Übernachtungsmöglichkeiten in der Wutachregion. Wer sich vor der Wanderung noch einmal stärken möchte, sollte hier also die Gelegenheit dazu nutzen.

Vom Startpunkt führt der erste Teil der Wegstrecke, dem Schluchtensteig folgend, durch einen märchengleichen Wald. Unter dem dichten Blätterdach hindurch und über wurzelige Wege geht es langsam hinab in Richtung Schlucht. Schon nach kurzer Zeit präsentiert sich das erste Naturschauspiel dieser Wanderung: Über einen moosbewachsenen sattgrünen Felsvorsprung plätschert der DIETFURTER WASSERFALL 1 sanft, fast einem glitzernden Vorhang gleich, hinab auf den Wanderpfad. Ich verspreche euch: So was habt ihr noch nicht gesehen! Wunderschön und unwirklich erscheint diese Szenerie, und langsam beginnt man zu begreifen, warum diese Gegend einen der landschaftlichen Höhepunkte des Südschwarz-

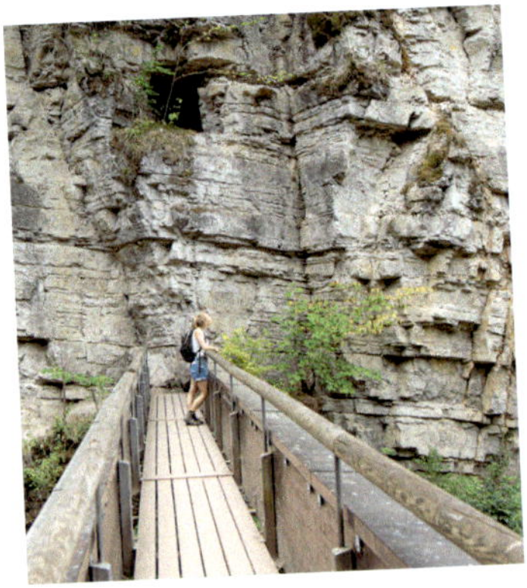

walds darstellt. Der Weg führt weiter bis zum Fritz-Hockenjos-Steg; nur einmal die kleine gebogene Holzbrücke überqueren, und schon seid ihr inmitten der Schlucht angelangt! Grün – nichts als Grün – und mittendrin die wunderschöne Wutach.

DIE WUTACH IST EIN INSGESAMT 91 KILOMETER LANGER FLUSS, DER AM FELDBERG SEINEN ANFANG NIMMT UND BEI WALDSHUT-TIENGEN IN DEN RHEIN MÜNDET. AUF SEINEM WEG DORTHIN WECHSELT DER WASSERLAUF MEHRFACH SEINEN NAMEN. ALS SEEBACH TRITT ER AUS DEM FELDSEE, NACH DER DURCHQUERUNG DES TITISEES TRÄGT ER DEN NAMEN GUTACH. ERST DIE VEREINIGUNG MIT DER HASLACH MACHT SCHLIESSLICH DIE GUTACH (»GUTE ACH«) ZUR WUTACH (»WÜTENDE ACH«).

Auf der rechten Uferseite geht es auf verschlungenem Pfad flussabwärts bis zum ehemaligen BAD BOLL 2. Dass dieser Ort auf eine interessante Historie zurückblickt und hier sogar einst Winston Churchill seine Zigarren geraucht haben soll, sieht man dem unscheinbaren Fleckchen Erde heute nicht mehr an. Nur eine kleine Kapelle und einige Picknickbänke auf einer großen Wiese stehen aktuell noch dort. Dabei gab es das Bad Boll bereits im 15. Jahrhundert. Ältere Schriften erwähnen ein Badehäuschen im Herzen der Wutachschlucht an einer kleinen Heilquelle. Seine wahre Blütezeit erlangte das spätere Kurhaus allerdings erst zu Beginn des 20. Jahrhunderts mit dem »Fishing Club Limited London«. Dieser erwarb das Anwesen 1894 und läutete damit die legendäre englische Ära in

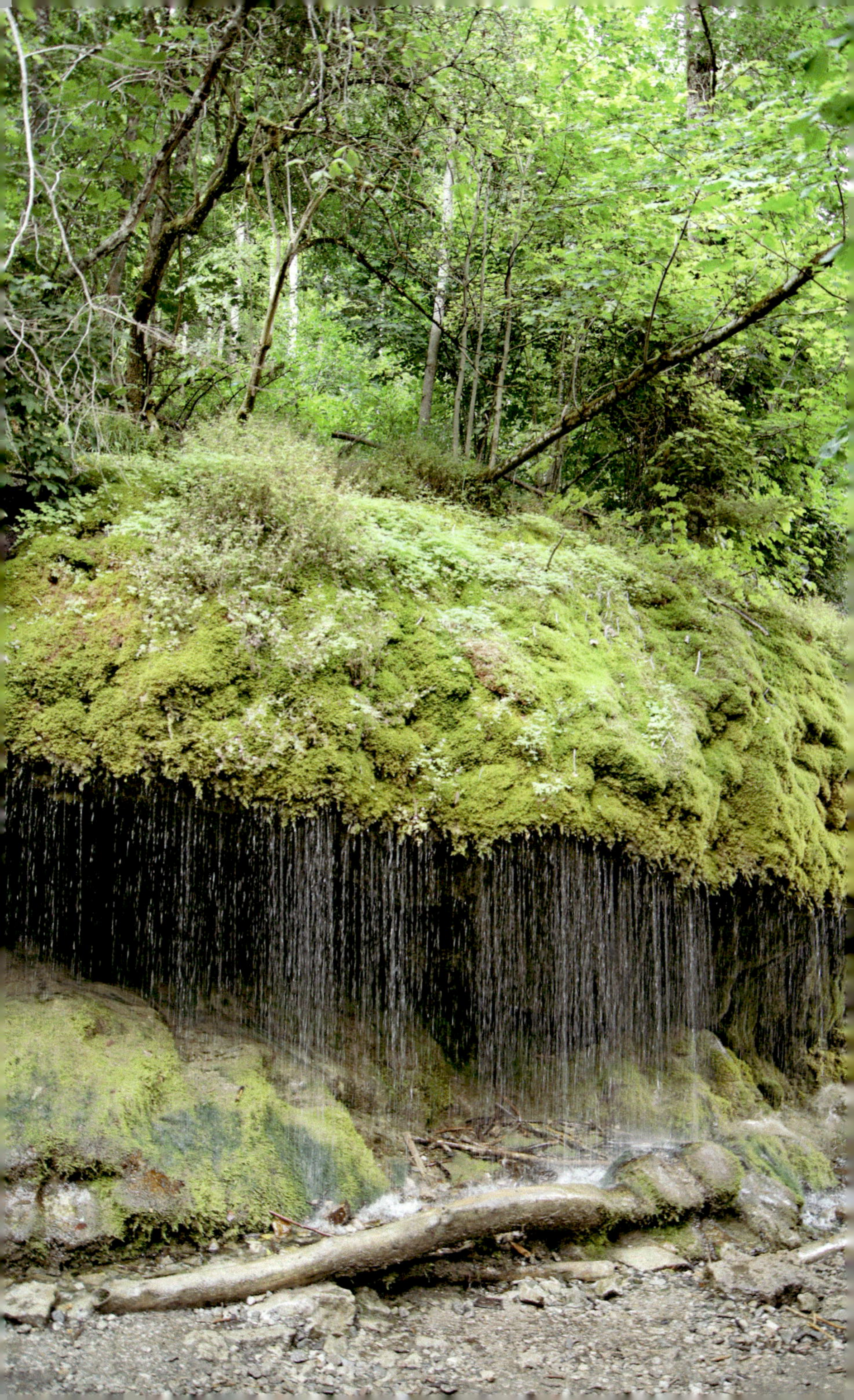

der Wutachschlucht ein. Englische Gentlemen und Kurgäste (darunter soll auch der bereits erwähnte englische Premierminister gewesen sein) kamen damals in diese Gegend, um sich zu erholen, Forellen zu fischen oder Theater- und Konzertaufführungen beizuwohnen. Bereits vor dem Ersten Weltkrieg ging das Kurhaus wieder in die Hände seines ehemaligen Pächters Paul Bogner über. Nachdem es einige Jahre ruhiger um Bad Boll wurde, erlebte die Heilanstalt ab 1960 eine kurze Renaissance unter dem Freiburger Arzt Werner Schütze. Seine alternativen Naturheilmethoden brachten ihm den Namen »Liebesdoktor von Bad Boll« ein. 1968 wurde Schütze jedoch verhaftet, man warf ihm unter anderem Abtreibung vor. 1975 brannte das Kurhaus schließlich ab, es wurde seitdem nicht wieder errichtet.
Weiter geht es dem Wegpunkt Wutachmühle folgend am Fluss entlang. Nicht nur das klare sprudelnde Wasser, sondern auch die viel-

Die Ufer sind gesäumt von seltenen Pflanzenarten – besonders üppig wächst hier die Pestwurz

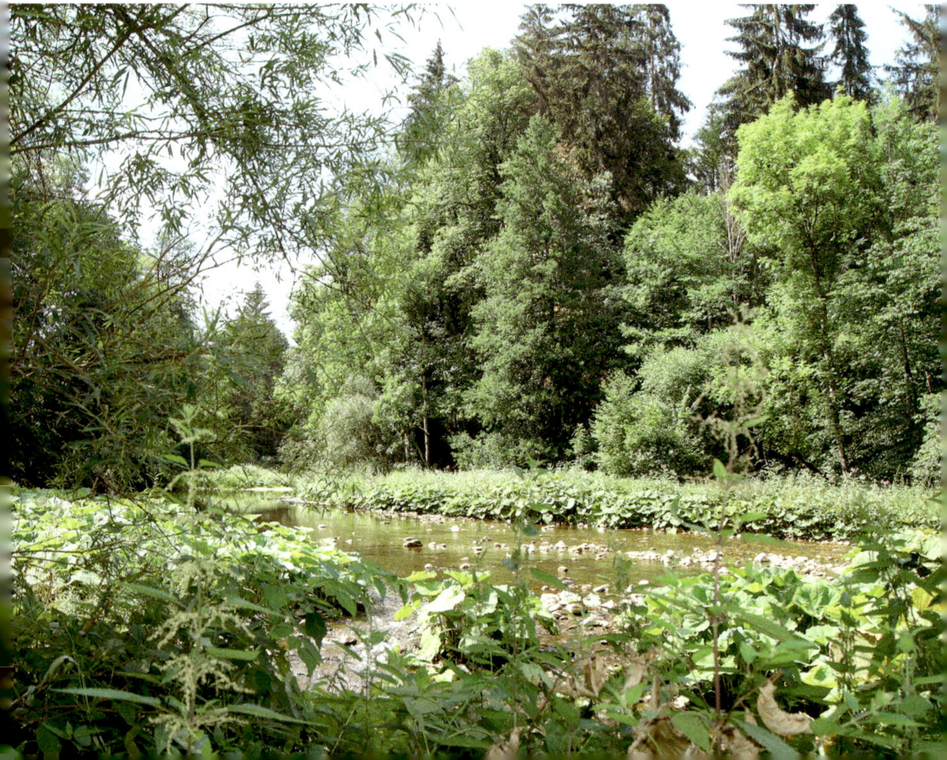

fältige Vegetation in der Schlucht ziehen die Aufmerksamkeit der Wanderer auf sich. Sumpfdotterblumen, Silberblatt, Frühlingsplatterbse und der Grüne Streifenfarn sind nur wenige der zahlreichen und seltenen Pflanzen, die sich in dieser Schluchtenregion ungestört ausbreiten können. Ein besonders auffälliges Gewächs ist die Pestwurz, die immer wieder weite Bereiche des Ufers überwuchert. Wie ihr Name schon erahnen lässt, wurde sie im Mittelalter gegen die Pest eingesetzt. Stück für Stück verengt sich das Gelände, und die für die Wutachschlucht charakteristischen Felsgalerien türmen sich allmählich vor einem auf. Es geht etwas bergauf, und während man entlang der Felsen in die Höhe wandert, kann man immer mehr von der wunderschönen Landschaft um sich herum überblicken.

Wieder kommt man an einem atemberaubenden Naturschauspiel vorbei – dieses Mal handelt es sich um den Tannegger Wasserfall. Nicht nur über den Felsen, sondern auch durch ihn hindurch fließt hier das Wasser auf den Grund – eine perfekte Erfrischungsmöglichkeit für die weitere Etappe. Nachdem der Weg mal durch weite Grünflächen, mal entlang von Wäldern führte, wird es wieder felsig, und nun erkennt man deutlich, mit wie viel Kraft sich die Wutach die letzten 10.000 Jahre ihren Weg zum Rhein gesucht hat.

Die Mittlere Wutachschlucht bildet in mehrfacher Hinsicht einen landschaftlichen Modellbaukasten. Wie mit einem Skalpell aufgeschnitten kann man hier nämlich ein beinahe dreidimensionales Bild einer Landschaft und ihres geologischen Untergrunds betrachten. Hunderte Millionen Jahre Erdgeschichte offenbaren die Felsen am Wegesrand, an denen man bei dieser Tour gemächlich vorüberzieht. Der Traum eines jeden Hobby-Geologen!

Die Wutachschlucht bietet zwar ein reichhaltiges Natur- jedoch nur ein begrenztes Einkehrangebot. Wer in weiser Voraussicht Proviant eingepackt hat, kann diesen wunderbar an der SCHURHAMMERHÜTTE 3, die nicht lange auf sich warten lässt, zu sich nehmen. Auf der kleinen Wiese gibt es viele Sitzmöglichkeiten, bei Regen kann man es sich unter dem Vordach der Hütte gemütlich machen, und sogar eine Grillstelle lädt zum etwas längeren Verweilen ein. Nach der Pause führt euch ein kleiner Pfad weiter durch die abwechslungsreiche und einzigartige Flusslandschaft, Trittsicherheit ist hier immer wieder gefragt. Ihr kommt in das Gebiet der Muschelkalkschlucht, hier ist das Flussbett in warmen Sommermonaten des Öfteren ausgetrocknet. Dies ist der Wutachversickerung geschuldet.

DIE WUTACH VERSICKERT AUF IHREM WEG DURCH DIE SCHLUCHT AUF EINEM STRECKENABSCHNITT VON ETWA 1,5 KILOMETERN. DABEI FLIESST DAS VERSICKERTE WASSER IN EINEM UNTERIRDISCHEN HÖHLEN- UND KLUFTSYSTEM WEITER. AN DER SCHICHTGRENZE ZWISCHEN MITTLEREM UND UNTEREM MUSCHELKALK GELANGT SIE SCHLIESSLICH WIEDER ZURÜCK IN IHR EIGENES FLUSSBETT.

Es geht weiter die Schlucht hinab, mehrfach wechselt man dabei die Flussseite. Von Brücken und Stegen könnt ihr das Gebiet immer wieder aus neuen Perspektiven betrachten. Besonders schön zeigt sich dabei der historische RÜMMELESTEG 4, nach welchem die Wutach wieder aus dem Untergrund an der Oberfläche auftaucht. Zugegeben, allein ist man auf dieser Wanderung zwar selten, aber dies tut der Szenerie keinen Abbruch. Ein großer Pluspunkt ist außerdem, dass man die Orte ausschließlich zu Fuß erreicht, dadurch hat man das Gefühl, wirklich tief in die Natur einzutauchen, auch das Smartphone gerät bald in Vergessenheit, denn nach einem Handynetz sucht man vergebens.
Ihr erreicht den Kanadiersteg, wo die Gauchach in die Wutach mündet. Somit ist der letzte Streckenabschnitt dieser Tour eingeläutet, denn von hier ist es nur noch ein Katzensprung bis zur Wutachmühle, dem Endpunkt dieser Wanderung. Die Schlucht weitet sich allmählich, und der Imbiss an der Wutachmühle lädt zum geselligen Feierabendbier mit anderen Wanderern ein. Gratulation – ihr habt es geschafft!

Alles, was ihr wissen müsst

keine Rundtour: Je nach Witterung und Jahreszeit sind die Wege streckenweise rutschig // **nicht kinderwagentauglich**

Markierung: Schluchtensteig, rot-blau-grünes Wellenmuster

Entfernung von Freiburg: 65 Kilometer
ÖPNV: ab Freiburg Hbf. mit der Regionalbahn nach Löffingen, von dort Wanderbus zur Schattenmühle (Ende April bis Oktober), Rückfahrt: Von Ewattingen mit dem Bus zur Schattenmühle (alternativ Döggingen), weiter mit Bus/S-Bahn nach Löffingen, dann Regionalbahn nach Freiburg
Auto: Parken am Wanderparkplatz Wutachmühle, von dort Wanderbus zur Schattenmühle

Einkehr: Kiosk Wutachmühle, An der L 171, 79879 Wutach-Ewattingen // **Gasthaus Schattenmühle,** Schattenmühle 1, 79843 Löffingen, schattenmuehle.de

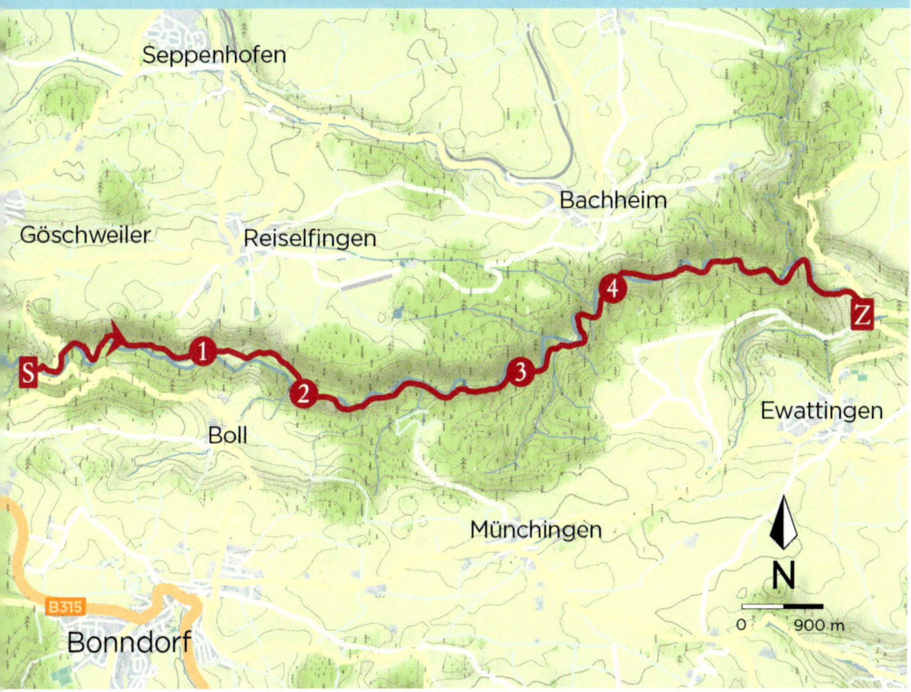

Vom Rohrhardsberg zum Ursprung der Donau

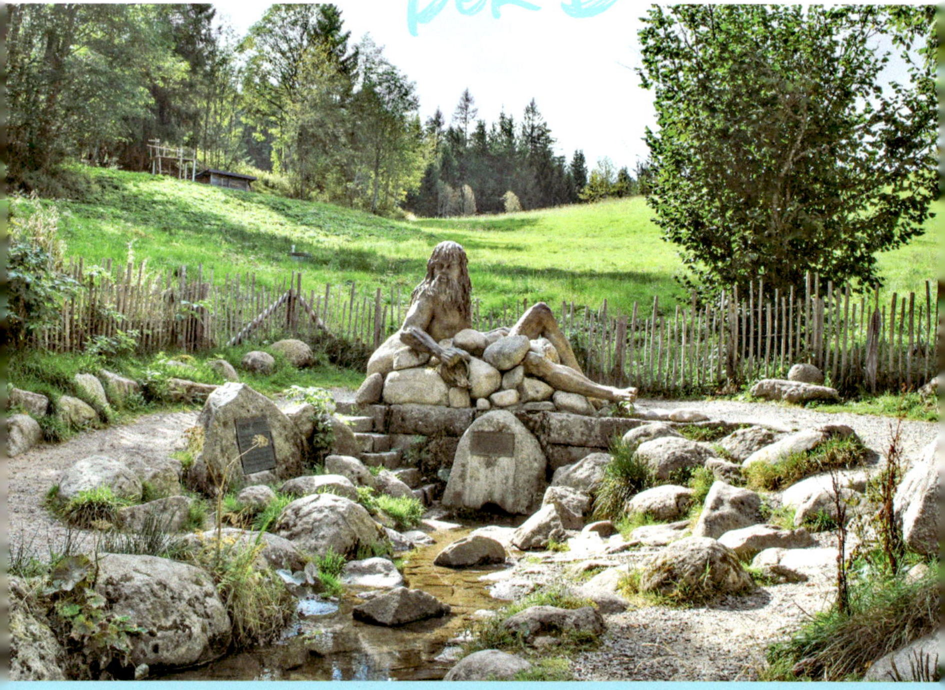

Schwierigkeit: mittel // 12,8 Kilometer // 360 Höhenmeter
Für Familien mit Kindern geeignet

QUELLEN UND HEILIGTÜMER, FELSFORMATIONEN UND SCHWARZWALDHÖFE IN WILDEN WEITEN

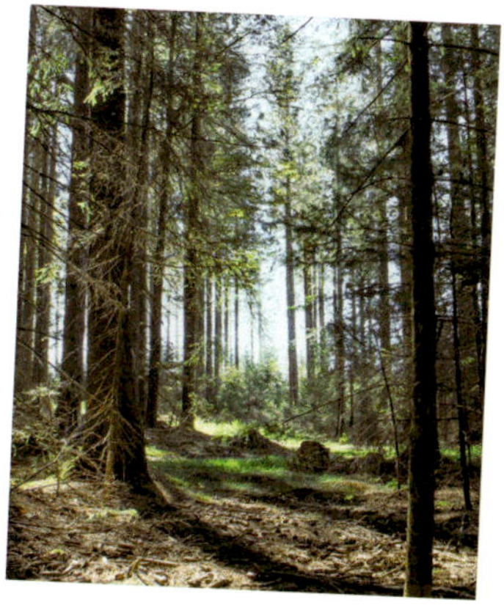

Waldstück am Brend

Heute wartet eine Wanderung der Superlative im Land der Quellen. Kulturelle, kulinarische und Kletter-Highlights in einer sanften Landschaft, der endlosen Hochebene zwischen Rohrhardsberg und Brend. Das werdet ihr nie vergessen!
»Elzfälle« klingt zwar imposanter, als diese zur Sommerzeit sind, mindestens ein Erinnerungsfoto sollte die sprudelnde Gischt euch aber wert sein. Dann zurück zum Abgang und der blauen Raute folgen. Und weil hier auch der U(h)rwaldpfad angelegt ist, wisst ihr immer, was die Stunde geschlagen hat. Am schmalen Pfad warten überall süße Brombeeren auf euch.
Das Lift- und Wanderhäusle hat auch im Sommer geöffnet. Wer noch nicht gestärkt ist, wird auf der Blumenwiese eine zünftige Imbissgelegenheit vorfinden. Haltet euch nach der Wiese rechts Richtung Ochsenhof (blaue Raute). Dieser Weg ist bequemer, bietet mehr Ausblicke und führt an rustikalen Schwarzwaldhöfen vorbei. Wer es knackiger mag, kann auch direkt zum Rohrhardsberg wandern. Die Variante ist etwas steiler, aber dafür auch schattiger.
Im Niemandsland, vor weiten Wiesenmatten, stehen Schwarzwaldhöfe in ihrer ganzen Pracht. Wer kam auf die Idee, genau hier sein Zuhause zu errichten? Wie lange mag es gedauert haben, bis alles stand? Holz für Holz, Stück für Stück, mit einfachsten Mitteln. Und nun Natur im Überfluss, jeden Tag das eigene Schwarzwaldreich.
Ihr erreicht den Schlagbaum – der Name ist Programm. Von allüberallher laufen hier Wanderer zusammen, zahlreiche Routen ergeben ein regelrechtes Schilderlabyrinth. Auch die blaue Raute mündet vorübergehend in den Zweitälersteig ein (grüne Raute mit Herz) – einfach weiter Richtung Schwedenschanze auf dem kleinen Teer-

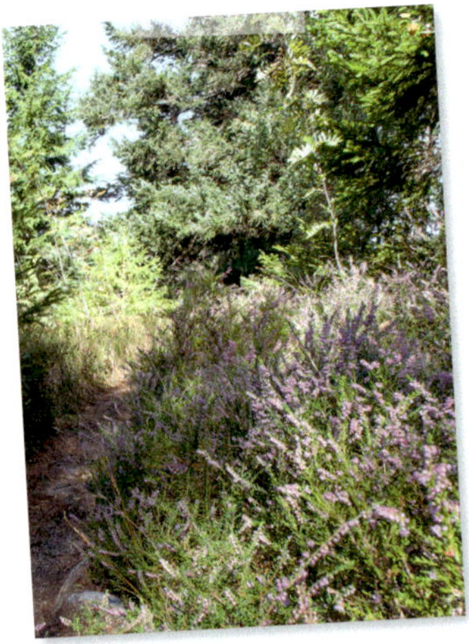

sträßchen. Rechts unter euch liegen die letzten Tannen von Yach mitsamt dem Siebenfelsen. Zur Linken öffnet sich eine leicht ansteigende Hochebene. Ein wahres Mega-Idyll ist der Schänzlehof samt Kapelle, die SCHWEDENSCHANZE 1 on top.

Es wird etwas steiler, doch der Lohn ist nahe: vielleicht ein frisches Weizenradler an der Schwedenschanze? Von der Bierbrauerfamilie Ketterer? Der Werbeslogan verspricht: Ketterer sind netterer! Die »Schänzle«-Terrasse ist sehr weitläufig, und man kann sich niederlassen, wo immer es einem beliebt. Nächste Belohnung: ein wunderbarer Blick Richtung Elztal.

DER NAME SCHWEDENSCHANZE ERINNERT AN ABWEHRANLAGEN (SCHANZEN), DIE AUCH IM SPANISCHEN ERBFOLGEKRIEG NOCH EINE ROLLE SPIELTEN. DAS GASTHAUS SELBST WURDE FAST IM ALLEINGANG VON EINEM MANN IN MÜHSAMER HANDARBEIT ERRICHTET – DEM 1902 GEBORENEN ELZACHER JOSEF BURGER, VULGO ROHRHARDSBERGER SEPP. DER GELERNTE SCHREINER WAR ZUGLEICH EIN LEIDENSCHAFTLICHER FREUND DER BERGE. 1932 WAR SPATENSTICH, UND VON DA AN WURDE JAHR FÜR JAHR AM AUSBAU DES HAUSES GEARBEITET.

Das Getränk wird euch vielleicht noch besser munden, wenn ihr euch vor Augen führt, dass hier oben, auf den einsamen Höhen des Rohrhardsberges, zuvor weit und breit keine Herberge war. Doch es kommt noch besser. Während wir heute alle erdenklichen Annehmlichkeiten genießen dürfen, musste einstens der nimmermüde Burger »viele Jahre lang alle Lebensmittel und die vielen Dinge des täglichen Bedarfs im Rucksack vom Tal heraufschleppen«. Doch nicht nur dadurch ist er den Menschen im Elztal bis heute in wohlwollender Erinnerung. Auch in schwierigen Zeiten – namentlich in den Kriegsjahren – erwies sich Burger nämlich als Wohltäter für die lokale Bevölkerung. Und bis heute unterstützt seine Stiftung Söhne und Töchter der Gemeinde. Wenn ihr das Lokal betretet, könnt ihr übrigens immer noch mit ihm »in Kontakt treten«: Stühle, Tische und zahlreiche Schnitzereien im Inneren des Gasthauses wurden von ihm gefertigt.

Der Rohrhardsberg (1.152 Meter) ist eine der höchsten Erhebungen des mittleren Schwarzwalds. Der dortige Funkturm, den man schon im näheren Umkreis erkennen kann, ist jedoch nicht zum Besteigen da. Ein längerer Aufenthalt macht hier also nicht wirklich Sinn. Eine Variante wäre ab hier die gelbe Raute. Folgt ihr weiter der blauen, so gelangt ihr auf den Schwedenschanzenweg, der eine topfebene Spur

Juwel im endlosen Grün:
der Schänzlehof samt Kapelle

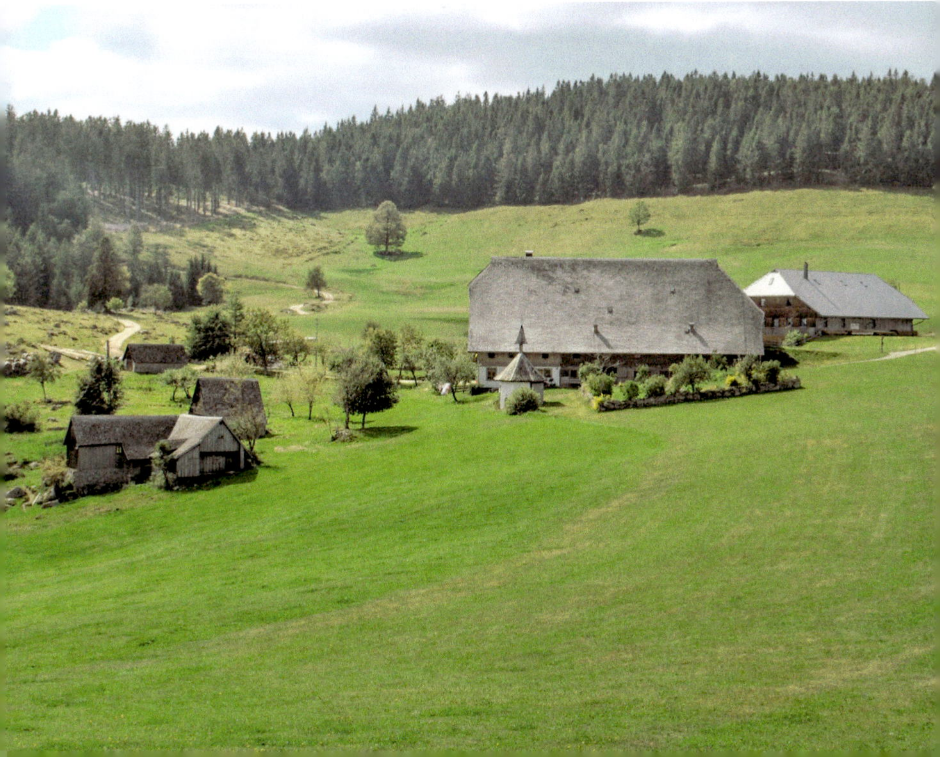

durch lichte Tannenwälder bahnt. Er wird im Winter als Loipe benutzt und bildet einen Teil des größten Ski-Wanderweges im Schwarzwald. Sagenhafte 100 Kilometer und 2.300 Höhenmeter kann man so zwischen Schonach und Belchen auf Brettern zurücklegen. Gut Holz!
Ein paar Gehminuten später kommt ihr an die WALLENBRUNNENHÜTTE 2, ein herrliches Örtchen für eine kurze Rast. Das werden sich auch die Heerscharen von Eidechsen gedacht haben, die hier zu sonnigen Stunden in reicher Zahl anzutreffen sind und immer wieder neugierig hinter den Schindeln hervorlugen. Ein Brunnen liefert klares Wasser, und eine Grillstelle ist auch angelegt.
Mit dieser Power seid ihr wieder aufnahmebereit für ein wahres Bündel an Attraktionen an ein- und demselben Ort. Zuerst die europäische Wasserscheide. Macht es euch bewusst: Einen Meter nach drüben, und alles Wasser fließt irgendwann in die Nordsee. Einen Schritt nach

Mystische Günterfelsen: Wo der Wald am dunkelsten ist, verstecken sich verschachtelte Felsformationen

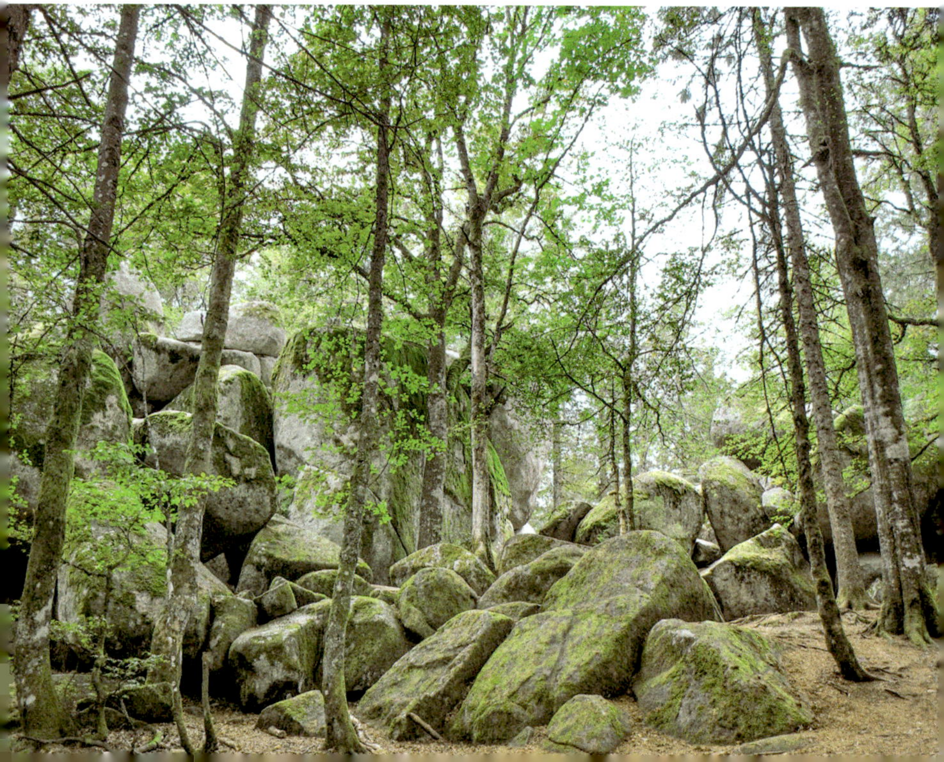

hüben endet alles im Schwarzen Meer. Hier oben, unendliche Weiten entfernt, entscheidet sich aufgrund einer kleinen Bodenwelle das Schicksal eines jeden Wassertropfens für die nächsten Tage und Wochen.
Das ist ja fast eine göttliche Fügung. Und deswegen nichts wie hinein in die Martinskapelle, die ihren sehenswerten ursprünglichen Charakter aber bewahrt hat.

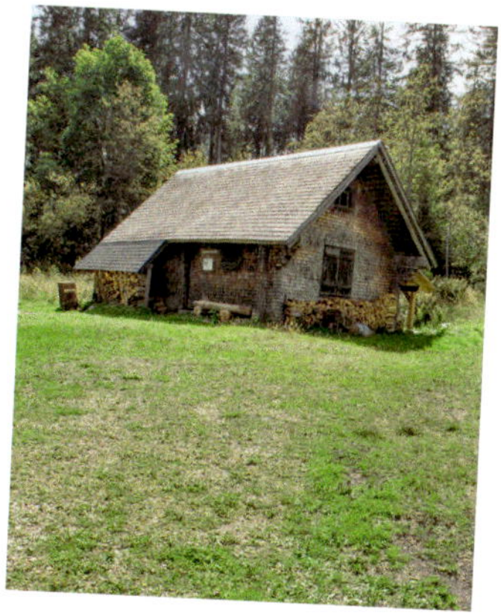

Die Wallenbrunnenhütte

DIE DONAUQUELLE 3: JEDER WASCHECHTE SCHWARZWÄLDER KENNT DEN MERKSPRUCH »BRIGACH UND BREG BRINGEN DIE DONAU ZU WEG« UND DA DIE BREG, DER LÄNGERE DER BEIDEN DONAUQUELLFLÜSSE, HIER OBERHALB VON FURTWANGEN ENTSPRINGT, IST DIESER ORT HYDROLOGISCH BETRACHTET DIE QUELLE DER DONAU. LAUT DORTIGER INFORMATIONSTAFEL SIND ES BIS ZUR MÜNDUNG INS SCHWARZE MEER 2.888 KILOMETER.

Natürlich gibt es auch hierzu konkurrierende Angaben und Ansichten. Besonders ein wohl schon auf die Römer zurückgehendes Quellenheiligtum bzw. -denkmal in Donaueschingen reklamiert für sich ähnlich überregionale Bedeutung und war lange Zeit auch bekannter. So verirrten sich die ersten Touristen erst in den 1920er Jahren hierher an die Bregquelle, allerdings meist mehr der Martinskapelle wegen. Als 1954 die Quelle gefasst wurde, kam der damalige Kolmenhof-Bauer Welbert Haberstroh auf die Idee, ein Gasthaus für die Schar der Besucher zu errichten. Noch heute könnt ihr beim Kaffee auf der Außenfläche mit seinen Nachfahren ins Gespräch kommen. Zum Beispiel darüber, wie bereits Anfang der 1990er Jah-

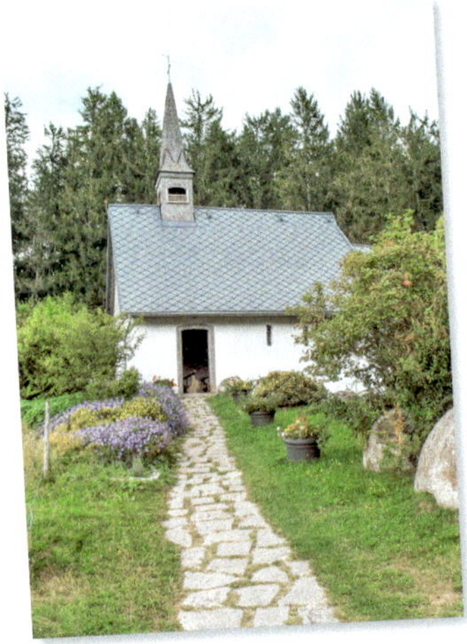

re Bürger aus den ehemaligen Ostblockstaaten in ihren Autos übernachteten, um die Quelle der Donau sehen zu können. Heute geht es da schon viel offizieller zu: Tag für Tag strömen Besucher zu dem schmalen Rinnsal, das zufällig solch globale Bedeutung bekommen hat. Fast bei jedem Besuch trifft man auch auf rumänische Reisende, die nicht glauben wollen, wie klein hier beginnt, was sich bei ihnen vor der Haustür zu einem riesigen Strom und kilometerlangen Delta ausgewachsen hat. Wer hier herkommt, hat oft eine ganz besondere Geschichte zu erzählen. Ihr steht (oder sitzt) gerade jetzt an einem der Highlights des Hochschwarzwalds. Dann kann man auch das volle Programm mitnehmen: dem Danuvius auf dem Schoß sitzen, den Lieben ein Beweisfoto schicken und die Flaschen für den Weitermarsch mit klarem Bergquell füllen!
Zurück auf den Pfad: Wieder tiefer im Wald kommt es zu einer sonderbaren Begegnung. Die GÜNTERFELSEN 4 sind bombastisch; solche Gesteinsbrocken begegnen einem in dieser Wucht nirgendwo sonst im Schwarzwald: bis zu 15 Meter hohe, von der Witterung fein geschliffene Felsblöcke, die ineinander verschachtelt sind. Nicht nur Kletterer kommen hier auf ihre Kosten. Immer wieder finden sich spirituelle Gruppierungen ein, die im Schatten der Steine meditieren oder andere, mitunter geheimnisvolle Praktiken vollziehen, für welche dieser Ort wie geschaffen ist.
Nach diesem Tag wird es Zeit, das Finale einzuläuten. Zufälligerweise bietet der Berggasthof Brend nicht nur eine kleine Panoramaterrasse und Übernachtungsmöglichkeiten, sondern auch einen Aussichtsturm direkt vor der Haustür, von welchem der abendliche Blick über das Simonswälder Tal und den Kandel ohnegleichen ist. Hier oben werdet ihr sicher gut schlummern.

Alles, was ihr wissen müsst

keine Rundtour: mit Tour 22 als Übernachtungstour verbinden // bis zur Schwedenschanze mit ordentlichen Steigungen, danach bequem und auf breiten Wegen // **nicht kinderwagentauglich**

Markierung: blaue Raute bis zur Martinskapelle // zwischendurch kurz Zwei-Täler-Steig // dann rote Raute (Westweg)

Entfernung von Freiburg: 52 Kilometer
ÖPNV: von Freiburg Hbf. nach Elzach, dann Bus 7274, Haltestelle Mühlebühlbrücke, Schonach im Schwarzwald (nur an Wochenenden), Rückfahrt: mit dem Taxi. Tipp: übernachten!
Auto: nicht empfehlenswert

Einkehr: Gasthaus zur Schwedenschanze, Schänzlehof 19, 78136 Schonach, schaenzle.com // **Höhengasthaus Kolmenhof,** Neuweg 11, 78120 Furtwangen, kolmenhof.de // Übernachtung im **Berggasthof Brend**, Auf dem Brend 7, 78120 Furtwangen, berggasthofbrend.de

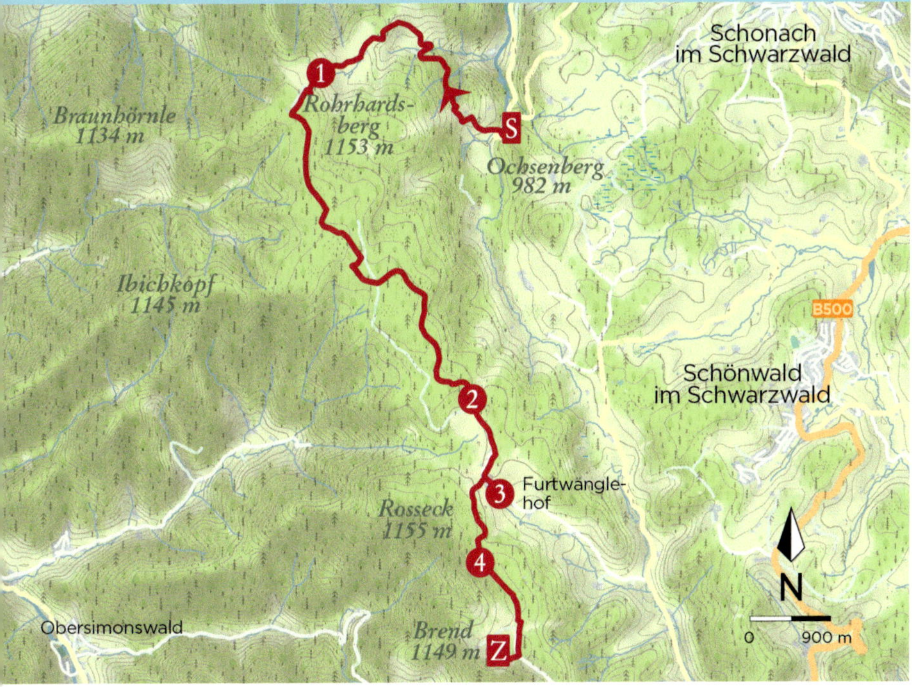

Vom Brend nach Triberg

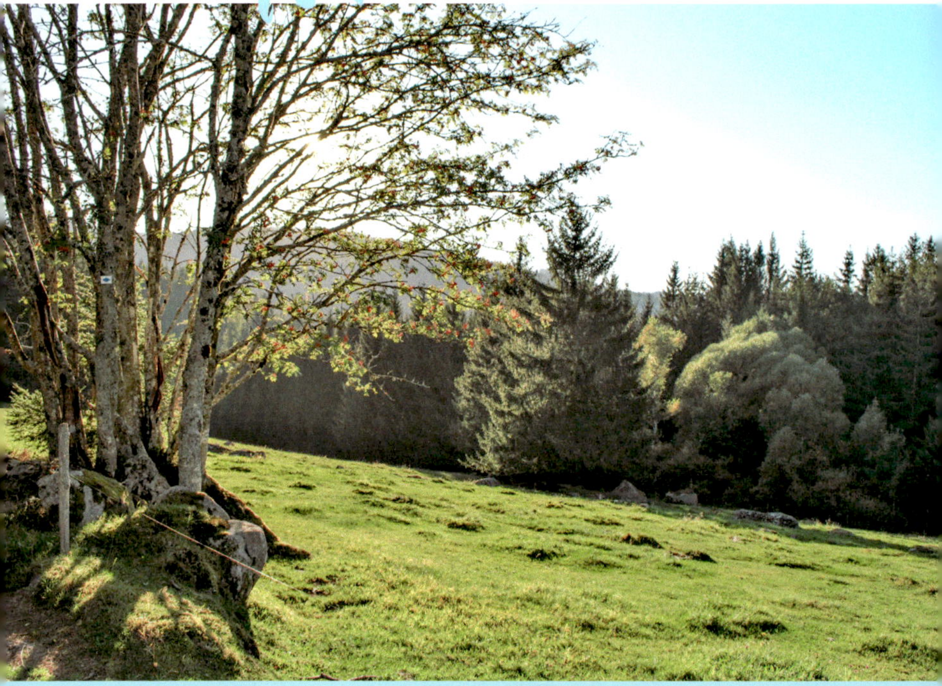

Schwierigkeit: mittel // 13,5 Kilometer // 150 Höhenmeter

Für Familien mit Kindern geeignet

*ÜBER SANFTE HOCHWIESEN,
VORBEI AN QUELLEN
ZU DEN TRIBERGER WASSERFÄLLEN*

Alte Höfe, wilde Tiere und originelle Cafés stehen Spalier, bis der Pfad langsam abfällt und die Tour im Schwarzwald-Musterort Triberg endet.

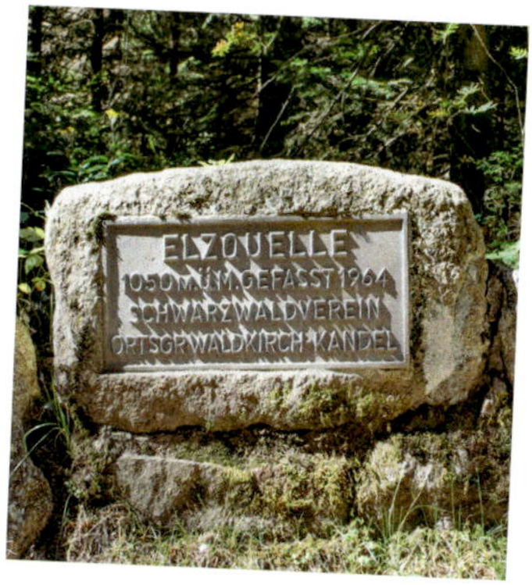

Die Quelle der Elz

Guten Morgen! Die Sonne lacht, und es wird ein wunderschöner Tag. Nach einem stärkenden Frühstück kann es auch schon losgehen. Flugs ins Morgenlicht hinaus, wo der Tau noch auf der Hochwiese steht und die Tröpfchen mit über Nacht gewachsenen Spinnennetzen zu feinen silbrigen Fäden verschmelzen. Riecht ihr die Würze des Waldes? Nichts ist so klar wie die Schwarzwaldluft am frühen Morgen. Dachten sich wohl auch manche Marketingexperten und füllten ebendiese in Blechbüchsen ab. Doch dies ist eine andere Geschichte.

Zur Strecke: Wer möchte, kann bis zur Donauquelle über das Rosseck variieren und lernt dann den Brend in seinen letzten Ausformungen kennen. Für alle anderen geht es vorbei an den markanten GÜNTERFELSEN 1, die im Morgenlicht eine tolle Atmosphäre verströmen. An der Martinskapelle angelangt, heißt es kurz aufgepasst: Die Elzquelle ist nämlich nur auf einem Holz- und später auf einem Fahrradschild vermerkt. Man erreicht sie jedoch trotzdem, wenn man der roten Raute folgt. Nach wenigen Schritten befindet ihr euch bereits auf der anderen Seite der europäischen Wasserscheide. Alles, was hier plätschert, landet in der Elz, damit im Rhein und irgendwann in der Nordsee.

Die Elzquelle wurde erst 1964 gefasst. Dennoch würde sie hier mitten im Wald wahrscheinlich nicht weiter auffallen, wenn man nicht explizit nach ihr suchen würde. Jetzt könnt ihr innehalten und der Sache mal genauer auf den Grund gehen – im wahrsten Sinne des

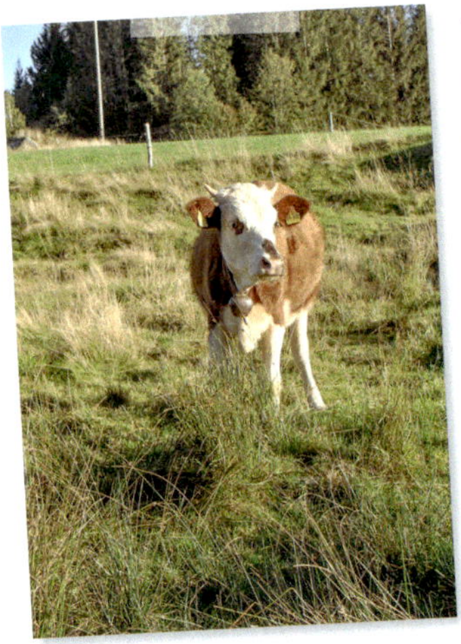

Wortes. Von hier, wo ihr gerade steht, bahnt sich das Rinnsal seinen Weg in die tiefer liegenden Täler und beschreibt in seinem Lauf zwei ungewöhnlich starke Schleifen, eine bei Oberprechtal, die andere rund um Buchholz. Bis die Elz irgendwann, nach sage und schreibe 121 Kilometern, im Rhein anlangt.

So lange werdet ihr nicht brauchen, bis ihr zur besten Mittagsstunde – in Südbaden bekanntlich ein sehr dehnbarer Begriff – am NÄBBE DUSS 2 ankommt. Das kleine, familiengeführte Hofcafé im Farnbergtal könnte nicht traumhafter liegen. Hausgemachte Kuchen und ein kleines Vesper gibt es hier ebenso wie das leckere Hofeis. Sozusagen die Kühlung vor dem kleinen Anstieg.

Ab der Weißenbacher Höhe folgt ein sonnendurchfluteter Höhenweg. Er zieht sich am Waldrand entlang und gibt linker Hand den Blick frei auf die weiten Tannenwälder des Rohrhardsbergs und seinen knapp über den Baumwipfeln aufragenden Turm. Eine riesige Wiese, wie gemacht zum Herumtoben. Zitronenfalter drehen hier ihre Runden über Butterblumen, Aussichtsbänke und ein Hochsitz laden zum Verweilen ein. Man hört nichts außer dem Summen der Bienen und dem Zirpen der Grillen. Ein Wanderfalke beobachtet derweil über euch sein Reich aus der Luft.

Nach langen Schritten in der Mittagssonne gelangt ihr wieder in den Wald. Das spürbar kühlere Lüftchen aus dem Hochmoor kommt nun überaus gelegen. Die Bäume stehen gedrungen beieinander, als wollten sich alle am Nass des Blindensees laben. Kleine Schwalben kreisen in großer Zahl über der Hochfläche. Der Name Blindensee klingt erfrischend, reinspringen darf man in dem Naturschutzgebiet allerdings nicht. Doch eine schattige Rast ist erlaubt. Also einfach mal Platz nehmen und lauschen, was um einen herum so passiert – der dunkle Schwarzwald in all seiner Mystik. »Das kalte Herz« lässt grüßen. Ihr verlasst das Moor dort, von wo ihr gekommen seid, schwenkt dann aber wieder Richtung Triberg ein, jetzt auf dem Wasserweltensteig. Bald wird der Wald wieder etwas dichter. Urplötzlich tauchen Sitzgruppen inmitten von Steinen auf und ein weiterer Weiher, der aussieht wie der kleine Bruder des Blindensees. Nach der nächsten Kurve grasen Ponys und Esel friedlich vor sich hin. Ab und zu ein Schnauben, ab und zu ein Wiehern. Ein Pony hat sich aus dem Gehege auf den Weg verirrt. Von Panik aber keine Spur; es lässt sich minutenlang herzen und streicheln, als habe es den ganzen Tag nur darauf gewartet, dass jemand vorbeikommt. Dann ist er von ferne schon sichtbar: der REINERTONISHOF 3 – ein Juwel in den gelblich grünen Weiten.

Mitten im Naturschutzgebiet eines Hochmoors liegt der kleine Blindensee

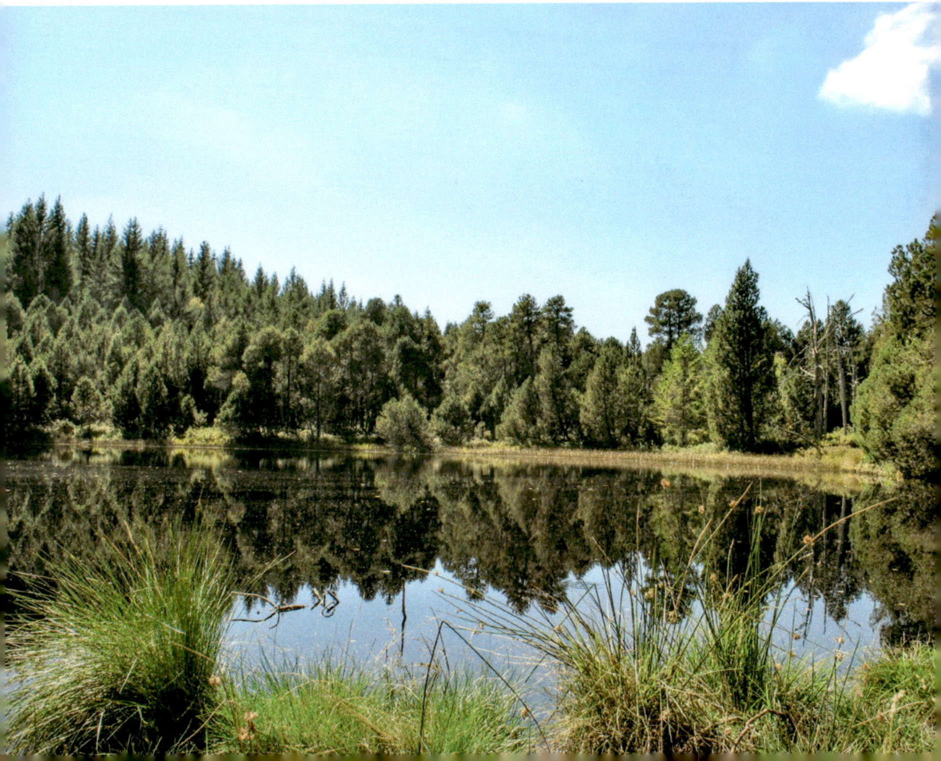

DIE GESCHICHTE DES REINERTONISHOFS FÜHRT IN ZEITEN ZURÜCK, ALS DAS HAUS HABSBURG ÜBER FREIBURG UND DEN BREISGAU HERRSCHTE. BIS 1806 WAR ER LEHENSHOF. ERST DANN KONNTEN DIE FREIEN BAUERN IHRE HÖFE KAUFEN. DER ELFTE BESITZER »ANTON KUNER (...) WURDE REINERTONI GENANNT. VON IHM STAMMT DER HEUTIGE HOFNAME.« DOCH ES GIBT EINE TRAURIGE FORTSETZUNG: 2006 WURDE DER HOF OPFER EINER BRANDSTIFTUNG.

Das Schöne ist, dass der Hof inzwischen wieder instand gesetzt wurde, wenngleich mit erheblichem Aufwand. Neben seinem allgemeinen Wert – er ist seit 1986 eingetragenes Kulturdenkmal – beherbergt er heute ein Bauernmuseum, eine über 400 Jahre alte Schinkenräu-

Typisch für die Wanderregion Rohrhardsberg: weite Hochwiesen unter stahlblauem Himmel

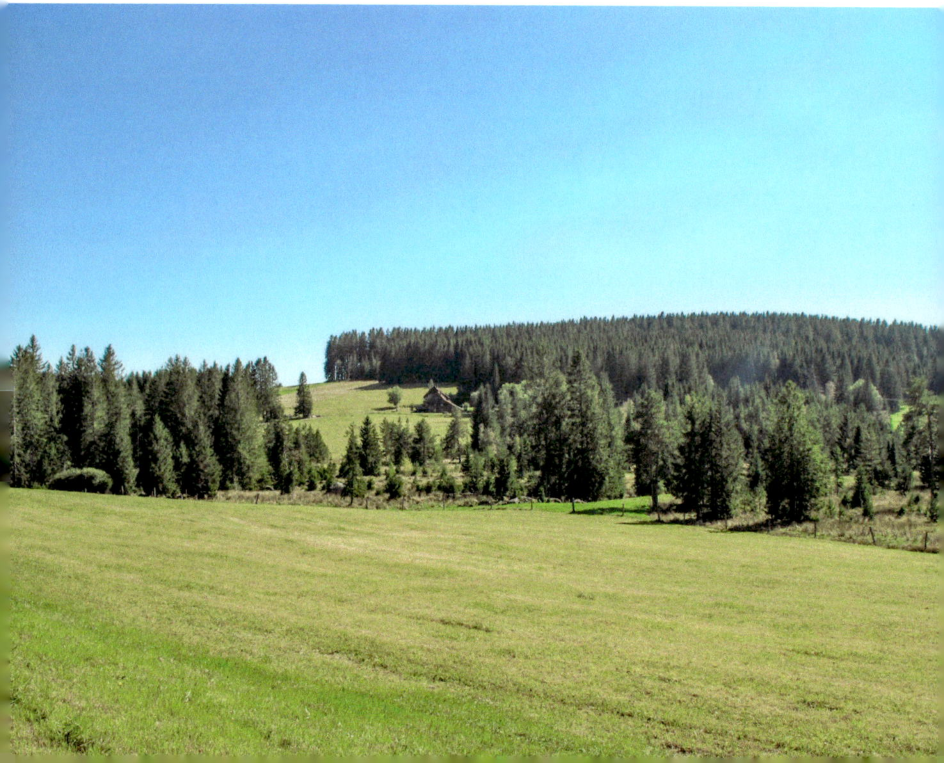

cherei und eine Schnapsbrennerei. Und solltet ihr ob dieses bukolischen Idylls nun vollständig ergriffen sein, könnt ihr eurer Liebe gleich einen Antrag machen. Das höchstgelegene Standesamt im Schwarzwald befindet sich hier nämlich außerdem. Ein Spaß für die ganze Familie!

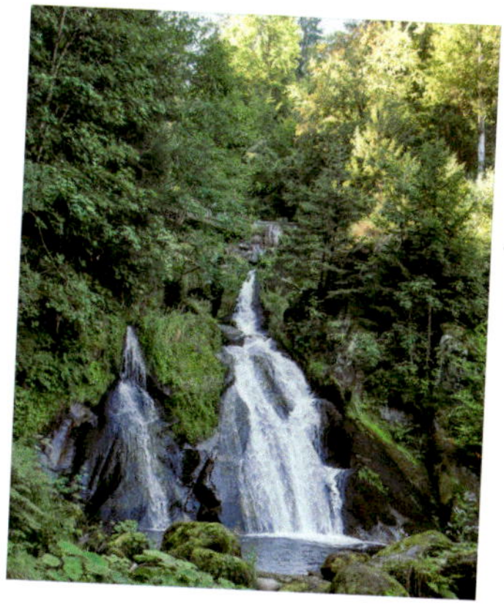

EINE KASKADE STÜRZT ZU TAL

Hier und auch später staunt man, mit wie viel Liebe die örtlichen Bauern ihre Landschaft hegen. Vom romantischen Rosengarten bis zu den Kräuterstauden, von Schnitzereien am Wegesrand und bis hin zu sauber gemähten Wiesen. Wie total vollkommen die Stille war, merkt man spätestens, wenn man auf die Inselklause zuläuft. Sie liegt an der B 500, an welcher man die letzten zweieinhalb Kilometer bis zu den Triberger Wasserfällen nun auch entlangläuft – zum Glück aber mit ausreichendem Abstand: ein schmaler Pfad im schattigen Wald, an dessen engster Stelle, zwischen Hof und Scheuer, irgendwie immer ein älterer Mann seine Arbeit verrichtet. Oder habt ihr anderes erlebt? Der Wanderweg nach Triberg führt durch die – leider gebührenpflichtigen – BEGEHBAREN WASSERFÄLLE 4. Die sieben Kaskaden sind ein wirklich beeindruckendes Schauspiel, und nach langem Marsch bieten sie die perfekte Erfrischung. Ein Rauschen, ein Prasseln, die sprühende Gischt! Postkartenmotiv seit Menschengedenken. Ob die Wasserfälle zugleich tatsächlich die höchsten Deutschlands sind, wie die Gemeinde trotz aller Gegenstimmen nicht müde wird zu werben, sei an dieser Stelle nicht weiter vertieft. Vertieft seid ihr am Ende der Tour allerdings bestimmt auch. Nicht nur inhaltlich, sondern auch, was die Höhenmeter angeht. Jetzt könnt ihr euch hineinstürzen in den Trubel des Schwarzwald-Musterortes!

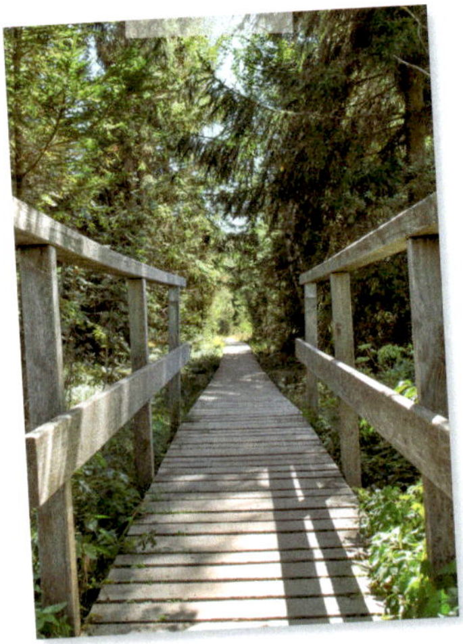

Rekord um Rekord wird hier zwischen Triberg und seinen Nachbargemeinden ausgefochten. Schwarzwaldmuseum, die älteste Kuckucksuhr, die weltgrößte, die größte begehbare, die älteste aus Holz, Schwarzwälder Schinken, echter Schwarzwälder Schinken, die beste Schwarzwälder Kirschtorte, die nach dem ältesten Rezept. Eure Lieben freuen sich sicher über ein Mitbringsel, und vielleicht wollt auch ihr ein Andenken an diese Tour und eure überragende Leistung. Sagt ade zum Schwarzwald und steigt ins Auto oder in den Zug. Station für Station könnt ihr in Letzterem eure Erlebnisse noch einmal Revue passieren lassen. Ein Abenteuer nicht nur für Flachland-Tiroler! Und das gilt nicht nur, weil die Schwarzwaldbahn noch heute die wichtigste Verbindung in den Schwarzwald darstellt. Ihr werdet es beim Durchfahren merken: Sie ist ein bauliches Meisterwerk, und auch landschaftlich folgt ein Highlight dem anderen. Ganz besonders die steilen Schluchten und Felsformationen zwischen St. Georgen im Schwarzwald und Hausach im Kinzigtal haben es in sich.

MITTE DES 19. JAHRHUNDERTS GAB ES PLÄNE, DIE DISTANZEN ZWISCHEN MITTEL- UND NORDBADEN SOWIE DER BODENSEEREGION DURCH EINE ZUGVERBINDUNG ÜBER DEN SCHWARZWALD ZU VERKÜRZEN. ERBAUT WURDE DIE STRECKE SCHLIESSLICH ZWISCHEN 1863 UND 1873 NACH DEN PLÄNEN DES BERÜHMTEN INGENIEURS ROBERT GERWIG. BIS DAHIN ABGELEGENE ORTE WURDEN AN DIE GRÖSSEREN STÄDTE ANGESCHLOSSEN UND ERLEBTEN IN DER FOLGE EINEN TECHNISCH-INDUSTRIELLEN AUFSCHWUNG.

Alles, was ihr wissen müsst

keine Rundtour: nach einer Übernachtung im Berggasthof Brend an Tour 21 anhängen // sehr abwechslungsreiche Tour ohne allzu große Herausforderungen // **nicht kinderwagentauglich**

Markierung: bis Blindensee rote Raute (Westweg) // dann Wasserweltensteig bis Triberg

Entfernung von Freiburg: 45 Kilometer
ÖPNV: Rückfahrt von Triberg nach Offenburg (Schwarzwaldbahn), dann mit DB nach Freiburg
Auto: nicht praktikabel

Einkehr: Berggasthof Brend, Auf dem Brend 7, 78120 Furtwangen, berggasthofbrend.de // **Höhengasthaus Kolmenhof** (an der Donauquelle), Neuweg 11, 78120 Furtwangen // **Hofcafé näbbe duss,** Farnberg 3, 78141 Schönwald naebbe-duss.de

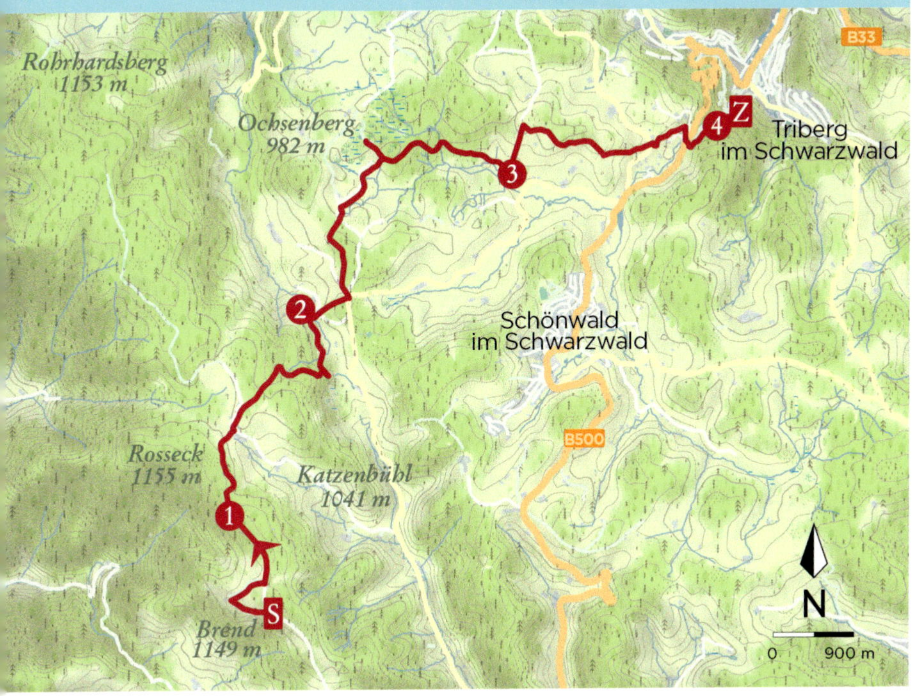

Liebliches Liliental

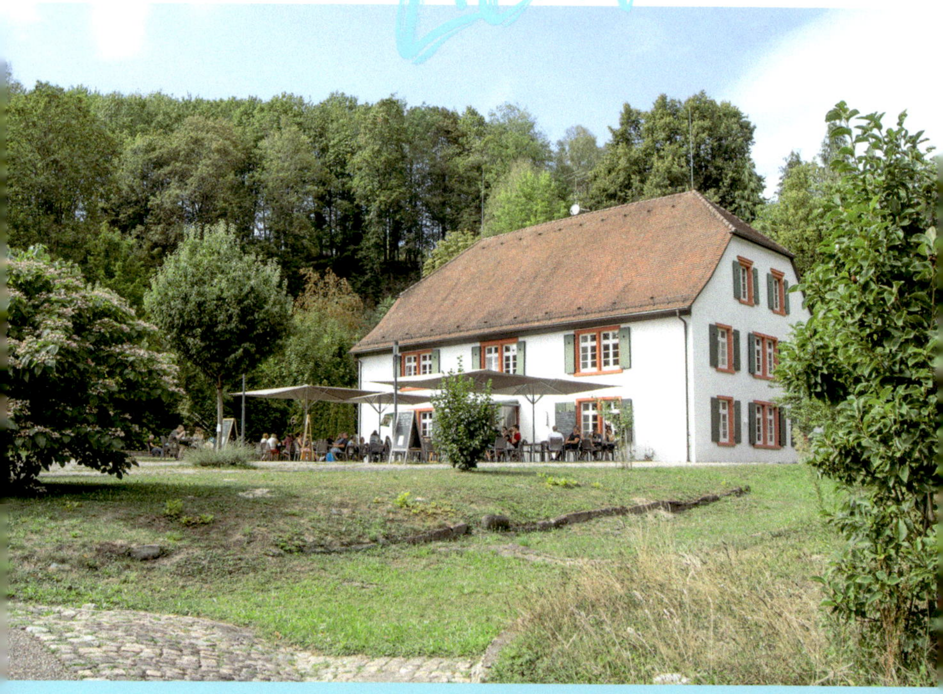

Schwierigkeit: leicht // 6,1 Kilometer // 164 Höhenmeter
Für Familien mit Kindern geeignet

HERRLICHE LAUBWÄLDER
UND EINE GROSSE VIELFALT VON HEIMISCHEN
UND FREMDEN BAUMARTEN

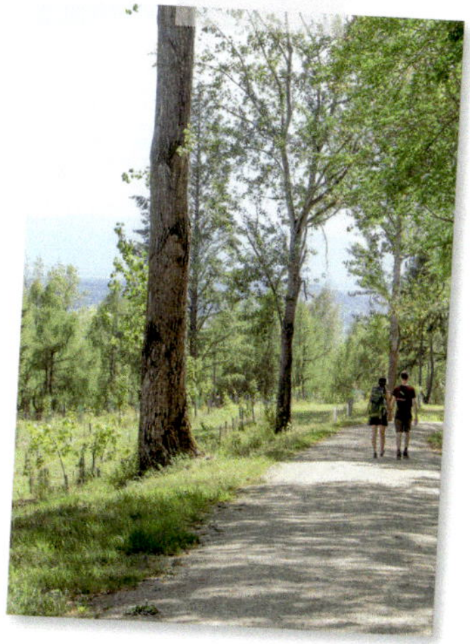

Langschläfer, Botaniker und Kinderwagenschieber aufgepasst – diese Tour ist speziell für euch! Der Kaiserstuhl zeigt sich auf dieser Runde nämlich von seiner exklusiven Seite, die ganz sicher auch euch überraschen und verzaubern wird. Das Liliental – Kleinod des Kaiserstuhls – eignet sich perfekt für einen entspannten Nachmittagsausflug!

Die Rundtour, deren Strecke durch drei Einsen gekennzeichnet ist, startet am GASTHAUS ZUR LILIE 1 in Ihringen. Idyllisch liegt das Restaurant, auch bekannt als »kleines Schlösschen«, eingebettet im saftigen Grün und wirkt dabei herrschaftlich und gemütlich zugleich. Es handelt sich bei dem Gebäude übrigens um das frühere Haupthaus der ehemaligen Hofanlage Lilienhof, von dem heute nur noch wenige Gebäude existieren.

DAS GELÄNDE RUND UM DEN LILIENHOF IST EIN URALTES SIEDLUNGS- UND LANDWIRTSCHAFTLICHES NUTZGEBIET. ES SOLL SCHON IM 11. JAHRHUNDERT EXISTIERT HABEN UND IM BESITZ DER ÜSENBERGER GEWESEN SEIN. NACH EINIGEN HERRSCHAFTSWECHSELN WURDE DAS GEBIET MITTE DES 19. JAHRHUNDERTS FÜR DIE TABAKPRODUKTION IN NUTZFLÄCHE ÜBERFÜHRT. SEINE REKULTIVIERUNG LEISTETE AGRARINGENIEUR FREIHERR VON BABO MIT DER ERRICHTUNG DES 280 HEKTAR GROSSEN GUTSBETRIEBS LILIENHOF.

Der Weg führt zunächst rechts am alten Brunnen der früheren Hofanlage und an der Terrasse des Gasthauses vorbei auf einen breiten Pfad durch eine parkähnliche Anlage, dem ARBORETUM 2. Der Wegesrand ist hier gesäumt von exotischen Bäumen, über deren Her-

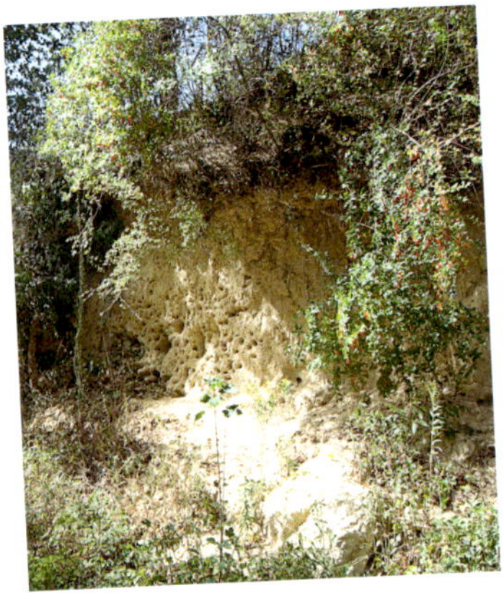

Lösswände so weit das Auge reicht

kunft und botanische Merkmale große Tafeln informieren. Ja, dieser Streckenabschnitt, der passenderweise Exotenpark heißt, scheint seinem Namen alle Ehre zu machen. Hier lassen sich nämlich unzählige Baumraritäten aus allen Erdteilen bestaunen. Darunter befinden sich beispielweise die amerikanische Sumpfzypresse, die asiatische Zickzackweide oder die afrikanische Süßkirsche. Dass diese Exoten, die sonst in wärmeren Gefilden zu Hause sind, auch hier gedeihen, liegt übrigens an der günstigen Lage des Lilientals; die Gegend bei Ihringen gilt nämlich als die wärmste Deutschlands. Wem es nach etwas Ruhe ist, der kann es sich auf der Wiese inmitten dieses botanischen Sammelsuriums gemütlich machen und von den fernen Heimatländern dieser Gewächse träumen. Übrigens waren (in früheren Zeiten) auch in unseren Breitengraden einst Baumarten heimisch, die heute nur noch auf anderen Kontinenten zu finden sind.

Dass in unseren Breiten keine so große Zahl an Baumarten mehr zu finden ist, liegt an den Eiszeiten. Die von Norden heranrückenden Gletscher zwangen viele Pflanzen und Tiere, sich in Richtung Süden zurückzuziehen. Diese Bewegung nahm in Europa mit den querstehenden Gebirgen und deren mächtigen Gipfeln ein abruptes Ende. Nur wenige widerstandsfähige Baumarten (wie zum Beispiel die Buche) konnten in kleinen Beständen überleben.

Der Weg führt gemächlich den Berg hinauf entlang hoher Lösswände, die mit ihrem gelblichen, sehr feinkörnigen Sediment dem Kaiserstuhl sein charakteristisches Antlitz verleihen. Der Löss stellt aufgrund seines hohen Kalk- und Mineraliengehalts nicht nur eine exzellente Grundlage für den Weinbau dar, sondern er hat in früherer Zeit auch eine lebensrettende Rolle für die Kaiserstühler gespielt. Viele Einheimische haben sich während des Zweiten Weltkriegs nämlich in selbst gegrabenen Höhlen innerhalb dieses Sediments versteckt, um von den Angriffen der Alliierten verschont zu bleiben. Doch wer glaubt, er würde beim Anblick des Lösses schon des Inneren des Kaiserstuhls gewahr werden, der weiß definitiv noch nicht genug über dessen zweifellos spannende geologische Geschichte.

Gut zu wissen: Ohne den Löss würden heutzutage etwa zwei Drittel des Kaiserstuhls als Vulkangestein zu Tage treten. Der Kaiserstuhl war vor etwa 21 bis 14 Millionen Jahren ein aktiver Vulkan, der einige Hundert Meter höher gewesen sein dürfte als sein heutiger Gipfel, der Totenkopf mit seinen 556 Metern. Er entstand als Folge des Bruchs des Oberrheingrabens und wuchs durch glühendes, flüs-

Hier könnt ihr euch über die vielen exotischen Baumarten vor Ort informieren

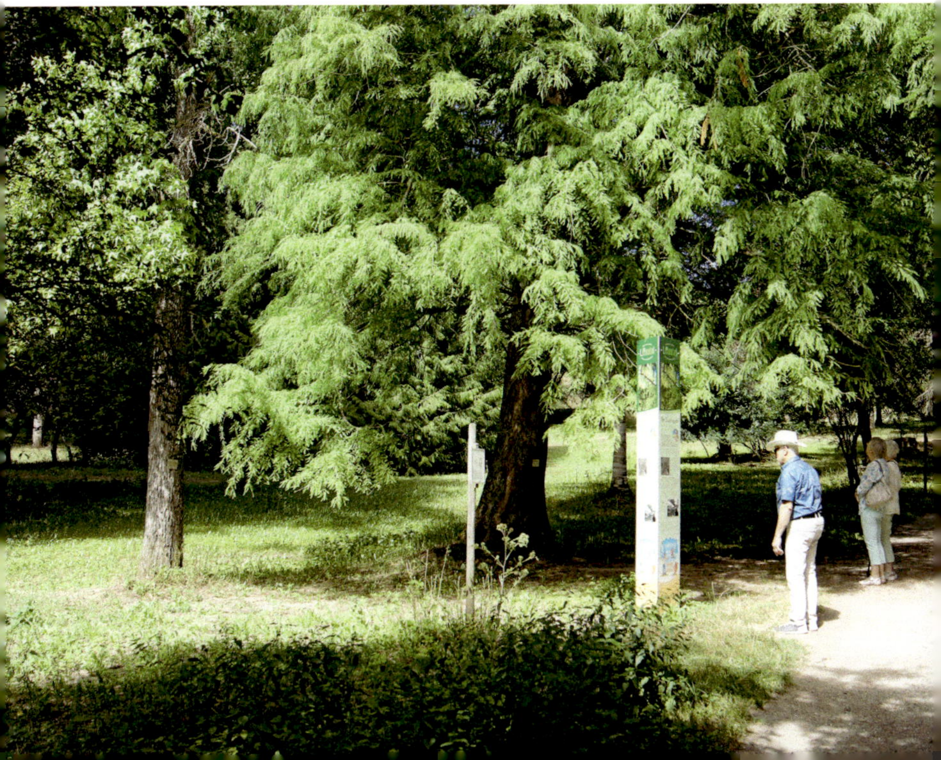

siges Magma über einen Zeitraum von mehreren Millionen Jahren. Der breite Weg führt weiter den Berg hinauf und entlang eines wunderschönen Laubwaldes; die gute Beschilderung entlang des Pfades lässt derweil keine Zweifel am richtigen Weg aufkommen. Mit zunehmender Höhe überblickt man langsam die Landschaft. Wen es normalerweise in den Schwarzwald zieht, der wird von diesem Ausblick begeistert sein, denn alle hohen Gipfel des größten Mittelgebirges Deutschlands liegen ausgebreitet vor einem! Im Norden erhebt sich der Kandel, rechts daneben und an seinen vier Windrädern gut zu erkennen grüßt der Rosskopf, dann folgen Schlossberg und Lorettoberg, hinter denen Hinterwaldkopf und Feldberg hervorlugen. Weiter in Richtung Süden folgen schließlich Schauinsland, Belchen und Blauen – ja, dies ist vermutlich der absolute Traum eines jeden Geographielehrers! Eine kurze Verschnauf- und Aussichts-

Eine idyllische Apfelbaumwiese vor historischem Gebäude kündigt die Ankunft im Liliental an

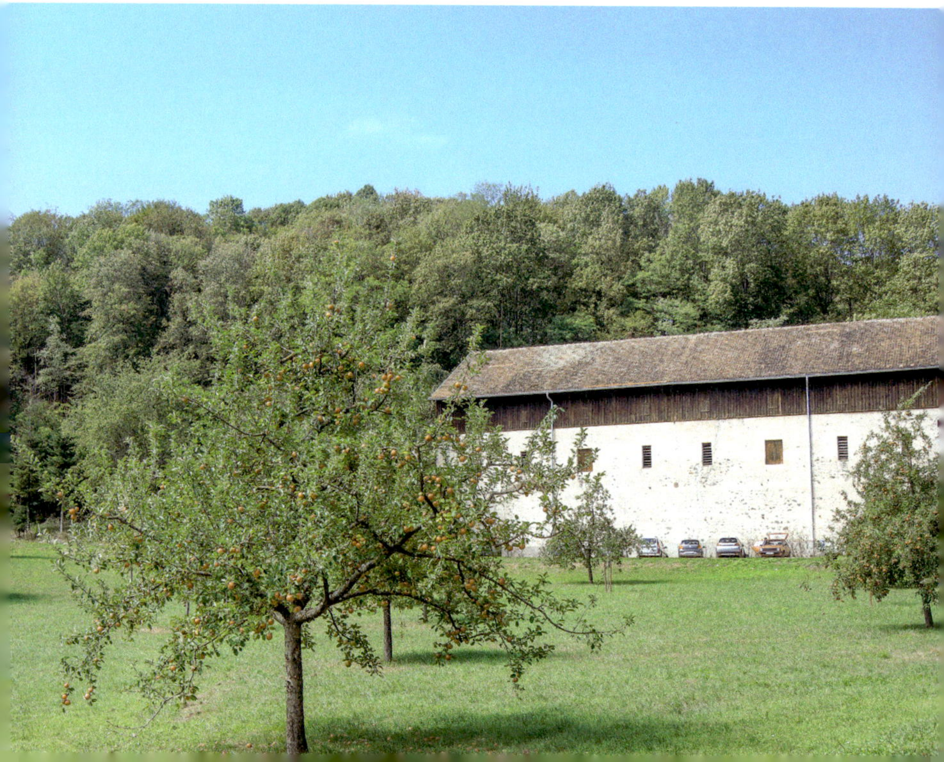

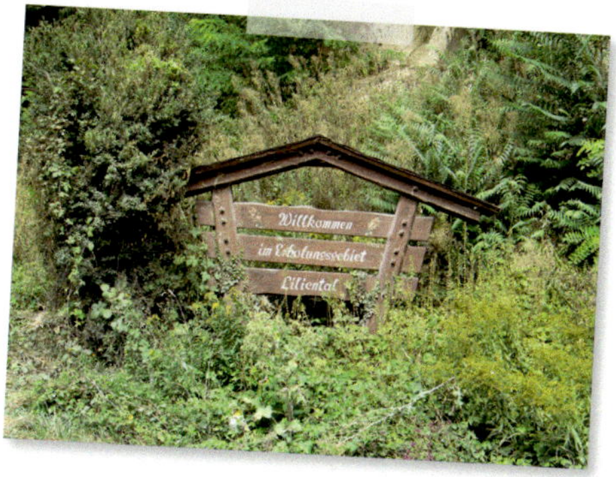

pause sollte hier unbedingt eingelegt werden. Der gut ausgeschilderte Weg führt weiter entlang von mit Informationstafeln versehenen Samenplantagen und Mischwäldern – bei dieser ganzen Tour überkommt einen immer wieder das Gefühl, sich inmitten eines riesigen wissenschaftlichen Botanikprojekts zu befinden, und dieser Gedanke ist gar nicht so weit hergeholt. Denn das Liliental ist tatsächlich das Versuchsgelände der Landesforstverwaltung, die ca. 200 Hektar des Geländes bepflanzte und 80 Hektar an die Forstliche Versuchs- und Forschungsanstalt übergab. Aus diesem Grund suchen auch alljährlich zahlreiche Studenten, Wissenschaftler, Forstleute und Naturliebhaber das klimatisch und standörtlich begünstigte Liliental auf.

IN DEN JAHREN 1957 UND 1958 ERWARB DIE LANDESFORSTVERWALTUNG DAS EHEMALIGE GUT LILIENHOF. ZAHLREICHE VERSUCHSFLÄCHEN, SAMENPLANTAGEN UND EINE UMFANGREICHE SAMMLUNG EINHEIMISCHER UND EXOTISCHER BAUM- UND STRAUCHARTEN STELLEN NICHT NUR EIN BILDUNGS- UND ERHOLUNGSZENTRUM FÜR DIE BREITE ÖFFENTLICHKEIT DAR, SONDERN DIENEN DER BEANTWORTUNG WISSENSCHAFTLICHER FRAGESTELLUNGEN, DIE ZUM BEISPIEL DIE AUSWIRKUNGEN DES KLIMAWANDELS BETREFFEN.

Ein weiteres Highlight dieser Runde lässt nicht lange auf sich warten: Sequoiadendron giganteum – der Wald aus gewaltigen MAMMUTBÄUMEN (3) – ist eine der größten Attraktionen des Lilientals. Die Samen dieser imposanten Gewächse stammen ursprünglich aus Ka-

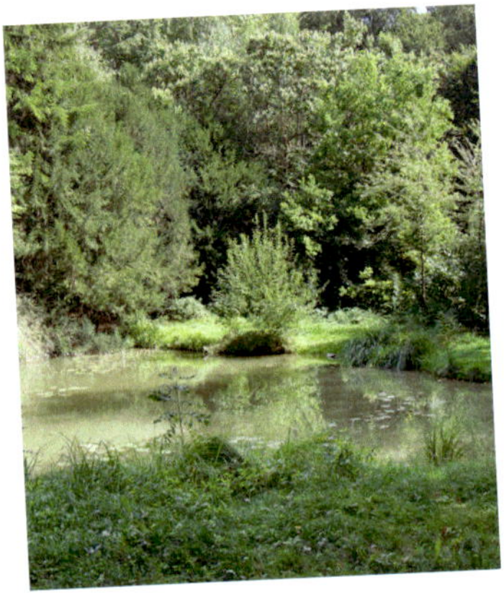

Ein Weiher kurz vor dem Lilienhof

lifornien. Ihr Bezug wurde vom württembergischen König Wilhelm I. Mitte des 19. Jahrhunderts in Auftrag gegeben. 1865 wurden die Jungbäume schließlich eingepflanzt, gut und gerne 150 Jahre haben diese Giganten hier folglich schon »auf der Rinde«. Ein Blick zur Baumkrone macht deutlich, wie klein man selbst und wie riesig diese Wunder der Natur doch sind. Mit viel neuem Botanikwissen im Gepäck geht es immer noch der Drei-Einser-Markierung folgend auf einem breiten, gut begehbaren Weg weiter, der allmählich wieder etwas abfällt. Ihr passiert noch ein kleines Waldstück. Hier finden sich zwar »nur« die heimischen Baumarten, doch die Kühle im Schatten der mächtigen Stämme und das stete Rauschen der Blätter vermittelt einem eine tiefe Ruhe. Lasst euch nochmal das neu erworbene Wissen durch den Kopf gehen – oder noch viel besser: Lasst eure Gedanken zu all den fernen und fremden Heimatorten dieser wunderbaren Gewächse schweifen. Nur noch ein kurzes Wegstück, und schon bald erreicht ihr einen kleinen WEIHER 4. Hier könnt ihr noch einmal die Stille der Natur um euch herum genießen. Nach einem kurzen Anstieg seid ihr nämlich wieder am Gasthaus zur Lilie, dem Startpunkt dieser Tour, angekommen. Neben dem Restaurant gibt es übrigens einen wunderschönen Waldspielplatz, der wirklich jedes (innere) Kind begeistern wird. Wer sich heute schon genug verausgabt hat, kann sich im Gasthaus zur Lilie auf ein großartiges Essen oder süßes Schmankerl freuen. Hier wird Churchills Motto »Man soll dem Leib etwas Gutes bieten, damit die Seele Lust hat, darin zu wohnen« wirklich ernst genommen – lasst es euch schmecken!

Alles, was ihr wissen müsst

Rundtour: durch die interessante Pflanzenwelt des Lilientals // einige Streckenabschnitte liegen in der Sonne, weshalb besonders an heißen Tagen auf eine entsprechende Kopfbedeckung und Sonnencreme geachtet werden sollte // **kinderwagentauglich**

Markierung: drei Einsen auf großen Schildern

Entfernung von Freiburg: 21 Kilometer
ÖPNV: von Freiburg Hbf. Breisgau-S-Bahn, Haltestelle Wasenweiler, danach noch knapp vier Kilometer zu Fuß zum Gasthaus zur Lilie (Achtung: Diese Kilometer zählen nicht zur ausgewiesenen Runde)
Auto: Parkplatz am Gasthaus zur Lilie

Einkehr: Gasthaus zur Lilie, Lilienhof 5, 79241 Ihringen, lilie-liliental.de // Gasthaus zur Sonne, Hauptstraße 21, 79241 Ihringen-Wasenweiler, sonne-wasenweiler.de

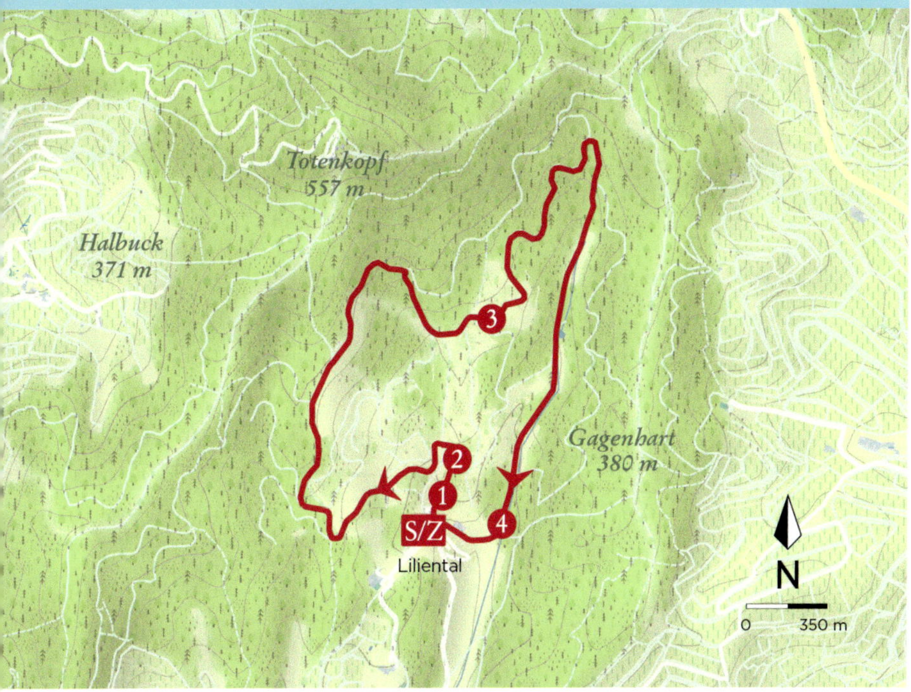

Im Herzen des Kaiserstuhls

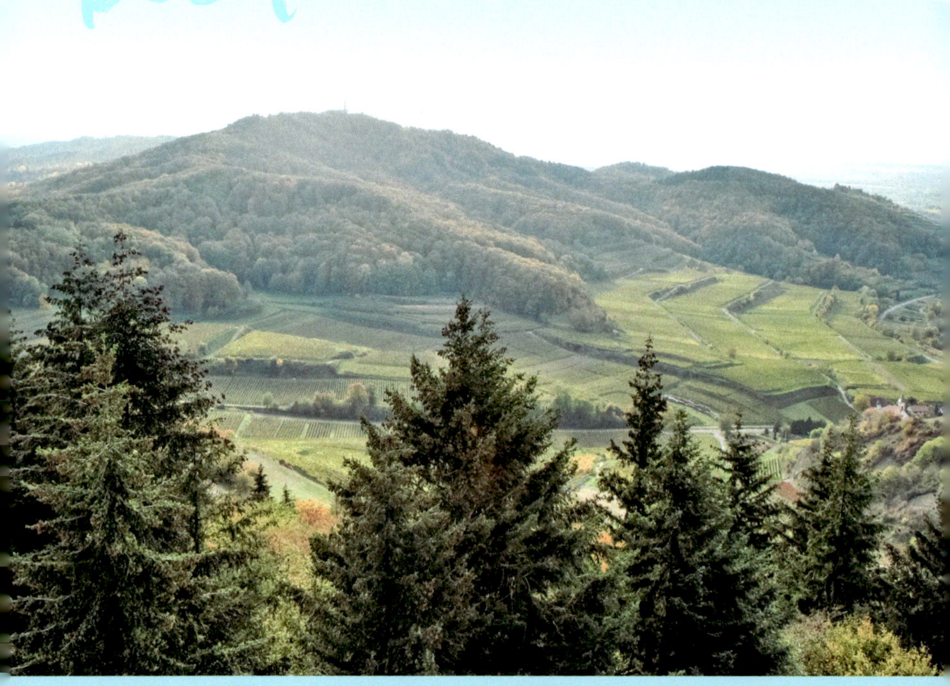

Schwierigkeit: mittel // 7,3 Kilometer // 320 Höhenmeter

Für Familien mit älteren Kindern geeignet

AUF DEM MAJESTÄTISCHEN VULKANKEGEL
IN DER WEITEN OBERRHEINEBENE
ZWISCHEN SÜDSCHWARZWALD UND VOGESEN

Genießern guter Tropfen ist der Kaiserstuhl längst ein Begriff. Doch durch Weinterrassen und Obstbäume schlängeln sich auch jede Menge fantastischer Wanderwege. Die Tour führt von Eichstetten ins Innere des Kaiserstuhls. Vom Turm sieht man das Straßburger und Freiburger Münster zugleich – sowie die großen Gipfel des südlichen und mittleren Schwarzwalds. Dem Rhein ganz nah, wandelt man zwischen – besonders im Herbst wunderbar bunten – Reben und samtig weichen Wiesen. Der Berg macht seinem majestätischen Namen alle Ehre. Thront oben auf dem Vulkan und werdet selbst zum Kaiser!
Eichstetten ist eines jener Dörfer, wie man sie besonders rund um den Kaiserstuhl findet. Pittoreske Häuschen, Weinlokale und Straußenwirtschaften, Fachwerk, Reben und Gastlichkeit. Bereits am Einstieg der Tour betritt man historische Pfade. Der Wasserturm liegt direkt neben einer malerischen Holzbrücke und ist eines der Wahrzeichen des kleinen Winzerortes. Die ersten Meter führen mitten durch den Ort am Dorfbach entlang. Kurz nach dem Rathaus – der Wegweiser ist recht unscheinbar – geht's in den Altweg hinein. Diesen müsstet ihr eigentlich bis zum Ende laufen. Ein kurzer Abstecher ins Längental (keine fünf Minuten) bringt euch zum jüdischen Friedhof der Gemeinde.

VOR 300 JAHREN BEGANN DAS JÜDISCHE LEBEN IN EICHSTETTEN. GOTTESDIENSTE MUSSTEN ZUNÄCHST IN EINEM PRIVATHAUS ABGEHALTEN WERDEN. 1828 WURDE IM UNTERDORF EINE SYNAGOGE EINGEWEIHT, DIE AUCH VON JUDEN AUS DEN BENACHBARTEN ORTEN RIEGEL UND ENDINGEN BESUCHT WURDE. 1875 WAR JEDER SIEBTE EICHSTETTER JÜDISCHEN GLAUBENS, EHE ZU BEGINN DES 20. JAHRHUNDERTS VIELE IN DIE STÄDTE ABWANDERTEN.

Der kleine, leicht überschaubare Friedhof versetzt einen mit seinen mehr als 400 zum Teil sehr alten Grabsteinen in eine andere Zeit. Und wenn es der Zufall will, merkt ihr, dass davon immer noch etwas

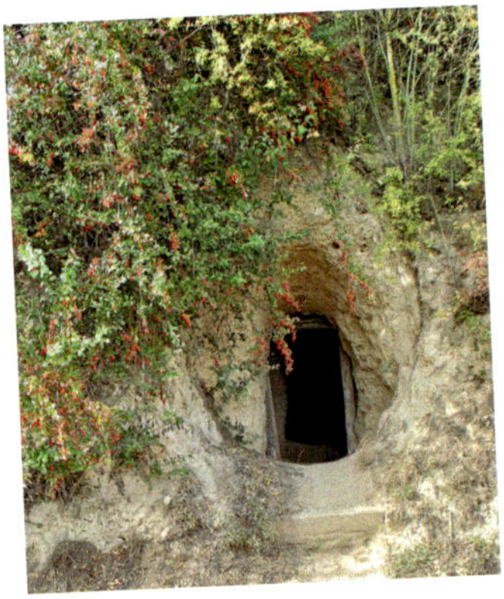

Lösshöhle oberhalb von Eichstetten

übrig ist. Jiddische und hebräische Ausdrücke finden sich nämlich auch heute noch vereinzelt in der Eichstetter Mundart.

Nach den letzten Häusern des Altwegs öffnet sich in gelben, herbstlichen Farben der Kaiserstuhl. Der Eichelspitzturm liegt in Sichtweite direkt vor euch, und ihr werdet ihn die meiste Zeit im Blick behalten. In der Ferne qualmen die ersten Feuer der Rebarbeiten. Traktoren ziehen gemächlich ihre Bahnen. Das halbe Dorf lebt hier vom Weinbau.

Vom Atrium bzw. SAMENGARTEN 1 führen alle Wege irgendwann nach Rom. Der Wanderweg ist etwas länger, hat aber den Vorteil der Distanz zu den landwirtschaftlichen Arbeiten, die hier je nach Jahreszeit schon mal für etwas Furore sorgen können. Außerdem gelangt der Wandersmann (oder die Wandersfrau) dergestalt an die Lösshöhlen, für die der ehemalige Vulkankegel weithin berühmt ist. Manche Gänge wurden früher zum Lagern von Lebensmitteln benutzt, andere sind Überbleibsel von Stollen, die in den Berg gegraben wurden, weil es damals noch keine Fahrstraßen gab. Einige Themen-Wanderpfade sind in der Region angelegt.

Quasi ohne es so richtig zu merken, steht ihr jetzt schon mitten in den Reben. Von Terrasse zu Terrasse geraten immer mehr Weinflächen in den Blick, die in feinen Verästelungen jedes noch so kleine Seitental hinaufklettern. Dazwischen immer wieder Häuschen und Weingüter. Ein Blick zurück in Richtung Schwarzwald zeigt euch, wie weit ihr Freiburg bereits hinter euch gelassen habt.

Sobald der Wald dichter wird, beginnt auch gleich der Anstieg. Er ist kurz (Yeah!), aber knackig (Ouh!). Klar werdet ihr schnaufen, aber das dürft ihr euch einfach nicht entgehen lassen: Der Ausblick gehört zu den vielfältigsten der ganzen Region.

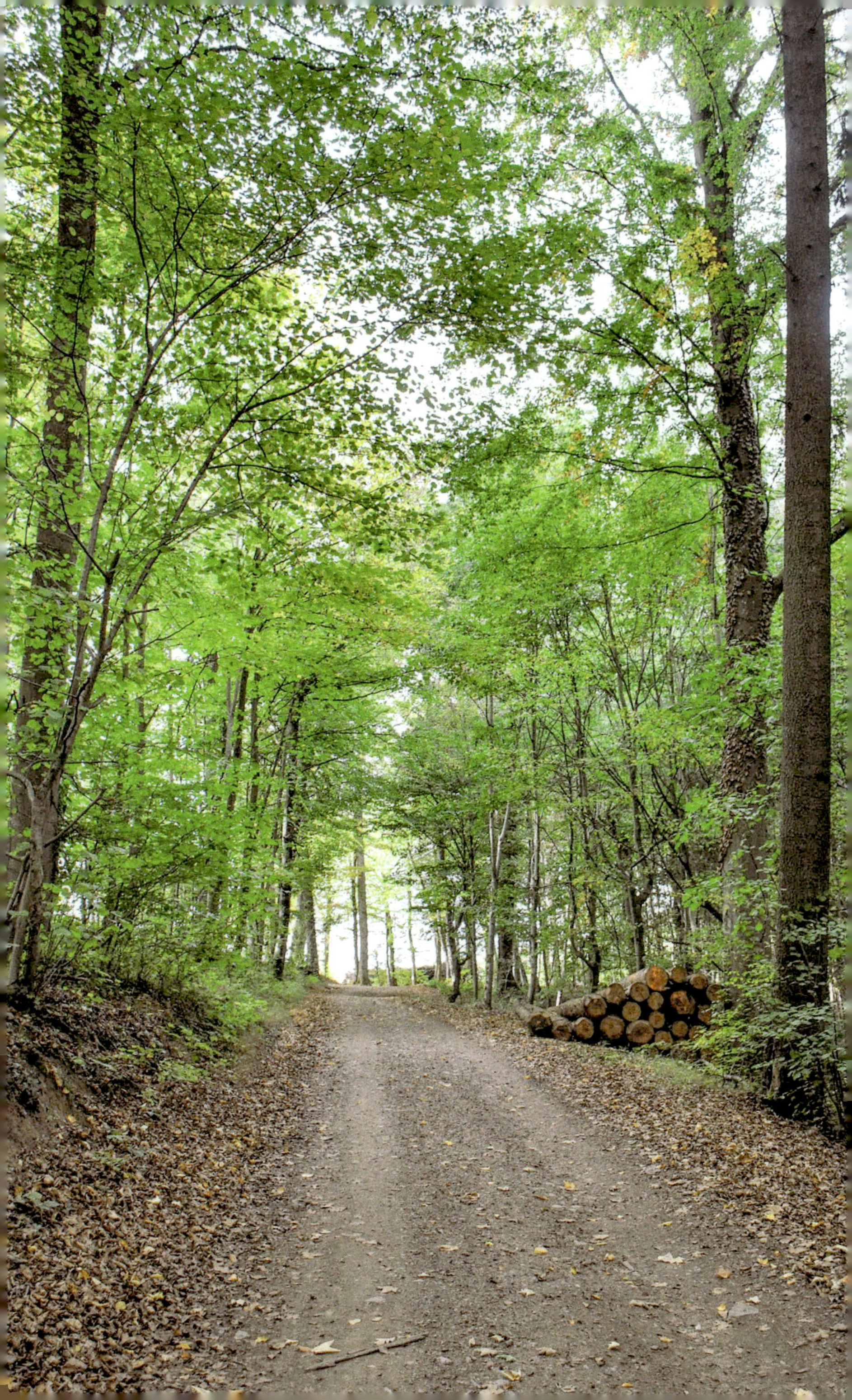

AN DER STELLE DES EICHELSPITZTURMS STAND ZUVOR EIN VERMESSUNGSGERÜST. DIESES WURDE UM DIE JAHRTAUSENDWENDE DURCH EINE ERSTE AUSSICHTS-PLATTFORM ERSETZT, DIE BEI DEN BESUCHERN SEHR GUT ANKAM. SO ENTSTAND DIE IDEE, DEN EICHEL-SPITZTURM IN EINEM GEMEINSCHAFTSPROJEKT ZU REALISIEREN. BENACHBARTE GEMEINDEN, EIN MOBIL-FUNKANBIETER UND EIN PRIVATER FÖRDERVEREIN, DESSEN MITGLIEDER UNZÄHLIGE TREPPENSTUFEN GESTIFTET HABEN, ERRICHTETEN SCHLIESSLICH DEN 42,5 METER HOHEN TURM.

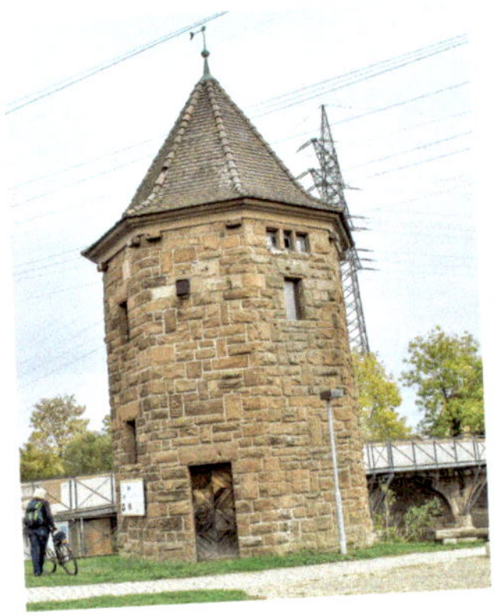

Wasserturm in Eichstetten

Ihr steht jetzt auf der EICHELSPITZE 2, der zweithöchsten Erhebung des Kaiserstuhls nach dem Totenkopf (556 Meter), auf welchem sich auch ein deutlich höherer Fernmeldeturm befindet. Letzterer ist das Erkennungszeichen des Kaiserstuhls weithin. Aber von der Stadt aus sieht man auch euren jetzigen Standort, und zwar etwas rechts vom Totenkopf. Überhaupt bieten sich hier Perspektiven, in deren Genuss man als Otto-Normal-Stadtspaziergänger selten kommt. Alle Riesen des Schwarzwalds reihen sich aneinander: Kandel, links oberhalb von Freiburg der Rosskopf mit seinen vier Windrädern. Es folgen Hinterwaldkopf, Feldberg – über allen erhaben –, Schauinsland, Belchen und Blauen mit dem Sendeturm. Mit etwas Wetterglück entfaltet sich hier das ganze Panorama des mittleren und südlichen Schwarzwalds. Blick nach links: Ist das nicht der Europa-Park? Hört

man nicht die Schreie von der Achterbahn? Dahinter das Straßburger Münster und die Windräder von Freiamt. Zur anderen Seite geht der Blick in das Innere des Kaiserstuhls: Ein regelrechtes Teletubbie-Land, in das man sich einfach nur hineinfallen lassen möchte. Der Neunlindenturm zum Greifen nah. Im Hintergrund grüßen schwarzgrau die Vogesen, und imposant ragt die ehemals kaiserliche Hochkönigsburg in die Rheinebene. Dem Himmel sei Dank!
Derart ergriffen ist es euch bestimmt ein Leichtes, vor dem Abstieg ein paar kreative Zeilen in das Gipfelbuch zu schreiben. Der Wind lässt beim Hinuntersteigen nach, und der Wald hat euch wieder.
Ein perfektes Plätzchen zum Picknicken bietet die Lichtung unterhalb des Turmes (ÖHMDSMATTEN 3). Sie lädt mit etlichen Ruhebänken und famoser Aussicht zum Verweilen. Es soll schon Wanderer gegeben haben, die übermannt von diesem Anblick alle weiteren Etap-

Highlight im Herbst: Wenn die Blätter sich verfärben, leuchtet der Kaiserstuhl in allen Farben

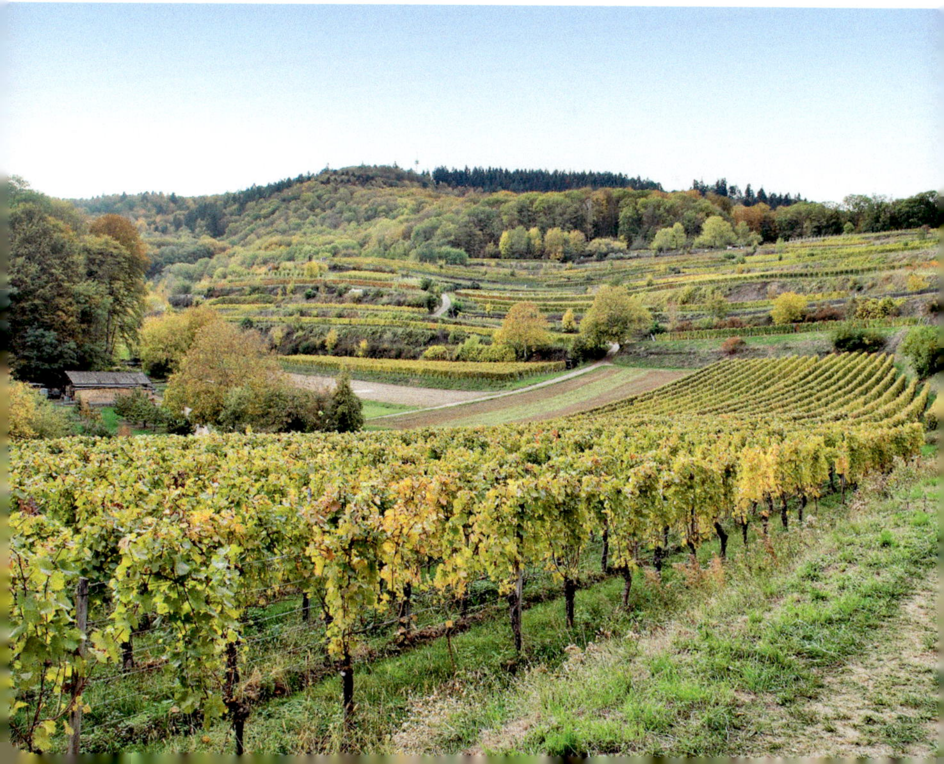

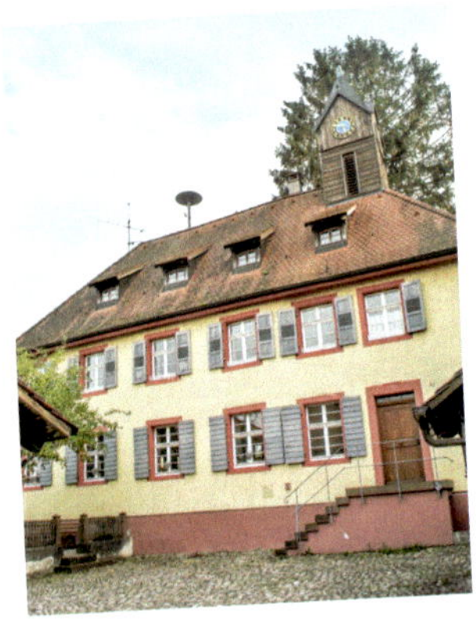

Eichstetter Dorfmuseum

penziele aufgegeben und sich im weichen Gras dem Sandmann hingegeben haben ... Hallo? Aufwachen!

Nach diesem gemütlichen Intermezzo habt ihr die Wahl: noch kurz auf den Badberg hoch oder in leichtem Gefälle gen Vogtsburg? Samtweiche Wiesen bietet der eine wie der andere Pfad. Irgendwann werdet ihr jedenfalls auf dem Kamm schreiten. Rechts unten das verträumte Örtchen Schelingen, links Altvogtsburg. Als würden sich beide einen Wettbewerb im Tagträumen liefern. Und sonst? Wiesen, wohin man blickt. Wie ein riesiger Garten für alle, die sich einfach nur hinlegen wollen: bed and picnic 24/7!

Jetzt seid ihr wirklich im Herzen des Kaiserstuhls. Reben schmiegen sich an die Hänge des Vulkankegels. Sanfte lindgrüne Hügel bilden eine einzigartige Formation. Kinder lassen Drachen steigen. Irgendwo mitten auf der Wiese steht ein einsamer Baum, als hätte ihn jemand dort vergessen. Ein leichter Wind bläst von Westen über die Anhöhe. Halleluja!

Zuletzt geht es flink hinab. Dreht euch aber noch einmal um und nehmt die beiden Türme ins Visier, die mit euch eine Art Dreieck bilden. Den ganz Ambitionierten sei an dieser Stelle nicht vorenthalten, dass man auch beide Erhebungen an einem Tag angehen kann. Und wer weiß, vielleicht taucht sogar wie aus dem Nichts ein dritter, kleinerer Turm auf, von dem man bis dahin gar nichts wusste? Vom Totenkopf jedenfalls könnte man auch zu Fuß nach Bötzingen (fünf Kilometer), ins Liliental (3,5 Kilometer) oder in gar noch weitere Weiten. Schaut euch das ruhig alles mal genauer aus Freiburg an, wenn ihr wieder dort seid. Apropos Freiburg: Falls ihr doch direkt hinwollt, der Bus kommt bald. Oder ihr nehmt, wie anno dazumal der Kaiser, das RÖSSLE 4. Mahlzeit!

Alles, was ihr wissen müsst

keine Rundtour: Winzertour mitten ins Herz des ehemaligen Vulkans // Der Eichelspitzturm ist recht luftig und nicht unbedingt für Personen geeignet, die zu Schwindel neigen // Kinder im Blick behalten! // **nicht kinderwagentauglich**

Markierung: gelbe Raute

Entfernung von Freiburg: 19 Kilometerr
ÖPNV: ab Freiburg Hbf. mit S1 nach Gottenheim, weiter mit der S12 nach Eichstetten, **Rückfahrt:** von Altvogtsburg Kirche mit Bus 295 nach Gottenheim, weiter mit S1 nach Freiburg Hbf.
Auto: nicht empfehlenswert

Einkehr: Gasthof Rebland, Nimburger Straße 15, 79356 Eichstetten am Kaiserstuhl, gasthof-rebland.de // **Gasthof Rössle,** Altvogtsburg 9, 79235 Vogtsburg im Kaiserstuhl, roessle-vogtsburg.de

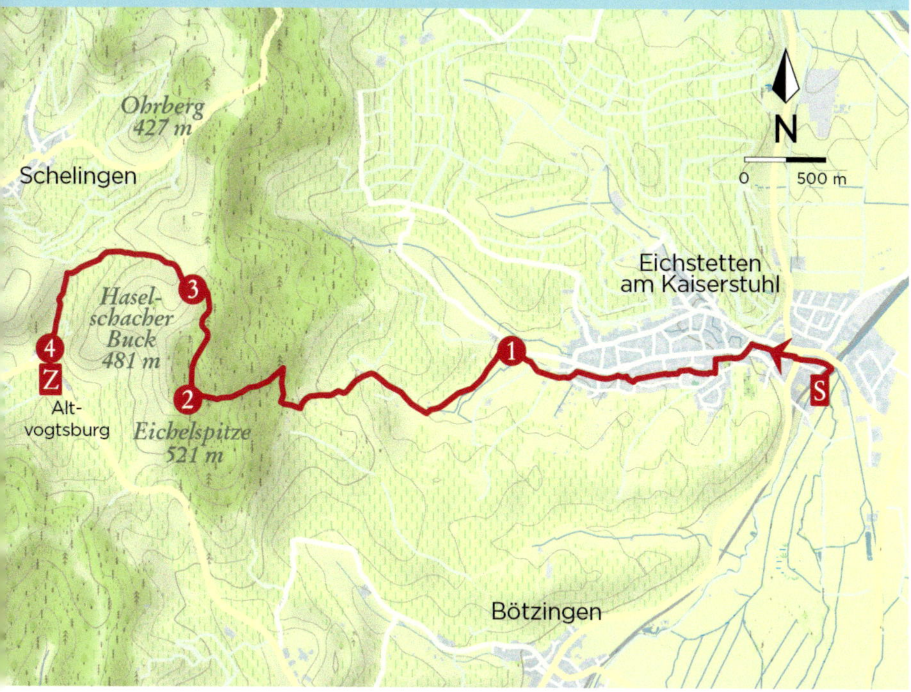

Die Burgentour. Von Waldkirch nach Emmendingen

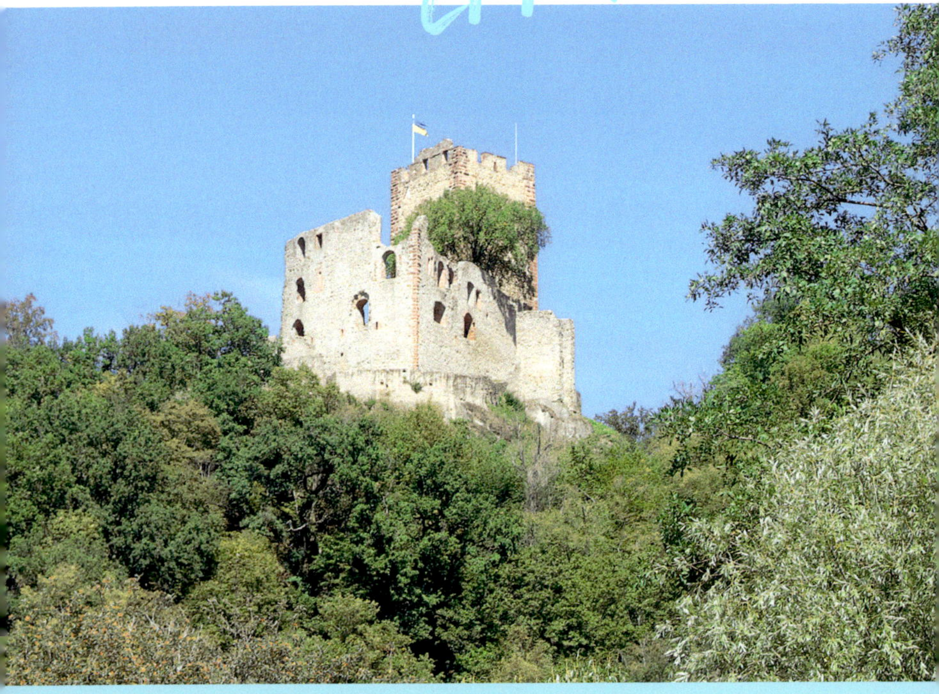

Schwierigkeit: leicht // 17 Kilometer // 380 Höhenmeter

Für Familien mit Kindern geeignet

MYSTISCHE WÄLDER,
WEITE WIESEN UND GOLDENE REBFLUREN –
EINE ZEITREISE INS MITTELALTER

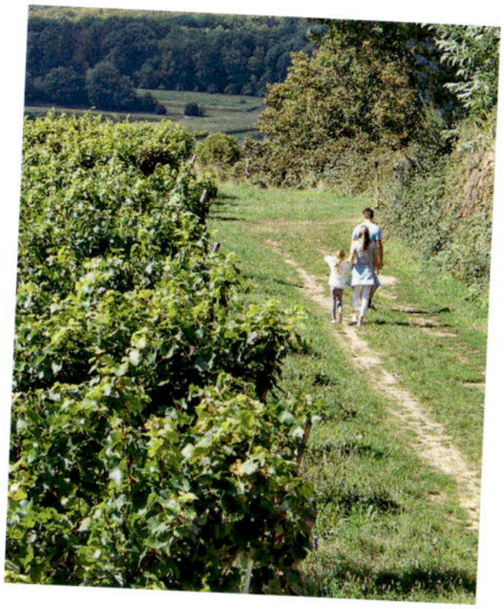

SPAZIERGANG ENTLANG DER REBEN

Auf dem schönsten Abschnitt des Vierburgenwegs, zwischen Waldkirch und Emmendingen, warten die Kastelburg und die Hochburg nur darauf, ein Stück Vergangenheit lebendig werden zu lassen und ihre Besucher mit atemberaubenden Ausblicken zu verwöhnen. Weniger historisch, doch mindestens genauso erhaben macht der Eichbergturm das hohe Trio komplett. Eine Tour, die ihr ganz sicher nicht so schnell vergessen werdet!
Los geht es am Bahnhof in Waldkirch. Die 20.000-Einwohner-Stadt, die auch als »Mekka des Orgelbaus« bekannt ist und idyllisch am Fuße des Kandels liegt, macht einen verträumten Eindruck. Doch dieser Ort kann auch anders. Immer wenn die fünfte Jahreszeit anbricht, herrscht hier nämlich der absolute Ausnahmezustand. Egal ob »Städtler« oder »Dörfler«, zum »Schmutzigen Dunschdig« und »Fasnets-Zischdig« kommt das gesamte Waldkircher Umland zusammen, um ausgelassen und in den wildesten Verkleidungen auf den Straßen zu feiern. Man munkelt sogar, manch ein Schelm entledige sich für den grenzenlosen Feierspaß seines/seiner Angebeteten, nur um nach den Festlichkeiten um Verzeihung zu bitten.
Hoffentlich etwas weniger turbulent, aber dennoch ausgelassen startet die Wanderung vor dem Bahnhofsgebäude zunächst in Richtung KASTELBURG 1, dem weißen K auf roter Raute folgend. Nach einem kurzen Wegstück, das parallel an den Gleisen entlangführt und diese schließlich überquert, geht es gemächlich den Berg hinauf. Die großen Kastelburg-Schilder weisen verlässlich die Richtung, und der für Kinder angelegte Ritterweg ist schnell erreicht. Die mannshohen, aus Holzstämmen geschnitzten Ritter Malterer und Sulz be-

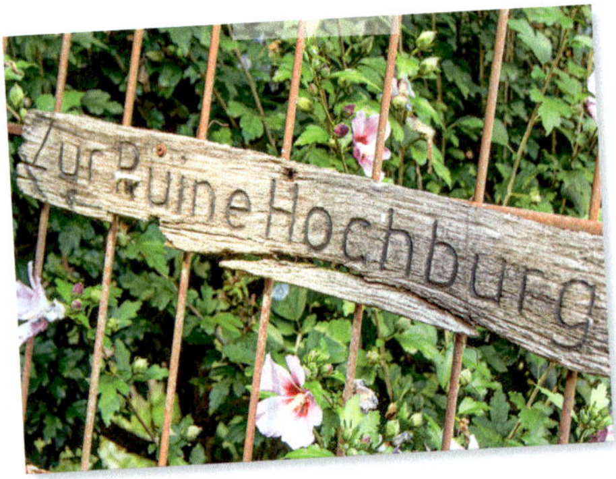

richten abwechselnd von ihrem ereignisreichen Leben im Mittelalter und in der Burg, und fast fühlt man sich wirklich ein bisschen wie ein Reisender in einer Zeitkapsel. Dieser liebevoll gestaltete Pfad endet als Krönung an der Ruine der Kastelburg. Über eine gut erhaltene Holzbrücke gelangt man über den Graben zum Burghof mit Turm und Befestigungsmauer, die das ganze Jahr für Besucher offenstehen.

DIE KASTELBURG WURDE MITTE DES 13. JAHRHUNDERTS ERBAUT. MITTE DES 14. JAHRHUNDERTS KAUFTE SIE DER RITTER MARTIN MALTERER AUS FREIBURG, WENIG SPÄTER (NACH DESSEN TOD) GING SIE IN DEN BESITZ DES GRAFEN VON SULZ ÜBER. WÄHREND DES DREISSIGJÄHRIGEN KRIEGS WURDE DIE BURG DURCH DIE KAISERLICHEN GRUPPEN ZERSTÖRT, UM SIE NICHT DEN VORRÜCKENDEN SCHWEDEN ÜBERLASSEN ZU MÜSSEN. SEIT 1970 IST DIE BURGRUINE IM BESITZ DER STADT WALDKIRCH.

Doch nicht nur das mittelalterliche Ambiente der Burgruine hat es in sich – auch mit einer fantastischen Aussicht wird man hier oben belohnt: Jenseits der Dächer von Waldkirch thront erhaben der 1.241 Meter hohe Kandel, links kann man das malerische Elztal, rechts die weite Rheinebene bestaunen – einfach großartig! Vom Burghof geht es über die Holzbrücke zurück und auf den Kandelhöhenweg (weißes K auf roter Raute). Auf dem kleinen Waldpfad sind nicht viele Menschen unterwegs, und eine genüssliche Ruhe macht sich breit. Die Ruine Hochburg ist das nächste Etappenziel der Tour und wird nun durch eine gelbe Raute markiert. Der Pfad schlängelt sich verträumt zwischen hohen Bäumen und sattem Grün hindurch, immer wieder bieten sich dabei seltene Ausblicke wie zum Beispiel über das Kohlenbachtal. Am SEXAUER HASENECKLE 2 trennen sich schließlich Kandelhöhenweg und Vierburgenweg – spätestens ab hier gibt die gelbe Raute also den alleinigen Ton an! Es geht wieder in den Wald und auf schmalen Wegen hinab in Richtung Sexau. Während der Ortsname bei Freunden des schlüpfrigen Gedankenguts häufig für Lacher sorgt, können die Sexauer nur noch genervt die Augen rollen. Nicht die schönste Nebensache der Welt, sondern die sechs Auen, in die die Gemeinde einst eingeteilt war, gaben ihr diesen Namen. Aber was will man schon von diesen »neigschmeckten« Wanderern erwarten?! Über eine kleine einspurige Straße gelangt man schließlich in den Ort. Leider verfügt dieser Teil der Strecke über fast keinen Schatten, Sonnenschutz und eine geeignete Kopf-

Bei Sexau warten nicht nur schöne Wiesen und Weiden, auch urige Bauernhöfe stehen hier brav Fotomodell

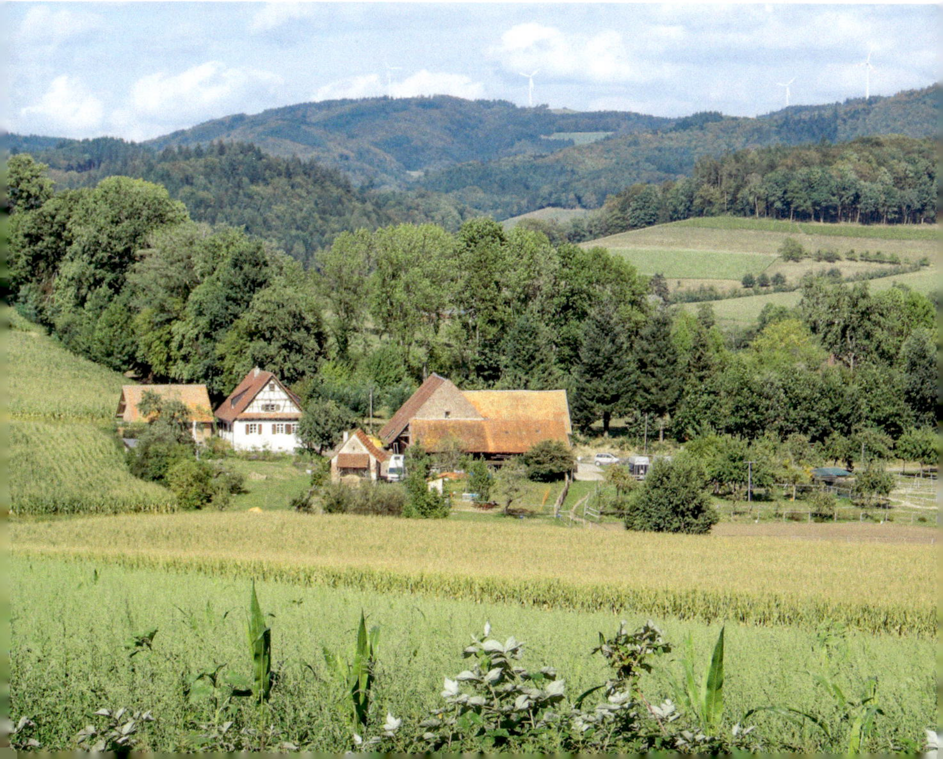

bedeckung sind hier insbesondere an heißen Tagen zu empfehlen. Eine kleine Rast in einem der wenigen Restaurants bietet sich außerdem an, denn nun gibt es für längere Zeit erst mal keine Einkehrmöglichkeiten mehr. Wen es direkt weitertreibt, der biegt noch vor dem Rathaus rechts ab und verlässt damit schon wieder das Dorf in Richtung HOCHBURG 3. Einen Spielplatz und einen kleinen Bauernhof passiert man auf dem Weg in Richtung Burgruine, welche auch schon bald im Blickfeld auftaucht. Vor den hohen Mauern des sternförmigen Befestigungsrings befinden sich unzählige Reben, zwischen denen hin und wieder auch Schafe weiden – was es damit auf sich hat, ist eine andere Geschichte und kann auf den Informationstafeln vor Ort nachgelesen werden.

Es ist also so weit: Ihr habt die wohl am besten erhaltene Burganlage im Breisgau erreicht! Eine Stahltreppe führt zum äußeren Befestigungsring, und durch eine kleine Schlupftür neben dem Haupttor betretet ihr das Innere der Burg. Schmale Gänge, Schießscharten und halb verfallene Rittersäle und Steintreppen beflügeln die Fantasie von Groß und Klein. Man kann sich bestens vorstellen, wie hier sowohl erbitterte Kämpfe geführt als auch rauschende Feste gefeiert wurden. Hinzu kommt ein wunderschöner Ausblick auf das gesamte Umland: das Sexauer Tal und der Schwarzwald auf der einen, der Kaiserstuhl auf der anderen Seite.

DIE HOCHBURG WURDE ALS BURG HACHBERG IM 12. JAHRHUNDERT ERSTMALS URKUNDLICH ERWÄHNT. IHRE BLÜTEZEIT ERREICHTE SIE ALLERDINGS ERST ZU BEGINN DES 17. JAHRHUNDERTS, ALS DER MARKGRAF GEORG FRIEDRICH VON BADEN SIE ZUR FESTUNG UMBAUEN LIESS. NACH EINIGEN BELAGERUNGEN, SCHLEIFUNGEN, BRÄNDEN UND EINEM WIEDERAUFBAU WURDE DIE BURG 1688 SCHLIESSLICH DURCH FRANZÖSISCHE TRUPPEN BESETZT UND DIE NOCH VORHANDENEN INNEREN FESTUNGSWERKE GESPRENGT.

Zurück am Haupttor führt der Weg nach rechts und von dort schließlich eine schmale Straße hinunter in Richtung Eichbergturm. Immer noch folgt man hier der gelben Raute. Entlang von aussichtsreichem Wiesenland bieten sich schöne Ausblicke nach Windenreute zur Linken und Malek zur Rechten. Auf einem kleinen Pfad durch den Wald, der mehrfach eine Straße kreuzt, lässt der EICHBERGTURM 4 nicht mehr lange auf sich warten. Schon ist er da! Die müden Wandererbeine sträuben sich zwar, die 240 Stufen bis zur Aussichtskanzel zu besteigen – die 360-Grad-Perspektive, die einen dort oben allerdings erwartet, lohnt die Strapazen allemal.

DER EICHBERGTURM GILT MIT SEINER GESAMTHÖHE VON 53,20 METERN ALS »HÖCHSTER FREI ZUGÄNGLICHER AUSSICHTSTURM DEUTSCHLANDS«. ER WURDE

Sie lässt das Mittelalter wieder aufleben: Die Ruine Hochburg präsentiert sich gut erhalten

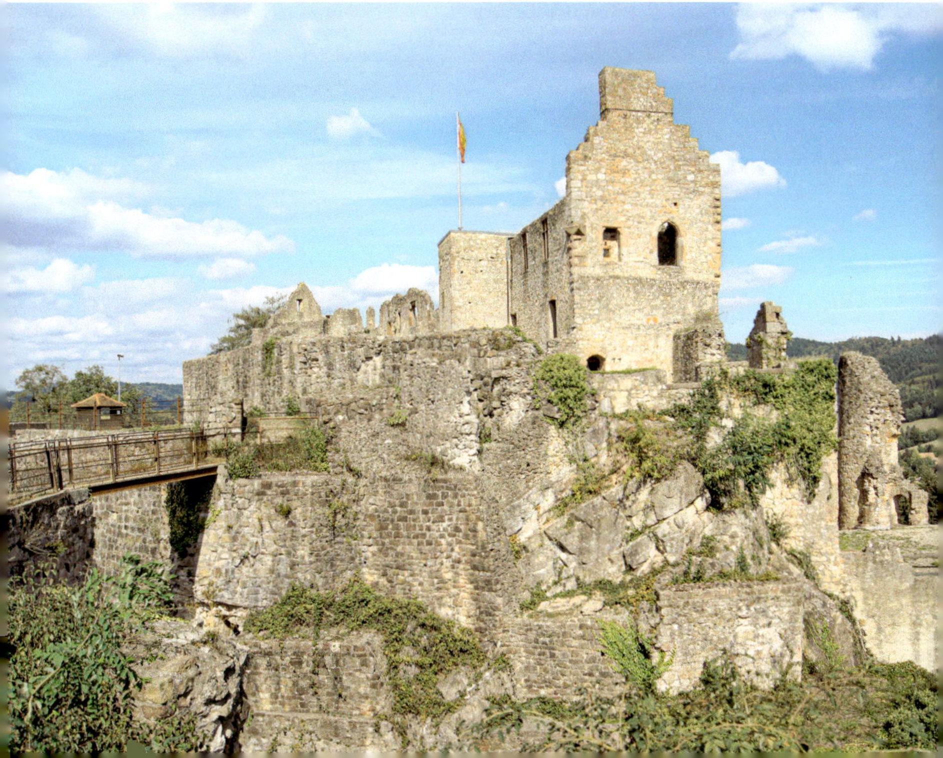

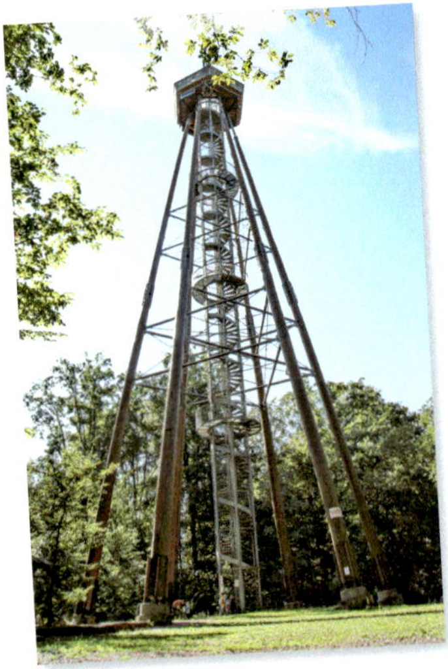

1999 VON EINEM FÜR IHN EXTRA GEGRÜNDETEN VEREIN ERRICHTET UND DER STADT EMMENDINGEN 2005 ÜBERGEBEN. SEINE ERBAUER WOLLTEN DER BEVÖLKERUNG EINE »ERHEBUNG AUS DEN NIEDERUNGEN DES ALLTAGS« BIETEN. WENN MAN VON DER AUSSICHTSPLATTFORM INS WEITE TAL HINABBLICKT, KANN MAN NUR SAGEN: DIES IST IHNEN GELUNGEN.

Ein letztes Mal könnt ihr von hier die Aussicht über die einzigartige Landschaft genießen. Fern scheint dabei die Hektik der Stadt; schließt die Augen und lasst euch die frische Brise ins Gesicht wehen. Nach dem Eichbergturm ist es gefühlt nur noch ein Katzensprung bis zum Ende der Tour. Wieder unten angekommen, verlasst ihr den Vierburgenweg und folgt mal dem Breisgauer Weinweg, mal der blauen Raute in Richtungen Emmendinger Bahnhof (am besten orientiert man sich hier nur noch an den Hinweisschildern). Am Wegesrand liegen außerdem laminierte Märchen zum Vorlesen aus, und ein Tastpfad lädt dazu ein, die Sinne zu schulen. Ja, all diese kleinen »Toppings« entlang der Wegstrecke machen diese Wanderung zu einem wirklich einzigartigen Erlebnis für Jung und Alt!
Am Friedhof vorbei geht es schließlich in Richtung Innenstadt (der Weg ist hier nun nicht mehr markiert). Das Ziel ist erreicht, und ein hoffentlich unvergesslicherWandertag liegt hinter euch! Wer noch etwas Muße hat, kann sich auf die Spuren von Goethes Schwester Cornelia Schlosser begeben, die einst in Emmendingen gelebt hat. Wem nun einfach nach Erholung ist, der findet im Stadtzentrum viele Lokale und Cafés zum Einkehren. Über die Fußgängerzone erreicht man schließlich auch den Bahnhof, um die Heimreise anzutreten.

Alles, was ihr wissen müsst

keine Rundtour: gemütliche Wanderung auf meist breiten und gut begehbaren Wegen // weite Teile liegen in der Sonne, deshalb sollte auf Sonnenschutz geachtet werden // **nicht kinderwagentauglich**

Markierung: weißes K auf roter Raute (Kandelhöhenweg) // gelbe Raute (Vierburgenweg) // blaue Raute

Entfernung von Freiburg: 17 Kilometer
ÖPNV: ab Freiburg Hbf. mit der Regionalbahn bis Waldkirch, Rückfahrt: mit der Regionalbahn von Emmendingen nach Freiburg
Auto: nicht empfehlenswert

Einkehr: Restaurant Zum Storchen, Lange Straße 24, 79183 Waldkirch, zum-storchen-waldkirch.de // **Gasthaus Reichenbächler Hof,** Am Reichenbächle 48, 79350 Sexau, reichenbaechlerhof-sexau.de // **Ristorante La Pugliese**, Dorfstraße 65, 79350 Sexau

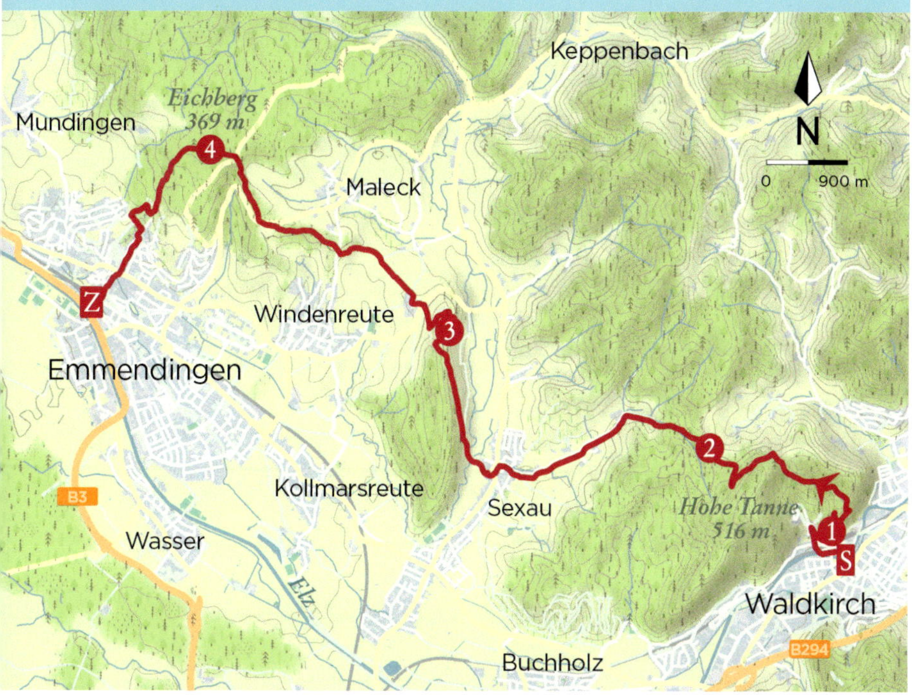

ZUM ABSCHLUSS EIN PAAR WORTE ZUM DANK…

…an meine Familie, die mir stets vorgelebt hat, wie wichtig und wertvoll die tiefe Achtung und Liebe zur Natur ist.

…an den Milden, ohne den ich diesen Wanderführer nicht geschrieben hätte und der Großes zu seiner Entstehung beigetragen hat.

…an dich Felice, denn deine Unterstützung lässt sich nicht in Worte fassen.

Bibliographische Informationen der Deutschen Nationalbibliothek:
Die Deutsche Nationalbibliothek verzeichnet diese Publikation in der Deutschen Nationalbibliografie; detaillierte bibliografische Daten sind im Internet über http://dnb.d-nb.e abrufbar.

MIX
Papier | Fördert gute Waldnutzung
FSC® C083411

Umschlaggestaltung: Nina Schäfer
Umschlagmotiv: shutterstock.com/Bogdan Sonjachnyj
Layout: Editorial Design & Artdirection, Conny Laue, Bochum, nach einem Konzept von Nina Schäfer
Kartografie: Altan Cicek, altancicek.design, www.altancicek.de

Druck und Bindung: CPI – Clausen & Bosse, Leck
Printed in Germany 2022
ISBN 978-3-7408-1704-6